L'art de gouverner les prisons au Niger

Collection « Diversités »
Dirigée par Hedi SAIDI, historien.

Cette collection est destinée à présenter les travaux théoriques, empiriques et pratiques des chercheurs scientifiques, et des acteurs sociaux. Elle a vocation à publier des ouvrages essentiellement universitaires, traitant des rapports sociaux, de la mémoire, de l'histoire et de l'altérité. Elle se propose de constituer un portail d'accès à l'étude des sociétés contemporaines et offrir une plateforme d'échanges à des chercheurs de plusieurs disciplines.

La collection entend faire connaître la production française dans les domaines historiques et sociologiques mais aussi relayer les travaux de chercheurs étrangers et devenir ainsi un point d'appui dans le développement des échanges scientifiques au niveau international en sciences humaines et sociales.

Dernières parutions

Mohamed JERBI, *Municipalogie des Titans de la commune de Sfax. Commandement, gestion et politique. 1933-1956*, 2025.
Jean-Paul BURDY et Jamil SAYAH (dir.), *Réflexions sur les relations et les coopérations internationales. Le Kiosque*, 2024.
Jean-Charles FROMENT (dir.), *Les petites structures pénitentiaires en France. Un modèle pour les prisons de demain ?*, 2024.

Carole Berrih

L'art de gouverner les prisons au Niger

Préface de Jean-Charles Froment

L'Harmattan

5-7, rue de l'École-Polytechnique - 75005 Paris
www.editions-harmattan.fr

ISBN : 978-2-336-57476-9
EAN : 9782336574769

PRÉFACE

Le présent ouvrage de Carole Berrih est issu d'une thèse originellement dénommée « *L'art de gouverner les prisons au Niger. Étude d'un mode pluri-acteurs de gouvernement des prisons en contexte de militarité de l'État* », soutenue en mars 2024 à l'Université Grenoble Alpes, que j'ai eu le plaisir de diriger. Un plaisir d'autant plus important que ce travail est l'expression de multiples richesses. Richesse d'un terrain d'abord, celui du Niger que l'autrice a su arpenter jusqu'à pénétrer ses prisons, malgré toutes les difficultés liées notamment à l'évolution de sa situation politique. Par ce travail, Carole Berrih vient enrichir les recherches existantes sur les identités et le fonctionnement des prisons en Afrique. Si un ensemble d'analyses existe déjà sur ces dernières, le champ de recherche à couvrir reste encore immense. Les difficultés d'accès au terrain, la faiblesse des sources, la fragilité des données, constituent autant d'obstacles à leur développement, mais cet ouvrage, en proposant une analyse très fine des rationalités à l'œuvre dans la gouvernance interne des prisons au Niger en constitue une contribution importante. Richesse ensuite des expertises croisées dans le regard porté sur cette question par l'autrice, laquelle combine une expérience professionnelle de nombreuses années sur le terrain en tant que consultante notamment spécialisée dans la protection des droits fondamentaux et le souci d'une grande rigueur scientifique, tant dans la méthodologie mise en œuvre que dans le matériau théorique mobilisé. Richesse enfin des savoirs disciplinaires convoqués à l'appui de sa réflexion. L'ouvrage déploie ainsi une analyse qui parvient à intégrer, au service de sa démonstration, un appareil conceptuel qui relève aussi bien de l'histoire, de la sociologie, de la science politique que de l'analyse institutionnelle, notamment sous l'angle du droit et de la science administrative. Privilégiant l'« objet » à la « discipline », il propose ainsi une lecture particulièrement fine et complète des mécanismes et des déterminants de la gestion des prisons au Niger.

Sur ce point, l'analyse proposée est particulièrement éclairante. Loin de certaines visions décrivant un mode d'exercice du pouvoir dans les prisons qui serait uniquement caractérisé par la centralité et le monopole, l'ouvrage donne à voir de façon saisissante les différents mécanismes de « délégation de pouvoir formels et informels » des autorités à certains détenus — les « superdétenus » — qui se déploient en leur sein. Pour le démontrer, l'autrice s'appuie sur de nombreux entretiens réalisés tant auprès des professionnels de ces établissements que des détenus. Si le caractère diffus de l'organisation du pouvoir dans les prisons au Niger s'impose à l'analyse, il répond dans le même temps à des règles précises et un contrôle important qui ne se traduit à aucun moment par un dessaisissement de leur pouvoir interne par les autorités locales. Même si la question de l'appréciation des marges de manœuvre dont disposent les superdétenus dans l'exercice des pouvoirs qui leur sont « délégués » peut faire débat, il apparaît clairement à la lecture de cet ouvrage qu'en aucun cas ils ne peuvent cependant en jouir totalement librement. Dans de nombreux États, sur des continents variés et dans le cadre d'organisations pénitentiaires *a priori* très différentes, de multiples recherches ont montré depuis longtemps que dans les prisons le pouvoir s'exerçait rarement de façon unilatérale. Les détenus, sous des formes variées, en sont toujours des acteurs importants. Mais c'est précisément moins le constat qui est ici essentiel que la capacité de l'ouvrage à décrypter l'identité et la spécificité de ces mécanismes de délégation à l'œuvre dans les prisons du Niger. Et sa grande originalité, outre une analyse de l'ambivalence et de la diversité des expressions des interactions entre les personnels et les détenus construite sur un matériau empirique impressionnant, est celui de parvenir à mettre en relation les caractéristiques de ces modes de pouvoir interne avec celles du fonctionnement et de l'histoire de l'État du Niger. Cet ouvrage, en effet, démontre que la propriété des relations carcérales n'est pas imputable seulement à la spécificité de ce milieu, mais qu'elle est en fait la conséquence et le reflet à la fois de l'organisation générale (dans les relations intergouvernementales, dans la distribution du pouvoir entre le pouvoir militaire et les différents ministères, dans la conception même de l'exercice du pouvoir) et de la construction historique de l'État nigérien. En l'espèce, l'autrice démontre parfaitement que la gouvernance des prisons et des services en charge des questions pénitentiaires en général est fortement déterminée par le pouvoir militaire et contribue à véhiculer une « militarité » de la culture politique nigérienne. Ainsi, cet ouvrage s'inscrit dans la lignée des travaux qui font de la prison un laboratoire d'étude de l'État, un prisme à partir duquel on peut saisir les caractéristiques profondes de l'exercice du pouvoir dans une société donnée. Et pour y parvenir il ne cède pas à ce qui aurait pu être une certaine facilité, à savoir s'en remettre exclusivement à une clé de lecture régulièrement convoquée pour analyser tant la gestion des prisons que l'État en Afrique, à savoir l'incapacité de ce dernier « à faire », son impuissance matérielle et fonctionnelle, l'obligeant à s'appuyer sur d'autres acteurs pour gérer ce qu'il doit gérer. Alors, bien sûr, Carole Berrih ne nie pas que certaines faiblesses de l'État puissent jouer un rôle, mais elle refuse par contre d'en faire les seuls déterminants de l'identité des rapports de pouvoir internes dans les prisons du Niger en les confrontant et les combinant à d'autres facteurs d'explication et de compréhension. L'autrice montre ainsi que l'État nigérien, à l'instar de nombreux États africains, malgré ses limites, ses détournements et sa contestation permanente est une réalité institutionnelle bien présente, qui parvient par ses propres mécanismes à structurer la société et à imposer son contrôle y compris dans des espaces qui semblent lui échapper comme la prison. En d'autres termes, contestant certaines théories qui réduisent l'État africain à ses impuissances, elle démontre *a contrario* qu'il répond bien aussi, à travers des mécanismes qui lui sont propres, aux critères du modèle wébérien. Ainsi, l'analyse ne recule pas devant la complexité en montrant que ce qui peut aussi se donner à voir dans ces situations de délégation du pouvoir dans les prisons, ce sont des stratégies volontaires destinées à maximiser l'efficacité du pouvoir de l'État du Niger dans le contrôle des détentions. Lesquelles traduisent *in fine* la capacité de ce dernier à exercer son pouvoir en s'appuyant sur un appareil institutionnel de mise en œuvre dont il façonne la nature et une réelle capacité, instrumentale et symbolique, d'action. Au-delà de sa seule recherche sur les prisons, c'est donc bien à une réflexion sur les caractéristiques de l'État en Afrique à laquelle Carole Berrih nous convie en s'appuyant sur le cas du Niger. Et de ce point de vue cet ouvrage constitue une contribution majeure aux études administratives et politiques sur la diversité des identités des formes étatiques.

Jean-Charles Froment
Professeur des Universités en détachement au Ministère de la Justice

SOMMAIRE

SOMMAIRE

LISTE DES PRINCIPALES ABRÉVIATIONS UTILISÉES

AJUSEN :	Appui à la Justice, la Sécurité et la Gestion des Frontières au Niger
ANDDH :	Association Nigérienne des droits de l'Homme
ARJUDI :	Appui aux Réformes Judiciaires
CAD :	Comité d'Aide au Développement
CICR :	Comité International de la Croix-Rouge
CODDHD :	Collectif des organisations de défense des droits de l'Homme et de la démocratie
DGASP/R :	Direction Générale de l'Administration, de la Sécurité Pénitentiaire et de la Réinsertion
FCFA :	Francs CFA
FDS :	Forces de Défense et de Sécurité
FNIS :	Forces Nationales d'Intervention et de Sécurité
GNN :	Garde Nationale du Niger
Ibid. :	*Ibidem*
ICPR :	Institute for Crime & Justice Policy Research
INL :	International Narcotics and Law Enforcement
LASDEL :	Laboratoire d'Études et de recherches sur les dynamiques sociales et le développement local
OCDE :	Organisation de coopération et de développement économiques
ONG :	Organisation non gouvernementale
ONUDC :	Office des Nations Unies contre la drogue et le crime
PAJED :	Programme d'Appui à la Justice et à l'État de droit
PARJ :	Programme d'Appui aux Réformes Judiciaires au Niger
PNUD :	Programme des Nations Unies pour le Développement
RSS :	Réforme du Secteur de la Sécurité

INTRODUCTION

Entrer dans une prison au Niger pose de manière presque immédiate nombre de questions : à mesure que l'on pénètre dans la prison, les acteurs étatiques s'effacent, jusqu'à disparaître complètement. Visibles au portail et dans quelques rares espaces, les « éléments »[1] de la Garde Nationale du Niger (GNN) semblent totalement absents des quartiers de détention.

Dans la prison de Niamey, capitale du Niger, le parcours entre le portail principal et le quartier des hommes est divisé en quatre espaces successifs. Dès le franchissement du portail principal de la prison, s'ouvre un premier espace peu animé : quelques éléments de la GNN identifiés par leur uniforme et leur béret rouge sont assis sur un banc, à l'ombre d'un arbre, ou installés dans le petit bâtiment d'accueil de la prison à droite de l'entrée. Ils surveillent le portail et gèrent les accès aux quartiers des hommes, des femmes et des enfants[2], qui se trouvent derrière les hauts murs épais ocre. Dans cet espace, peu de mouvement, tout est calme, sous contrôle, silencieux.

En avançant, le visiteur traverse ensuite deux cours successives à ciel ouvert, qui mènent progressivement au cœur de la détention. Dans la première, les éléments de la GNN sont fixes, assis sous un auvent, pour vérifier l'identité des visiteurs. Un homme, cette fois sans uniforme, se charge de l'ouverture et de la fermeture du portillon qui conduit à la seconde cour, occupée par le bloc administratif et l'ancienne infirmerie. Ce troisième espace, bien que ponctué d'allées et venues, reste calme. On y croise un ou deux éléments de la GNN et une vingtaine d'hommes sans uniforme. La plupart sont assis et discutent sur un banc, d'autres restent debout et observent ce qui se passe, tandis que quelques-uns se déplacent dans la zone de passage.

Si la question de l'identité des personnes sans uniforme surgit instantanément, elle se pose de manière plus aiguë une fois qu'un sas est franchi et que l'on découvre le quatrième espace : le quartier de

---

[1] Selon la formulation en vigueur.

[2] Cette terminologie est privilégiée pour désigner les quartiers détenant des personnes de moins de 18 ans. À la différence du terme *mineur*, qui renvoie principalement à un statut juridique (ne pas avoir atteint l'âge légal de la majorité), le terme *enfant* met davantage l'accent sur la dimension humaine et les besoins biologiques, psychologiques, sociaux, éducatifs, et affectifs de ces personnes). Les quartiers des *enfants* accueillent exclusivement des enfants de sexe masculin. Au Niger, les enfants de sexe féminin sont incarcérées avec les femmes adultes.

détention pour hommes. Cette porte s'ouvre sur des cours extérieures surpeuplées, saturées de mouvements et de bruit. Des centaines de personnes en circulation s'interpellent, se frôlent, ou s'évitent dans un espace confiné en plein air, à proximité de hangars de fortune et de vastes chambres collectives en béton. L'air est lourd, chargé d'odeurs corporelles et de poussière. Ici, il n'y a plus aucun personnel en tenue. Quelques hommes physiquement forts et bruyants nous accompagnent, frappent durement sur les portes en métal pour annoncer leur présence, et n'hésitent pas à bousculer ceux qui se trouvent sur leur passage afin de nous frayer un chemin jusqu'aux personnes que nous cherchions à interroger. L'entrée dans le quartier nous place d'emblée dans un état de perception accrue, où chaque détail — le vacarme, la chaleur, les odeurs, la promiscuité — s'impose avec intensité.

Tout au long de cette journée, aucune personne en uniforme n'a été visible dans le quartier de détention, qu'il s'agisse des chambres, des cours ou des cuisines. Pour autant, malgré la surpopulation extrême de ces lieux et la fatigue qui se lisait souvent sur les visages des personnes interrogées, l'interprète qui m'accompagnait et moi-même n'avons été témoins d'aucun *désordre* et nous n'avons jamais ressenti de menaces, *comme si* l'ordre et la sécurité y étaient assurés. En d'autres termes, l'absence apparente de personnel étatique ne faisait pas de ces espaces des lieux de chaos et de violence physique arbitraire.

Cette première visite à la prison de Niamey en 2018 a été suivie d'autres visites réalisées au cours de la même semaine. Chaque jour, les éléments de la GNN restaient à l'extérieur des locaux de détention ; chaque jour, des personnes non identifiées nous accompagnaient dans les chambres et les autres espaces de la prison, puis repartaient et nous laissaient travailler. Les discussions menées avec les personnes détenues nous ont révélé que ces personnes sans uniforme étaient, comme elles, des détenus et qu'elles géraient l'intérieur de la prison.

Ce constat a alors soulevé une série d'interrogations sur les formes d'organisation interne et sur les modes d'exercice de l'autorité carcérale au Niger. Qui sont ces personnes détenues qui semblent assurer l'ordre en prison ? Quel est le contour de leur autorité ? Sont-elles autonomes ou interagissent-elles avec l'administration étatique ? Alors que notre réflexion s'est développée sur la base d'une expérience dans un établissement bien particulier, ce mécanisme existe-t-il dans toutes les prisons du pays ? Autrement dit, peut-on entrevoir « *des "lois" au sens sociologique, c'est-à-dire les constantes, les régularités, auxquelles obéissent les phénomènes étudiés* »[3] ? Dans l'affirmative, que disent ces *lois* de l'exercice de l'autorité et de la place et de la nature de l'État au Niger ? Quels en sont les fondements, les déterminants ? Quelles en sont les conséquences sur les personnes détenues ?

Ces nombreuses interrogations vont nous faire cheminer autour de l'*art de gouverner*, entendu ici comme la manière dont l'autorité s'exerce, dans toute sa complexité. Alors que le dictionnaire encyclopédique de théorie et de sociologie du droit définit l'*autorité*, dans son sens fonctionnel, comme le « *pouvoir légitime d'exiger, sans recours à la contrainte physique, un certain comportement de la part de celui qui lui est soumis* »[4], nos travaux viennent complexifier cette définition. Ils dévoilent l'existence de multiples formes d'exercice de l'autorité, mises en œuvre par des acteurs étatiques et non étatiques, perçues légitimes ou illégitimes, avec ou sans contrainte physique, soumettant à des degrés divers les personnes incarcérées. Mais au sein de cette pluralité, l'exercice de l'autorité se rapporte *in fine* à un seul acteur dominant : l'acteur étatique.

Il ne s'agit pas ici de distinguer les pratiques *légales* — c'est-à-dire se conformant à des injonctions écrites étatiques — de pratiques *illégales*. Au contraire, nous entendons nous départir d'une approche normative, « *située* »[5], axée sur la mise en évidence des écarts entre normes et pratiques[6], pour étudier l'enfermement à travers les perspectives des femmes et des hommes acteurs de la prison et du milieu carcéral. L'analyse de leur « *vécu administratif* »[7] ouvre des perspectives permettant de « *comprendre de l'intérieur le fonctionnement des prisons* »[8], d'identifier les normes applicables, de

---

[3] J. Chevallier, *Science administrative,* Paris, Presses Universitaires de France, 2019, pp. 56-57.

[4] P. Gérard, « Autorité », in A.-J. Arnaud (dir.), *Dictionnaire encyclopédique de théorie et de sociologie du droit*, LGDJ, 2e édition, 2018, p. 51.

[5] D. Haraway, « Situated Knowledges : The Science Question in Feminism and the Privilege of Partial Perspective », *Feminist Studies*, vol. 14, nº 3, 1988, pp. 575-599. Dans le domaine juridique : J. Commaille, « Les enjeux politiques d'un régime de connaissance sur le droit. La sociologie du droit de Georges Gurvitch », *Droit et Société*, vol. 3, nº 94, 2016, pp. 547-564.

[6] J.-P. Olivier de Sardan, *À la recherche des normes pratiques de la gouvernance réelle en Afrique*, Discussion Paper Afrique : pouvoir et politique, DFID et Irish Aid, nº 5, 2008, p. 5.

[7] D. Darbon, « Pour une socio anthropologie administrative », *Revue française d'administration publique*, nº 35, 1985, p. 45.

[8] S. L. Faye, *Comprendre de l'intérieur le fonctionnement des prisons pour des politiques carcérales adaptées*, Notes de politique du CODESRIA, nº 2, 2017, 16 p.

saisir les rapports de pouvoir et les mécanismes de contrôle et d'examiner la légitimité perçue de l'exercice de l'autorité. Considérant, comme le suggère Jean-François Bayart, qu'« *un appareil de contrôle et de domination n'est pas seulement ce que le pouvoir en veut, mais aussi ce que le peuple en fait* »[9], l'une des ambitions de cet ouvrage est par ailleurs d'analyser les jeux d'acteurs des personnes détenues, de comprendre leurs degrés d'autonomie et leurs contraintes.

Une illustration de l'exercice de l'autorité carcérale dans un contexte de militarité de l'État

Cet ouvrage ne cherche pas à faire du domaine carcéral au Niger un exemple à visée généralisatrice. Toutefois, tout en offrant une certaine précision analytique, l'examen de l'autorité carcérale dans ce pays ouvre de nouvelles hypothèses qui peuvent être pertinentes dans d'autres contextes, y compris au-delà de la sphère carcérale. Alors que de nombreux travaux ont dévoilé des formes de pouvoir d'acteurs non étatiques en prison, l'analyse de l'exercice de l'autorité conduit à replacer l'État nigérien au cœur du fonctionnement de l'institution-prison et à mettre en évidence sa « *militarité* »[10].

Replacer l'État dans le fonctionnement des prisons

Après une longue période d'occultation[11], le dynamisme récent des recherches sur le milieu carcéral africain a mis en évidence de multiples pratiques de participation de personnes détenues au fonctionnement des prisons[12]. Sur la base d'études empiriques menées dans plusieurs pays

---

[9] J.-F. Bayart, « L'énonciation du politique », *Revue française de science politique*, vol. 35, n° 3, 1985, p. 354.

[10] M.-A. Paveau, « Les frontières discursives de la militarité », *Langage et société*, vol. 94, n° 4, 2000, pp. 45-74.

[11] M. Morelle, « Power, Control and Money in Prison : the Informal Governance of the Yaoundé Central Prison », *Prison Service Journal*, n° 212, 2014, p. 21. F. Le Marcis, « L'impossible gouvernement de la santé en prison ? Réflexions à partir de la MACA (Côte d'Ivoire) », *Ciência and Saúde Coletiva,* vol. 21, n° 7, 2016, pp. 2013-2014.

[12] Dans la zone anglophone : T. M. Martin, A. M. Jefferson et M. Bandyopadhyay, « Sensing prison climates. Governance, survival and transition », *Focaal — Journal of Global and Historical Anthropology*, n° 68, 2014, pp. 3-17, ainsi que le dossier thématique publié la même année dans le *Prison Service Journal*. En Afrique francophone, voir le programme « Économie de la Peine et de la Prison en Afrique »

du continent, la littérature s'est penchée sur la manière dont certains groupes de personnes détenues participent au fonctionnement des prisons en marge des normes officielles. Ces femmes et hommes dotés d'un pouvoir de maintien de l'ordre et de discipline, que nous qualifions de « *super-détenus* »[13], décident de l'attribution des chambres, organisent les corvées et l'offre sanitaire des autres personnes détenues ; nous appellerons ces derniers des « *détenus ordinaires* ».

La richesse des travaux sur les prisons africaines, qui « *soulignent le fonctionnement concret des prisons, appréhendées dans leur pluralité et leur historicité* »[14], a permis d'ouvrir de nouvelles perspectives, dans un contexte où la connaissance de la prison en Afrique était largement tributaire des discours des acteurs de la coopération, de récits d'anciens détenus et de rapports d'ONG[15]. En s'intéressant non pas à la prison « *telle qu'elle devrait être* », mais à la prison « *telle qu'elle est* »[16], ces travaux ont mis en lumière des modalités spécifiques d'exercice du pouvoir par les super-détenus et en ont étudié les rouages. Ainsi, l'existence d'un « *gouvernement de détenus* »[17] extrêmement structuré a été analysée dans la principale prison de Côte d'Ivoire, la Maison d'arrêt et de Correction d'Abidjan. Au Ghana, des détenus en charge de la sécurité, appelés *manteaux noirs* (*black coats*), portent des uniformes et ont à leur tête un détenu, responsable de la hiérarchie des détenus au

(2015-2019), coordonné par Marie Morelle et Frédéric Le Marcis, ainsi que le dossier consacré à ces travaux dans *Politique africaine* en 2019.

[13] Ce terme, utilisé au Cameroun, est emprunté à Régine Ngono Bounoungou. R. Ngono Bounoungou, *La réforme du système pénitentiaire camerounais : entre héritage colonial et traditions culturelles*, Thèse de Doctorat, Université de Grenoble, 2012, p. 243 et pp. 318-319. Ces détenus s'inscrivent dans un *continuum* de coercition avec les agents étatiques, ce qui les distinguent des autres détenus — y compris ceux qui bénéficient de conditions de détention plus douces du fait de leur capital financier ou social (appelés, suivant les usages de la prison, les *responsables*). Ces deux groupes de détenus ne sont pas toujours exclusifs l'un de l'autre.

[14] M. Morelle et F. Le Marcis, « Dire la prison africaine par les cartes », *Politique africaine*, vol. 155, nº 3, 2019, p. 6.

[15] M. Morelle et F. Le Marcis, « Que nous apprennent les prisons africaines ? », *Mouvements*, vol. 88, nº 4, 2016, p. 42.

[16] T. M. Martin, A. M. Jefferson et M. Bandyopadhyay, 2014, art. cité, pp. 3-17.

[17] F. Le Marcis, « Le destin de Yacou "Le Chinois". Carrière criminelle et devenir de la Côte d'Ivoire au prisme de la prison », *Afrique contemporaine*, vol. 263-264, nº 3-4, 2017, pp. 85-101.

niveau national[18]. À la prison d'Amsinéné au Tchad, un groupe de détenus assure la discipline dans les chambres, le nettoyage ou la distribution de vivres[19]. Dans les prisons de République démocratique du Congo, le *Capita général* et son équipe de *capitas*, jouent un rôle central dans l'organisation du quotidien carcéral et l'application de sanctions disciplinaires, en marge des normes officielles[20]. Dans ce pays, l'« *utilisation des détenus comme personnel de surveillance* » a été discutée lors des États Généraux de la Justice de 2015[21]. En Ouganda, des détenus appelés *katikiros* exercent des responsabilités disciplinaires qui ne reposent sur aucune base légale[22]. Sur le continent africain, des structurations similaires ont été rapportées au Sénégal, au Nigéria, ou encore en Sierra Leone[23]. Des formes d'organisations de personnes détenues ont été également attestées hors d'Afrique : en Amérique latine, notamment au Brésil ou au Nicaragua, ou en Asie, par exemple en Inde, au Liban ou au Myanmar[24].

---

[18] T. D. Akoensi, « Governance through power sharing in Ghanian prisons : a symbiotic relationship between officers and inmates », *Prison Service Journal*, n° 212, 2014, p, 34.

[19] C. Berrih, *Enjeux et conséquences de la détention sur la population carcérale et la société tchadienne*, Avocats sans Frontières-Belgique, 2016, 50 p.

[20] C. Kakule Kinombe, *La surveillance partagée et capitalisée. Ethnographie d'une prison en RD Congo*, Thèse de Doctorat, Université de Louvain, 2019, 414 p. S. Ayimpam et M. Bisa Kibul, « Une gouvernance informelle dans la prison de Makala à Kinshasa », *Socio,* n° 14, 2020, pp. 87-107.

[21] Ministère de la Justice et des droits humains, *Rapport général des États généraux de la justice en République démocratique du Congo*, 2015, p. 48.

[22] T. M. Martin, « Dynamic Security and the Scientific Exotic. Vernacularization and Practical Norms in Ugandan Prisons », in S. Biecker et K. Schlichte (dir.), *Political Anthropology of Internationalized Politics* [en ligne], Lanham, Rowman and Littlefield, 2021, pp. 115-140.

[23] S. L. Faye, L. N. Njeukam et S. Gear, *Économies de la prison en Afrique*, CODESRIA, 2023. L. T. Schneider, « Degrees of Permeability. Confinement, Power and Resistance in Freetown's Central Prison », *The Cambridge Journal of Anthropology*, vol. 38, n° 1, 2020.

[24] S. Darke, « Managing without guards in a Brazilian police lockup », *Focaal — Journal of Global and Historical Anthropology*, n° 68, 2014 (Brésil). J. Weegels, « Prisoner self-governance and survival in a Nicaraguan city police jail », *Prison Service Journal,* n° 229, 2017, pp. 15–18 (Nicaragua). M. Bandyopadhyay, *Everyday Life in a Prison : Confinement, Surveillance, Resistance,* Orient Black Swan, 2010, 332 p. (Inde). C. Berrih et K. El Mufti, *Vivants sans l'être : mission d'enquête au Liban*, Ensemble contre la peine de mort, 2021, pp. 110-111 (Liban). T. M. Martin et A. M. Jefferson, « Proxy Governance in (Post)Colonial Prisons : When Prison Officers Delegate Power to Prisoners », in H. Arnold, M. Maycock et R. Ricciardelli

Toutefois, la recherche sur les prisons africaines reste un « *champ en maturation* »[25], au sein duquel de nombreuses pistes restent sous-explorées. C'est le cas des dynamiques de pouvoir entre l'administration étatique et les personnes détenues. Nous entendons ici rapprocher deux champs qui se côtoient mais se croisent peu : d'une part, les recherches sur les prisons africaines qui analysent leur fonctionnement « *au quotidien* »[26] ; d'autre part, celles s'intéressant aux relations des groupes non étatiques à l'État.

Si les recherches sur les prisons coloniales ont déjà mis en lumière certaines techniques de mobilisation de personnes détenues à des fins de gestion carcérale[27], la littérature contemporaine s'est, quant à elle, davantage focalisée sur la dimension transactionnelle des interactions entre administration et détenus[28] et sur l'identification de pratiques corruptives partagées[29]. Seuls quelques rares travaux évoquent explicitement l'existence de relations d'autorité entre administration étatique et personnes détenues[30], certains soulignant la pertinence de la

---

(dir.), *Prison Officers : International Perspectives on Prison Work,* Palgrave, 2024, pp. 111-137 (Myanmar).

[25] T. M. Martin et A. M. Jefferson, « Prison Ethnography in Africa : Reflections on a Maturing Field », *Politique africaine*, vol. 155, nº 3, 2019, p. 131.

[26] G. Blundo et P.-Y. Le Meur, « An Anthropology of Everyday Governance : Collective Service Delivery and Subject-Making », in G. Blundo et P.-Y. Le Meur (dir.), *The Governance of Daily Life in Africa : Ethnographic Explorations of Public and Collective Services*, Leiden, Brill, 2009, pp. 1-37.

[27] A. Diabate, « La prison de Grand-Bassam des origines à 1952 », *Revue ivoirienne d'histoire*, nº 17, 2010, p. 32 ; B. Brunet-La Ruche, *« Crime et châtiment aux colonies » : poursuivre, juger, sanctionner au Dahomey de 1894 à 1945*, Thèse de Doctorat, Université de Toulouse 2 Le Mirail, 2013, p. 617.

[28] F. Le Marcis et S. L. Faye, « Pour une économie de la valeur en prison », *Politique africaine*, vol. 155, nº 3, 2019, p. 72.

[29] M. Morelle, « La prison centrale de Yaoundé : l'espace au cœur du dispositif de pouvoir », *Annales de géographie*, vol. 691, nº 3, 2013, p. 343. F. Le Marcis et M. Morelle, « Entendre les voix de la prison ? », *Politique africaine*, vol. 155, nº 3, 2019, p. 154. S. Ayimpam et M. Bisa Kibul, 2020, art. cité, p. 105.

[30] M. Morelle, 2013, art. cité, p. 353. F. Le Marcis et S. L. Faye, 2019, art. cité, p. 65 et p. 75. S. Ayimpam et M. Bisa Kibul, 2020, art. cité, p. 105. T. M. Martin, « Dynamic Security and the Scientific Exotic. Vernacularization and Practical Norms in Ugandan Prisons », in S. Biecker et K. Schlichte (dir.), *Political Anthropology of Internationalized Politics* [en ligne], Lanham, Rowman and Littlefield, 2021, pp. 115-140. Le rôle de l'État dans les prisons latino-américaines commence à faire l'objet de débats : M. Sozzo (dir.), *Prisons, Inmates and Governance in Latin America*, Londres, Palgrave Macmillan, 2022, pp. 383-384.

notion de « *décharge* »[31] dans le contexte carcéral. Il s'agira ici de s'appuyer sur ces recherches et de les prolonger, afin d'éclairer les rapports hiérarchiques, les mécanismes de contrôle et les formes de contrepouvoir, encore peu étudiés dans la littérature carcérale[32].

Parallèlement, un nombre croissant de recherches s'est penché sur les relations entre l'État et divers groupes d'acteurs non étatiques impliqués dans la production de la sécurité, tels que les *vigilantes*, les milices, les gangs de protection, les paramilitaires ou les acteurs du *community policing*[33] — groupes qui, selon les contextes, sont tolérés, ignorés, combattus ou disqualifiés par l'État[34]. Alors que la participation à la production de la sécurité est souvent interprétée comme le symptôme d'une fragmentation ou d'une érosion de la capacité de l'État[35], des travaux récents invitent à saisir ces pratiques dans un *continuum* avec celui-ci, plutôt que comme des phénomènes extérieurs à lui[36]. Ces perspectives prolongent, sous un angle renouvelé, des travaux bien plus anciens qui montraient comment l'État colonial s'appuyait sur des auxiliaires et absorbait certaines élites pour assurer

---

[31] M. Morelle et F. Le Marcis, « Pour une pensée pluridisciplinaire de la prison en Afrique », *Afrique contemporaine*, vol. 253, nº 1, 2015, p. 125. Nous analyserons ce concept *infra*, Partie 2, Chapitre 2.

[32] C. Berrih, « "On ne peut pas gérer une prison sans information à l'intérieur". Le renseignement "low-tech" dans les prisons du Niger », *Politique africaine*, nº 170, 2023, pp. 123-139. Ce champ de recherche commence toutefois à être étudié : T. M. Martin et A. M. Jefferson, 2024, *op. cit.*

[33] La pratique du *community policing* illustre la porosité entre police et vigilantisme, perceptible non seulement dans l'intégration de citoyens au sein de la structure policière, mais aussi dans l'adoption par la police de pratiques illégales inspirées du vigilantisme : P. Grassin, « Policiers vigilants et vigilants policiers. *Community policing* et division du travail policier en milieu urbain au Malawi », *Participations*, vol. 29, nº 1, 2021, pp. 179-183.

[34] L. Fourchard, « État de littérature. Le vigilantisme contemporain : violence et légitimité d'une action policière bon marché », *Critique internationale*, vol. 78, nº 1, 2018, p. 171.

[35] L. Buur, « The Sovereign Outsourced : Local Justice and Violence in Port Elizabeth », in T. Blom Hansen et F. Stepputat (dir), *Sovereign Bodies. Citizens, Migrants and States in the Postcolonial World*, Princeton University Press, 2005, p. 192. D. Pratten et A. Sen, *Global Vigilantes : Perspectives on Justice and Violence*, Londres, Hurst, 2007, p. 13. R. Abrahams, « Some Thoughts on the Comparative Study of Vigilantism », in D. Pratten et A. Sen (dir.), *Global Vigilantes : Perspectives on Justice and Violence*, Londres, Hurst, 2007, pp. 419-443.

[36] L. Fourchard, 2018, art. cité, p. 171. P. Grassin, 2021, art. cité, p. 160 et pp. 179-181.

sa politique[37]. Poursuivant ces travaux, les relations des groupes non étatiques à l'État seront analysées à partir d'un angle encore peu exploré dans ce champ : l'institution carcérale.

L'exemple local de l'art de gouverner les prisons du Niger met ainsi en lumière la complexité des relations entre les acteurs étatiques et non étatiques dans le domaine de la production de sécurité, nous conduisant à analyser les modalités d'exercice du pouvoir par l'État, à revisiter les interprétations de sa fragilité, à étendre les contours de son autorité et à dévoiler une « *étaticité* » (*statehood*)[38] qui se diffuse dans tous les espaces et qui absorbe les acteurs non étatiques, y compris les personnes détenues. L'analyse de l'autorité nécessite par ailleurs d'élargir les frontières au-delà des seuls acteurs *directs* de la prison — la GNN et les femmes et hommes détenus — pour comprendre comment s'insèrent d'autres groupes composant le paysage carcéral, parmi lesquels se trouvent notamment les familles, le ministère de la Justice, ou encore des bailleurs de fonds.

Cette mise en perspective a vocation à éclairer des enjeux qui dépassent le cadre des prisons nigériennes. Elle invite plus largement à interroger les degrés d'autonomie des acteurs non étatiques dans les prisons en Afrique et ailleurs. Plus encore, elle met en évidence des modalités de contrôle et de coercition par les acteurs étatiques, en particulier l'apprentissage de la soumission à l'autorité pour se faire une place dans l'institution, qui vont bien au-delà du cadre pénitentiaire.

Refléter la militarité de l'État à travers le prisme carcéral

Le coup d'État de juillet 2023 l'a rappelé : au Niger, les Forces de Défense et de Sécurité (FDS) occupent une position dominante au sein de l'appareil d'État. Avec cinq coups d'État réussis[39], les militaires ont exercé le pouvoir pendant plus de vingt ans. L'histoire politique contemporaine du Niger entretient ainsi une « *corrélation*

[37] R. Delavignette, *Service africain,* Gallimard, 1946 (édition complétée des *Vrais chefs de l'empire*), pp. 121-122. En littérature anglophone : F. Lugard, *The Dual Mandate in British Tropical Africa*, Blackwood and Sons, 1922. R. Buell, *The native problem in Africa*, New York : The Macmillan company, 1928, p. 431 et 480.

[38] T. Risse, « Governance in Areas of Limited Statehood : Introduction and Overview », in T. Risse (dir.), *Governance Without a State ? Policies and Politics in Areas of Limited Statehood*, Columbia University Press, 2011, pp. 1-36.

[39] Seyni Kountché (1974), Ibrahim Baré Maïnassara (1996), Daouda Malam Wanké (1999), Salou Djibo (2010), Abdourahamane Tchiani (2023).

organique »[40] avec celle des forces armées. Même lorsque l'autorité civile a été au pouvoir de 2011 à 2023, elle a dû composer avec une présence militaire omniprésente.

Les liens entre les FDS et le pouvoir politique ont fait l'objet de travaux très riches, qui ont analysé la genèse des acteurs militaires, les déterminants de leur centralité politique, ainsi que les logiques, les systèmes de légitimation et les ressources utilisés dans l'exercice du pouvoir. Pourtant, alors même que la prison est un lieu d'affirmation de la puissance étatique, la manière dont la *militarité* de l'État nigérien s'y manifeste n'a, à ce jour, jamais été étudiée.

La notion de *militarité*, développée par Marie-Anne Paveau, est ici revisitée. Elle renvoyait initialement à un ensemble de caractéristiques qui seraient attachées à la fonction militaire[41] — une acception qui demeure pertinente, nombre de ces traits se traduisant dans les pratiques professionnelles des acteurs nigériens. Cette notion est toutefois étendue pour désigner plus largement l'*imprégnation militaire* de l'État. Elle permet de caractériser l'équilibre institutionnel au sein de l'appareil d'État, de rendre visible l'imbrication des militaires dans le secteur carcéral, et de saisir les implications d'un tel enchevêtrement sur les pratiques de l'autorité. Les expressions concrètes de cette *militarité* — tant dans la vie carcérale que dans la distribution du pouvoir au sein de l'appareil d'État — seront ainsi dévoilées. Au Niger, les éléments de la GNN — que l'on peut sans difficulté qualifier de *militaires* selon une approche émique[42] — exercent en effet une emprise considérable sur le secteur carcéral, bien que celui-ci relève théoriquement du ministère de la Justice depuis les années 1990.

L'analyse institutionnelle conduit alors à examiner les éléments de la GNN, acteurs encore peu étudiés[43], « *dans leur normalité* »[44]. Il s'agit de comprendre leurs modes d'action lorsqu'ils exercent le pouvoir en

---

[40] A. Mahamane, « La naissance de l'armée nationale au Niger, 1961–1974 », in K. Idrissa (dir.), *Armée et politique au Niger*, CODESRIA, 2008, p. 46.

[41] Marie-Anne Paveau, « Les frontières discursives de la militarité », *Langage et société*, 94(4), 2000, p. 46.

[42] Voir *infra*, Partie 3, Chapitre 1.

[43] L'ouvrage *Armée et politique au Niger* dirigé par Kimba Idrissa, centré sur le corps de l'armée, ne mentionne qu'occasionnellement la GNN (alors appelé Forces Nationales d'Intervention et de Sécurité). Mirco Göpfert les évoque brièvement dans ses travaux sur la gendarmerie. M. Göpfert, *Policing the Frontier : An Ethnography of two Worlds in Niger*, Ithaca, Cornell University Press, 2020, p. 11 et p. 38.

[44] M. Debos et J. Glasman, « Politique des corps habillés. État, pouvoir et métiers de l'ordre en Afrique », *Politique africaine,* vol. 128, n° 4, 2012, p. 6.

prison, ainsi que leurs stratégies de conservation du contrôle institutionnel sur la matière carcérale au niveau central.

Ces travaux s'inscrivent dans la continuité des recherches récentes appelant à examiner plus précisément les interactions entre les prisons et les militaires, un domaine encore peu exploré à l'échelle internationale, et plus encore en Afrique[45]. À travers l'étude du domaine carcéral, c'est ainsi la place fondamentale occupée par les FDS dans l'architecture de l'État nigérien qui est analysée.

Mettre en évidence les réalités de la détention au Niger

Les recherches récentes sur les prisons africaines ont illustré la pluralité des réalités carcérales et des rapports à l'incarcération sur le continent[46]. Cet ouvrage s'inscrit dans cet axe, alors les recherches spécifiquement consacrées aux prisons du Niger sont rares. Dans les années 1990, l'historienne Florence Bernault, analysant l'évolution de l'architecture carcérale — de prisons ouvertes sur l'extérieur vers des édifices clos — a brièvement abordé les prisons coloniales de l'espace nigérien[47]. Plus récemment, le politiste Mahaman Tidjani Alou a décrit les stratégies corruptives à l'œuvre dans la prison de Niamey, en particulier les exemptions de corvées accordées en fonction des ressources des détenus, mises en œuvre par l'autorité étatique et d'autres personnes incarcérées[48]. Cette recherche prolonge ces travaux en explorant d'autres réalités des prisons nigériennes, dont il convient d'abord de préciser quelques enjeux.

Le Niger figure parmi les pays qui recourent peu à l'incarcération au niveau international : en 2019, le taux d'incarcération (nombre de personnes incarcérées pour 100 000 habitants) était faible, s'établissant

---

45 D'autres auteurs utilisent l'expression « *complexe prison-militaire* » : D. Moran, J. Turner et H. Arnold, « Soldiering On ? The Prison-Military Complex and Ex-Military Personnel as Prison Officers : Transition, Rehabilitation and Prison Reform », *The Howard Journal of Crime and Justice*, vol. 58, n° 2, juin 2019, p. 221.

46 M. Morelle et F. Le Marcis, « Écosystèmes punitifs et prisons en Afrique », in M. Morelle et F. Le Marcis (dir.), *L'Afrique en prisons* [en ligne], Lyon, ENS, 2022, §3.

47 F. Bernault, « De l'Afrique ouverte à l'Afrique fermée : comprendre l'histoire des réclusions continentales », in F. Bernault (dir.), *Enfermement, prison et châtiments en Afrique : Du 19e siècle à nos jours*, Paris, Karthala, 1999, pp. 15-64.

48 M. Tidjani Alou, « La justice au plus offrant. Les infortunes du système judiciaire en Afrique de l'Ouest (autour du cas du Niger) », *Politique africaine,* vol 83, n° 3, 2001, pp. 66-67.

à 40 personnes pour 100 000 habitants[49]. Ce chiffre plaçait le pays parmi les vingt États ayant les taux d'incarcération les plus bas dans le monde[50]. Si le nombre de personnes détenues au Niger a plus que triplé en moins de trente ans, passant de 5 265 en 1998 à 15 831 en 2024[51], le taux d'incarcération est demeuré relativement stable jusqu'en 2022, oscillant entre 40 et 54 pour 100 000 habitants. Le taux observé en 1998 (49) est ainsi très proche de celui enregistré en 2022 (50,6). On note toutefois une progression continue depuis 2019, atteignant un record national en 2024 avec 58,6 pour 100 000.

Graphique 1 : Taux d'incarcération du Niger (1998 – 2024)

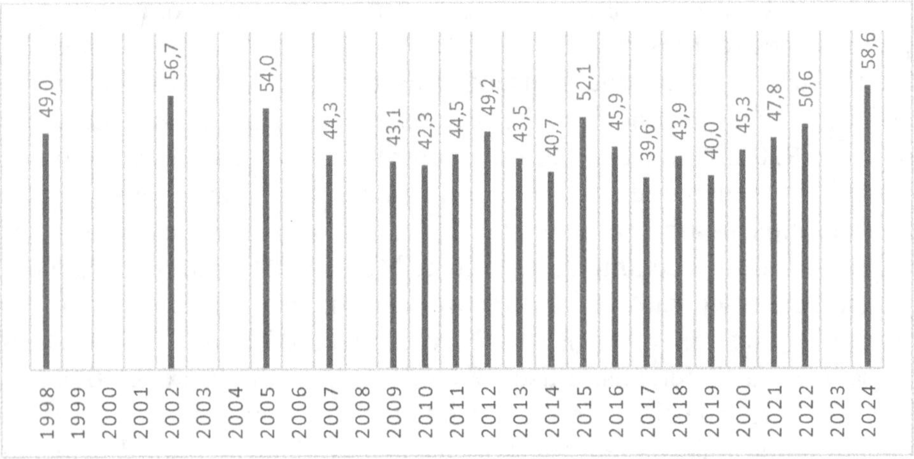

Quelles que soient les causes de cette augmentation de la population carcérale, elle fait peser une pression croissante sur les 41 établissements pénitentiaires en activité, dont les capacités d'accueil

[49] En 2019, 9 187 personnes étaient détenues pour 22,3 millions d'habitants. Ministère de la Justice, *Annuaire Statistique de la Justice 2015-2019*, 2020, p. 139. Les données statistiques sont à interpréter avec prudence, car elles reflètent une situation ponctuelle, dépendent d'un comptage manuel sujet à erreurs, et peuvent être compilées et transmises avec retard. Les chiffres de la population du Niger viennent de la Banque mondiale (World Development Indicators).

[50] Institute for Crime & Justice Policy Research (ICPR), *World Prison Brief, Highest to Lowest – Prison Population Rate (Monde*, 2023*)*.

[51] Données 1998 : ICPR, *World Prison Brief, Niger*. Données 2024 : ministère de la Justice (A.Salifou, « Le Niger compte 15 831 détenus répartis dans 41 établissements pénitentiaires », *Agence nigérienne de presse*, 14 février 2025).

s'avèrent largement insuffisantes[52]. La carte suivante présente leur répartition sur l'ensemble du territoire nigérien.

Carte 1 : Répartition des établissements pénitentiaires au Niger (2023)[53]

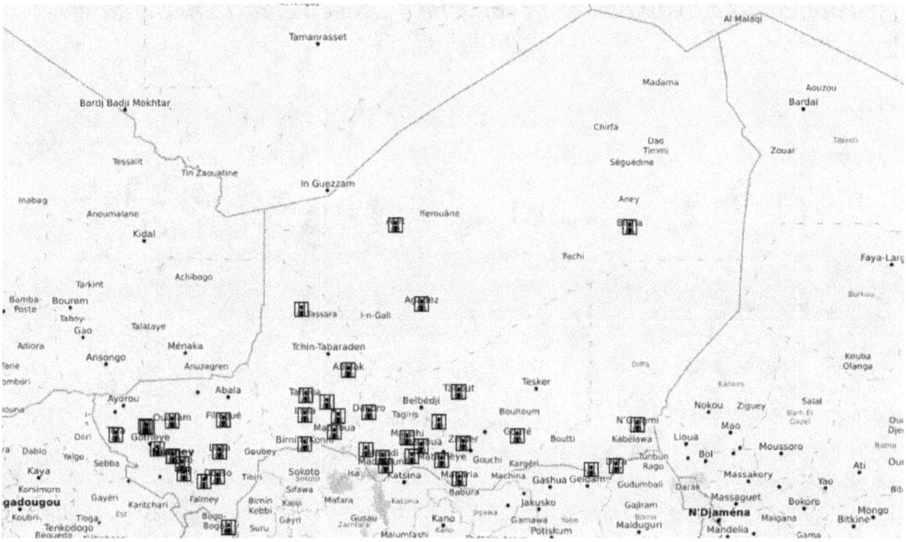

De prime abord, le taux d'occupation au niveau national, c'est-à-dire le rapport du nombre de personnes incarcérées au nombre de places disponibles[54], n'est pas extrême comparé à d'autres pays du continent. En 2023, le taux d'occupation moyen au Niger était de 119 %[55], alors que celui du Burkina Faso voisin présentait un taux de 165 %[56] ou celui du Sénégal 330 %[57]. Toutefois, comme l'illustre le graphique suivant, l'écart entre le nombre de personnes détenues et le nombre de places en prison s'est récemment creusé, en dépit d'une politique de construction de prisons et de réhabilitation des prisons anciennes pour accroître leur

[52] En 2023, le Niger comptait 41 établissements pénitentiaires en activité, parmi lesquels une prison de haute sécurité, deux centres de réinsertion professionnelle et un centre de réinsertion des jeunes. Voir annexe 2.

[53] Carte réalisée grâce au logiciel Openstreetmap à partir de la répartition des prisons du Niger en 2023 (Annexe 2),

[54] Aucune information n'est disponible sur la méthodologie utilisée pour déterminer la capacité d'accueil, ni sur l'harmonisation de ce mode de calcul entre les prisons.

[55] Données collectées au niveau du ministère de la Justice. Voir annexes 2 et 3.

[56] ICPR, *World Prison Brief* (données au 31 décembre 2023).

[57] ICPR, *World Prison Brief* (données de 2024).

capacité d'accueil[58]. Comme dans d'autres contextes[59], l'augmentation du nombre de places s'est accompagnée d'une augmentation de l'effectif carcéral[60].

Graphique 2 : Évolution de la capacité d'accueil et de l'effectif carcéral (2008-2022)[61]

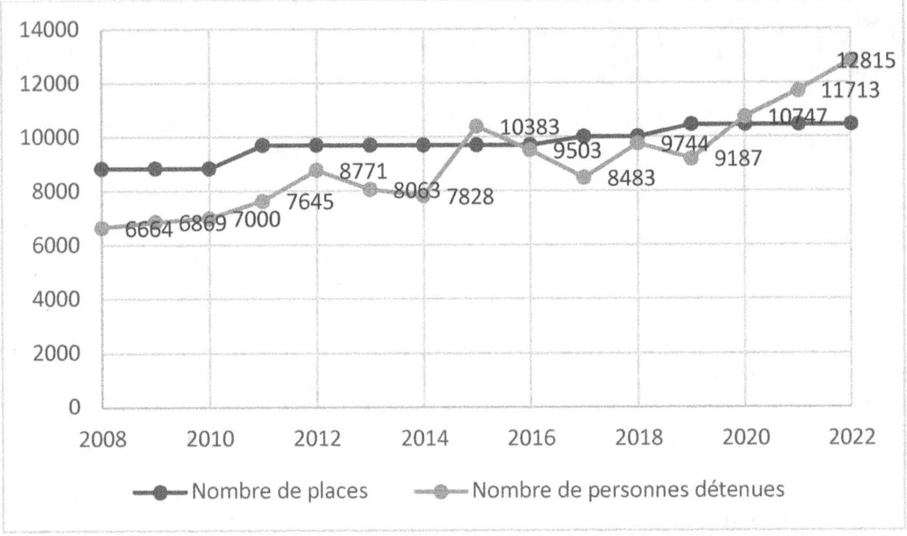

En outre, le taux moyen d'occupation observé au niveau national cache des disparités considérables entre les établissements. En 2023, sur les 41 prisons opérationnelles, la moitié présentaient un taux d'occupation inférieur à 100 %, dix-sept affichaient un taux compris entre 100 % et 300 %, tandis que quatre dépassaient les 300 %[62]. Ces moyennes dissimulent également les écarts marqués entre les quartiers d'un même établissement. À la prison de Niamey, qui a le plus grand

---

[58] Niger, *Rapport initial soumis par le Niger en application de l'article 19 de la Convention, attendu en 1999. Niger*, CAT/C/NER/1, 2018, §172. Ministère de la Justice, *Tableau de bord. Quelques indicateurs de la Justice*, 2022, Tableau 16, p. 26. Nous ne faisons que décrire l'orientation prise par l'État, sans analyser la pertinence de cette politique.

[59] P. Mary, « La politique pénitentiaire », *Courrier hebdomadaire du CRISP*, vol. 2137, nº 12, 2012, p. 37.

[60] En Europe : P. Mary, « La politique pénitentiaire », *Courrier hebdomadaire du CRISP*, vol. 2137, nº 12, 2012, p. 37.

[61] Source sur les capacités d'accueil théoriques 2008-2022 : Ministère de la Justice, 2022, *op. cit.*, p. 26.

[62] Voir données brutes en annexes 2 et 3.

nombre de personnes détenues du pays, le quartier des hommes affichait un taux supérieur à 500 %, alors que ceux des femmes et des enfants se situaient entre 170 et 200 %[63]. Les statistiques globales parviennent ainsi à masquer les taux très élevés d'occupation de certains quartiers[64].

Dans un contexte de fortes contraintes budgétaires pour le secteur judiciaire[65], les prisons contemporaines — pour la plupart construites à l'époque coloniale[66] — sont vieillissantes, voire vétustes, et présentent des conditions de détention préoccupantes, aggravées par la suroccupation carcérale. Dans certaines cellules collectives qui peuvent accueillir jusqu'à 200 personnes[67], la suroccupation réduit considérablement les espaces de couchage et de vie. Cette promiscuité engendre diverses pathologies[68], une insuffisance de ventilation pouvant provoquer des décès au cours de la saison chaude[69], une pression accrue sur l'accès à l'eau, aux douches ou aux services de santé, une détérioration accélérée des infrastructures, ainsi qu'une impossibilité matérielle de séparer les personnes en attente de jugement — appelés les « *prévenus* »[70] — et les personnes condamnées. Seuls sont séparés, dans la même prison, les hommes, les femmes, et les enfants[71].

Par ailleurs, le nombre théorique de places disponibles n'informe en rien les conditions réelles de détention. Il se limite à fournir une

---

[63] En mai 2022, 1 785 hommes y étaient détenus, pour une capacité officielle d'accueil variant de 345 à 355 selon les personnes interrogées. 89 femmes et filles étaient détenues, pour une capacité officielle de 45. 102 garçons étaient détenus pour une capacité officielle de 60. Entretiens avec des éléments de la GNN, 3 février 2021 et 26 octobre 2021.

[64] Dans chaque quartier, les disparités entre les chambres peuvent également être considérables : voir *infra*, Partie 1, Chapitre 2.

[65] Voir *infra*, Partie 3, Chapitre 2.

[66] Selon une étude conduite en 2019, la moitié des prisons fonctionnelles au Niger auraient été construites durant la période coloniale : International Consulting Expertise, *Mission d'évaluation des besoins en personnel pénitentiaire et la conception d'une carte pénitentiaire,* 2019, p. 7. Il importe de noter que ces prisons ne sont pas les premières dans l'espace nigérien, nos recherches ayant révélé leur existence bien avant la colonisation.

[67] Entretien avec un élément de la GNN, 3 février 2021.

[68] Voir *infra,* Partie 1, Chapitre 2.

[69] Voir *infra*, Partie 1, Chapitre 2.

[70] Ce terme est utilisé pour désigner toute personne n'ayant pas encore été jugée, et, par extension, toute personne en attente de jugement définitif, y compris les personnes ayant interjeté appel de leur condamnation ou ayant formé un pourvoi en cassation.

[71] Plusieurs prisons ne disposent pas de quartier pour femmes ou pour enfants.

indication sur l'espace disponible par personne, mais ne révèle rien de la présence de nattes, de matelas, de couvertures ou de moustiquaires. Il ne dit rien non plus sur l'accès à l'alimentation, aux soins, à des activités sportives ou de la formation professionnelle, ou ni de la protection de leur intégrité physique. Des conditions de détention extrêmement difficiles peuvent ainsi être observées, y compris dans les établissements n'affichant pas des taux de suroccupation élevés. Ces réalités ne doivent pas être uniquement interprétées au prisme de la *précarité*, mais en conjonction avec l'analyse des *inégalités* auxquelles les personnes détenues font face, car ce sont elles qui façonnent, de manière significative, les conditions de détention et le quotidien carcéral, comme cela sera analysé *infra*.

Une méthode interdisciplinaire guidée par notre objet

Cette recherche nécessitait d'ouvrir notre réflexion hors du seul cadre africain et de mobiliser une démarche interdisciplinaire qui nous a conduit dans les quartiers des prisons du Niger, et au-delà. La méthode n'est pas exempte de limites et de questionnements.

Penser la banalité des prisons africaines et le pluralisme des points de vue

La littérature sur les États européens et nord-américains — et avec elle ses outils, ses méthodes et ses grilles d'analyse — a longtemps dominé les recherches en sciences sociales. Pourtant, le continent africain ne doit pas être considéré de manière isolée. Suivant l'invitation de Jean-François Bayart à comprendre les sociétés africaines « *comme les autres* », et à « *penser [leur] banalité* »[72], de nombreux travaux sur les prisons africaines ont revendiqué leur inscription dans les débats globalisés sur l'incarcération[73]. Dans cette continuité, les recherches ici

---

[72] J.-F. Bayart, *L'État en Afrique. La politique du ventre*, Paris, Fayard, 1989, p. 19.

[73] M. Morelle et F. Le Marcis, 2022, cité, §5. Voir également L. A. Rhodes, « Future directions for global prison research », *Focaal – Journal of Global and Historical Anthropology,* n° 68, 2014, p. 84. J. Hornberger, F. Le Marcis et M. Morelle, « Introduction. Thinking with prisons in Africa », in M. Morelle, F. Le Marcis et J. Hornberger (dir.), *Confinement, Punishment and Prisons in Africa,* Routledge, 2021, p. xiv. E. Braatz, K. Bruce-Lockart et S. Hynd, « Introduction : African penal histories in global perspective », *Punishment & Society,* vol. 24, n° 5, 2022, pp. 759-779.

mobilisées traversent l'Afrique francophone et l'Afrique anglophone, mais aussi les frontières de l'Europe et de l'Amérique du Nord. Il s'agit ainsi de dépasser l'« *histoire intellectuelle et politique de violence et de fascination pour la violence* »[74] qui ont longtemps marqué les études sur l'Afrique, pour inscrire cette réflexion dans un ensemble plus vaste de recherches, bien au-delà du continent africain, qui ont été extrêmement pertinentes pour l'analyse[75].

S'il ne s'agit donc pas de revendiquer une « *originalité* » du continent et de ses sociétés, il ne s'agit pas non plus de prétendre à relever une quelconque « *homogénéité* »[76]. Comprendre les réalités carcérales impose, au contraire, de situer chaque contexte dans ses dynamiques politiques, institutionnelles et historiques propres.

Un objet nécessitant une démarche interdisciplinaire

Nos travaux entendent contribuer aux recherches de science administrative, qui étudient le « *phénomène administratif* »[77]. L'étude de l'autorité en matière carcérale implique en effet d'examiner la chaîne d'autorité, depuis le niveau central de l'appareil d'État jusqu'au niveau local des prisons. Ce déploiement à différentes échelles permet de comprendre les modalités réelles de fonctionnement de l'administration nigérienne : ses acteurs, les rapports de pouvoir qui la sous-tendent, et ses normes effectives, en dehors des règles formelles écrites. Une telle démarche suppose de partir du vécu des personnes qui la pratiquent, et donc d'identifier les acteurs du domaine carcéral — y compris ceux dont le rôle ne se conforme pas aux textes — et d'analyser leurs comportements, leurs stratégies et leurs interactions.

Pour ce faire, il faut « *assumer la mobilité disciplinaire* »[78], pour reprendre les mots d'Albane Geslin, car il n'y a tout simplement pas

---

[74] E. Apard et C. Maingraud-Martinaud, « Étudier la violence en Afrique. Apport des sources, enjeux de terrain et considérations éthiques », *Sources*, n° 2, 2021, p. 6.

[75] Par exemple : M. Sozzo, « Comparative and Theoretical Notes », in M. Sozzo (dir.), *Prisons, Inmates and Governance in Latin America*, Londres, Palgrave Macmillan, 2022, pp. 383-384.

[76] D. Darbon et O. Provini, « "Penser l'action publique" en contextes africains », *Gouvernement et action publique*, vol. 7, n° 2, 2018, pp. 11-12.

[77] J. Chevallier, 2019, *op. cit.*, pp. 54-61.

[78] A. Geslin, « La recherche en droit international de la reconnaissance : quelle(s) posture(s) épistémologique(s) ? », in A. Geslin et E. Tourme Jouannet (dir.), *Le droit international de la reconnaissance : un instrument de décolonisation et de refondation du droit international ?*, Confluence des droits, 2019, p. 30.

« *d'autre option que celle de dépasser le cadre du normativisme ou du formalisme juridique* »[79] pour appréhender notre objet. Étudier la prison en articulant plusieurs champs du savoir s'inscrit dans la lignée d'un nombre croissant de recherches qui entendent « *faire de la prison un objet de sciences sociales "comme les autres"* »[80].

Notre approche est ainsi résolument interdisciplinaire[81] : elle se focalise sur un seul objet — l'administration de la prison — et examine l'exercice de l'autorité carcérale, à travers une exploration croisée de plusieurs disciplines de sciences sociales — qui, par ailleurs, s'entremêlent[82]. La science administrative, d'abord, fournit le cadre général d'analyse. Elle est enrichie par la sociologie des organisations et l'anthropologie, pour comprendre le fonctionnement quotidien des services de l'État, les jeux d'acteurs et les pratiques administratives en matière carcérale ; par la science politique et l'analyse des politiques publiques, pour saisir les dynamiques institutionnelles ; et par le droit, à travers l'approche plurale, attentive aux normes effectives au-delà des textes.

L'écoute et l'observation des acteurs du milieu carcéral, une démarche empirique sous contrainte

La principale méthode mobilisée dans cette recherche a été une démarche empirique[83], centrée sur le « *travail de terrain* ». Outre l'analyse de sources écrites et orales, les données ont été collectées à travers une observation directe des pratiques, lors de plusieurs séjours au Niger entre 2018 et 2022, dont un accueil au sein du Laboratoire d'Études et de recherches sur les dynamiques sociales et le développement local (LASDEL) en 2021[84]. Au total, 300 personnes impliquées dans le domaine carcéral au Niger[85] — personnes détenues,

[79] *Ibid.*
[80] M. Morelle et F. Le Marcis, 2015, art. cité, p. 126.
[81] F. Ost, « Science du droit », in A.-J. Arnaud (dir.), *Dictionnaire encyclopédique de théorie et de sociologie du droit*, LGDJ, 2e édition, 2018, p. 543.
[82] Voir par exemple : D. Darbon et O. Provini, 2018, art. cité, pp. 16-17. Les croisements entre disciplines suscitant davantage d'intérêt que les délimitations, nous n'intervenons pas dans les discussions doctrinales relatifs aux frontières disciplinaires.
[83] E. C. Hugues, *Le regard sociologique. Essais choisis,* Paris, EHESS, 1996, p. 270.
[84] Sur cofinancement du Sciences Po Grenoble et de l'École doctorale de l'Université Grenoble Alpes.
[85] Voir le détail du nombre de personnes consultées par catégorie, Annexe 4.

éléments de la GNN, cadres ministériels, magistrats, représentants d'ONG, d'autorités indépendantes, d'organisations internationales et de bailleurs de fonds — ont été consultées.

Analyser le fonctionnement des prisons nécessitait, autant que possible, à ne pas essentialiser les personnes consultées, ni à porter un jugement sur leurs pratiques[86]. Cette posture, cependant, s'est parfois révélée complexe face aux violences physiques comme psychologiques et aux souffrances exprimées par de nombreuses personnes interrogées. Le choix d'écouter et d'analyser les discours sans porter de jugement ne doit pas être interprété comme une approbation des dispositifs observés.

Des entretiens semi-directifs et des discussions de groupe ont été menés à partir de guides développés à l'attention de personnes détenues et anciennement détenues[87]. Ces méthodes ont été préférées, car elles permettaient aux acteurs de s'exprimer librement dans un cadre défini. Les guides n'avaient néanmoins qu'une fonction indicative : nombre de discussions se sont éloignées du cadre initial pour explorer de nouveaux centres d'intérêts, ce qui a mené à l'intégration progressive de nouvelles questions au fil de la recherche. Ces entretiens et discussions ont été accompagnés d'une observation de divers moments de la vie carcérale.

Au cœur de la prison de Niamey, un terrain invitant à la réflexivité

Outre les discussions et les entretiens réalisés puis retranscrits[88], la recherche s'est appuyée sur l'observation du fonctionnement interne de la prison : l'organisation des chambres, les pauses et non-dits lors des entretiens, mais aussi les cris, les odeurs, l'état des vêtements, la visibilité des « *chicottes* »[89] ou encore les bousculades routinières. Ces observations ont été menées principalement dans les quartiers de la prison de Niamey (quartier des hommes, des femmes, des enfants), dans lesquels nous nous sommes rendu quatorze fois entre février 2021 et août 2022.

---

[86] O. Milhaud, « La géographie, la prison et l'éthique : Prestige et vertige de la justice », 2006, pp. 1-2, disponible à l'adresse : https://page.hn/ke2m1q (accès le 9 août 2025).
[87] Voir Liste des personnes consultées, Annexe 4.
[88] Les enregistreurs n'étaient pas autorisés dans l'enceinte de la prison.
[89] Voir *infra*, Partie 1, Chapitre 2.

Ce milieu opaque et contraignant est caractérisé par des enjeux sécuritaires, tant pour les personnes détenues que pour les chercheurs. L'accès initial à ce « *terrain difficile* »[90], et son maintien, ont nécessité des négociations avec les acteurs étatiques, en premier lieu la GNN, qui a fixé les conditions d'enquête. L'accès était limité de 9 heures à 16 heures, ce qui a empêché l'observation de son fonctionnement en dehors de ces horaires. Toutefois, notre présence à des moments clefs — la distribution des repas, la gestion des conflits ou la fouille des paniers — nous a renseigné sur les formes concrètes d'organisation du quotidien carcéral et les interactions entre les acteurs. La plupart des échanges avec les détenus ont été réalisés dans cette prison, hors de la présence de l'autorité étatique — celle-ci n'entrant que rarement dans les quartiers.

La sécurité des personnes interrogées et le principe « *Ne Pas Nuire* »[91] ont, à tout moment, guidé notre démarche. Toutes les personnes interrogées ont été volontaires : nous sommes entré dans chaque chambre pour présenter la recherche et proposé des entretiens à celles et ceux qui le souhaitaient. La plupart des entretiens étaient individuels. Lorsque des discussions de groupe — réunissant quatre à cinq personnes — ont été menées, elles se déroulaient dans les chambres, en veillant à respecter la hiérarchie carcérale afin d'éviter de mêler les super-détenus et les détenus ordinaires[92]. Une telle méthode n'empêchait pas, cependant, que des personnes *rendent compte* ensuite des échanges au dispositif de surveillance de la prison[93]. C'est pourquoi la possibilité de discuter de manière individuelle a été ouverte, en complément. Par ailleurs, les questions ouvertes posées étaient volontairement peu sensibles, de manière à permettre aux personnes interrogées de décider de l'orientation à donner aux entretiens.

Une certaine souplesse a été requise pour mener les entretiens. Certaines discussions ont été réorientées lorsque des personnes détenues s'approchaient des zones d'entretien, aménagées dans un coin

---

[90] M. Boumaza et A. Campana, « Enquêter en terrain difficile », *Revue française de science politique,* vol. 57, n° 1, 2007, pp. 5-25.

[91] Ce principe issu du domaine médical est un principe fondamental dans le domaine humanitaire. Étant originaire de ce secteur, nous avons poursuivi la mise en œuvre de ce principe dans cette recherche.

[92] La hiérarchie étant corrélée à l'allocation des places de couchage des détenus (directement au sol, sur la dalle, sur une natte ou à l'extérieur), nous n'avons interrogé de manière groupée que des personnes ayant un positionnement similaire.

[93] Sur la prison comme espace de surveillance, voir *infra*, Partie 2, Chapitre 2.

des chambres souvent surpeuplées. D'autres ont été suspendus. Par ailleurs, des échanges se sont prolongés par messages téléphoniques. Nos pratiques méthodologiques se sont ainsi constamment ajustées aux impératifs de terrain, ce qui a nécessité de « *sortir des canons de la méthode* »[94] pour enquêter, au risque sinon de rester confinés dans une cage[95].

Il ne s'agissait pas d'écarter toute exigence méthodologique. Par exemple, aucun formulaire de consentement écrit n'a été utilisé, d'une part, car nombre de personnes détenues ne savent ni lire ni écrire — y compris les langues locales —, et d'autre part, parce que l'usage de l'écrit crée une distance et une méfiance susceptible de brider la parole, alors qu'il était au contraire essentiel de la libérer[96]. Nous avons privilégié, avant tout entretien, un exposé oral systématique des raisons de notre présence, des conditions et de l'utilisation des données recueillies[97].

Alors que les personnes incarcérées étaient habituées à rencontrer des membres d'ONG apportant un soutien juridique ou judiciaire, il a semblé essentiel de préciser que nous ne pouvions pas répondre à des demandes d'assistance individuelle, afin d'éviter toute promesse impossible à tenir. Au-delà de la potentielle rupture de confiance — en particulier car certains échanges se sont poursuivis avec les mêmes personnes au fil des mois —, il s'agissait, avant tout, de veiller à ne pas susciter de nouvelles attentes, qui auraient pu contribuer à renforcer un sentiment d'indifférence du monde extérieur. Cependant, à l'instar de ce que rappelle Marie Morelle, nous ne pouvons conclure avec certitude que l'ensemble des conséquences de notre présence et de nos paroles ont été pleinement maîtrisées[98].

---

[94] M. Boumaza et A. Campana, 2007, art. cité, p. 9.
[95] *Ibid.*, pp. 9-11.
[96] Dans le même sens, F. Le Marcis et M. Morelle « Éthiques confinées : quand l'éthique du chercheur dévoile celle des lieux d'enquête », in M. Morelle et F. Le Marcis (dir.), *L'Afrique en prisons* [en ligne], Lyon, ENS, 2022, §19.
[97] Notamment la possibilité de se retirer à tout moment de l'entretien et de ne pas répondre aux questions s'ils ne le désiraient pas, sans avoir à donner la moindre explication et sans aucune conséquence.
[98] M. Morelle, 2013, art. cité, p. 334.

Hors de la prison de Niamey

L'accès au reste du pays étant restreint pour des raisons de sécurité[99], la réalisation d'enquêtes ethnographiques s'est concentrée sur la prison de Niamey. Nous avons toutefois réalisé des entretiens complémentaires avec d'anciens détenus, y compris plusieurs super-détenus[100], ayant été incarcérés dans une dizaine de prisons situées dans quatre des huit régions du pays[101]. D'autres entretiens ont été menés avec des éléments de la GNN, des personnels du ministère de la Justice, des magistrats, des représentants de bailleurs de fonds, d'organisations internationales, d'institutions indépendantes et d'ONG, et des experts. La plupart d'entre eux ont été réalisés au Niger, quelques-uns ont été menés à distance[102].

Par ailleurs, outre les séjours de recherche, des missions de consultance pour des ONG et des agences onusiennes au Niger en 2018, 2021 et 2022 ont permis d'accéder à deux autres prisons[103], de participer à des ateliers de travail, et de recueillir de nouvelles données (en particulier des rapports et des questionnaires) auprès d'éléments de la GNN déployés dans 35 prisons et d'autres acteurs institutionnels[104].

Les discussions et entretiens ont fait l'objet d'une prise de notes très détaillées sur cahier ou, dans le cas d'entretiens hors de prison avec les anciens détenus ou les ONG, saisies directement sur ordinateur. Quelques entretiens réalisés hors de prison ont été enregistrés, avec le consentement des répondants, puis retranscrits en intégralité. Toutes les données ont ensuite été codées et croisées à l'aide du logiciel de traitement de données qualitatives QDA Miner.

Afin de protéger les personnes interrogées et de prévenir toute forme de représailles, l'identité des personnes ayant été détenues ou des

---

99 Les déplacements hors de Niamey demandaient des autorisations spéciales ou, depuis l'attaque de Kouré en août 2020, la présence d'escortes armées. Notons également que si le travail de thèse a été entamé en 2019, nous n'avons pu mener nos recherches au Niger qu'en 2021, après la réouverture des frontières post-COVID.

100 Les premiers entretiens ont rapidement illustré que leur existence était attestée au-delà de la prison de Niamey.

101 Ces personnes ont été identifiées à travers des contacts personnels.

102 La plupart du temps par WhatsApp, parfois par messagerie électronique.

103 La prison de Say en 2018 et celle de Daïkaina en 2022. Aucun entretien approfondi n'a été mené à DaÏkana, les conditions ne s'y prêtant pas

104 Nous n'avons pas été en mesure de collecter des informations dans les établissements pénitentiaires de Bilma, Maine Soroa, Loga et Dakoro.

éléments de la GNN n'est pas mentionnée. Les personnes interrogées sont désignées par leur statut : détenu, super-détenu, badaud, responsable ou élément de la GNN. Nous sommes conscient du caractère déshumanisant de ces termes, mais privilégions la sécurité des personnes interrogées, conformément aux conditions d'entretien validées avec elles.

Dépasser les discours

Comprendre le quotidien carcéral tel qu'il était vécu exigeait de dépasser les discours convenus produits par les acteurs rencontrés. Les super-détenus, tout en se montrant transparents sur leur rôle d'organisation et de maintien de l'ordre au service de l'autorité étatique, tendaient à omettre — mais pas systématiquement — les pratiques corruptives, les violences ou les restrictions d'accès aux services ou aux biens de la prison[105], et à mettre en avant le rôle positif qu'ils estimaient jouer. La notion de « *figures morales* » développée par Léonore Le Caisne éclaire ces dynamiques : elle montre comment ces personnes construisent leur identité et leurs rapports sociaux en référence à certaines valeurs, tout en masquant d'autres dimensions de la réalité[106].

Quelle qu'ait été l'intentionnalité derrière les discours, le croisement des entretiens menés avec les super-détenus, les autres détenus (ou anciennement détenus), et l'observation des pratiques a révélé de considérables écarts, qui ont été de précieux éléments d'analyse. Par ailleurs, l'attention portée aux « *points de vue émiques des acteurs bureaucratiques* »[107] et à leurs représentations a permis d'éviter certains écueils normativistes, et de saisir les nuances du contexte[108].

Nuances et questionnements

La posture de chercheur est nécessairement critique. Si nous avons cherché à réduire les biais, des limites et des questionnements subsistent. En particulier, les différentes catégories de personnes

---

[105] Voir *infra*, Partie 1, Chapitre 2.

[106] L. Le Caisne, « L'économie des valeurs. Distinction et classement en milieu carcéral », *L'année sociologique*, vol. 54, no 2, 2004, p. 517.

[107] T. Bierschenk et J.-P. Olivier de Sardan, *The Anthropology of Bureaucracy and Public Administration*, Oxford University Press, 2021, p. 2.

[108] Comme l'acception de la notion de *militaires* (Partie 3, Chapitre 1) ou les normes disciplinaires (Partie 2, Chapitre 1).

détenues n'ont pas pu toutes être considérées avec la même intensité. Par ailleurs, le recours à l'interprétation a pu être une barrière, que nous avons toutefois tenté d'atténuer. Enfin, des questions persistent sur notre position épistémologique.

Une prise en considération différenciée des différentes catégories

Notre démarche méthodologique a été guidée par la volonté de mettre en perspective les différences d'expériences carcérales entre plusieurs catégories de personnes détenues — certaines d'entre elles s'étant progressivement dessinées au fil du terrain. Parmi celles-ci : super-détenus et détenus ordinaires ; personnes dormant à même le sol et celles disposant de conditions de détention moins dégradées ; personnes détenues dans les prisons surpeuplées des grandes villes et celles détenues dans des prisons rurales aux taux d'occupation plus faible ; hommes, femmes et enfants.

Néanmoins, les restrictions de mouvements liées au contexte sécuritaire évoquées *supra* et les difficultés d'accès aux femmes et aux enfants[109] ont limité d'obtention de quelques données. Nous avons toutefois tenté de surmonter ces contraintes. En particulier, l'observation de la vie carcérale menée dans la seule prison de Niamey a été complétée par des données collectées auprès d'éléments de la GNN déployés dans 35 prisons et de personnes ayant été détenues dans une dizaine d'entre elles.

Par ailleurs, le nombre relativement restreint de femmes adultes et d'enfants interrogés, plus réduit que celui des hommes adultes, a été partiellement compensé par un croisement avec les données issues d'entretiens avec des ONG intervenant auprès de ces publics. Cette triangulation a permis de confirmer l'existence, dans les quartiers des femmes et des enfants, de mécanismes de contrôle similaires à ceux observés dans les quartiers masculins, bien qu'ils présentent certaines spécificités qui seront présentées *infra*. Toutefois, ces limites ont probablement restreint notre capacité à saisir l'ensemble des nuances

---

[109] Les personnes interrogées hors de prison ont été notamment identifiées par effet boule de neige (une personne en identifiant d'autres ayant les mêmes caractéristiques). Les femmes et les enfants, moins nombreux et plus isolés, étaient plus difficiles à identifier. En mai 2022, les *femmes* et les *enfants* (garçons et filles) représentaient respectivement 3,5 % (445 femmes) et 4 % (496 filles et garçons) de l'effectif carcéral national (12 815 personnes détenues).

propres aux interactions entre les femmes, les enfants détenus et les acteurs étatiques.

La barrière de la langue

La majorité des entretiens menés en prison ont été réalisés en langues locales, la plupart des personnes incarcérées ne parlant pas le français. En prison, nous avons ainsi été accompagnés d'un interprète rémunéré pour cette tâche — soit un chercheur en science politique, soit un membre de la société civile —, dont le rôle a été déterminant. Il serait illusoire de considérer l'interprétation comme un processus neutre[110]. Elle induit inévitablement des biais : l'interprète mobilise son propre référentiel, tout comme nous interprétons à notre tour les paroles qui sont traduites[111]. Des raccourcis sont faits. Des paroles se perdent. Des subtilités linguistiques nous échappent.

Toutefois, ces limites ne semblent pas avoir été un obstacle majeur à la compréhension des propos recueillis. Tout d'abord, les entretiens réalisés avec différents interprètes ont pu être aisément croisés : les mêmes mécanismes étaient évoqués, souvent à l'aide des mêmes mots, ce qui laisse à penser que ces termes étaient bien les mots justes, ou, en tout cas, ceux qui se rapprochaient le plus du message qui était transmis.

Ensuite, ces données corroboraient celles des entretiens réalisés en français. En effet, en prison, la plupart des détenus dits *responsables* — c'est-à-dire ceux disposant de meilleures conditions de détention en raison de leur capital social ou économique[112] — s'exprimaient avec nous en français, de même que la quasi-totalité des anciens détenus. Il en allait de même pour les éléments de la GNN, les cadres ministériels, les magistrats, ainsi que les représentants de bailleurs de fonds, d'organisations internationales, d'institutions indépendantes et d'ONG. Un grand nombre de citations présentes dans notre texte proviennent d'entretiens conduits en français et ont été reproduites sans altération.

Enfin, une attention particulière a été portée à la communication non verbale. Les gestes, les regards échangés, les hochements de tête approbateurs ou désapprobateurs, et les postures ont enrichi notre compréhension des dynamiques. Le temps nécessaire à l'interprétation, dans les deux sens, a permis d'observer ces éléments corporels plus

---

[110] B. Temple et A. Young, « Qualitative research and translation dilemmas », *Qualitative research*, vol. 4, n° 2, 2004, p. 161.
[111] *Ibid.*, p. 168.
[112] Voir *infra*, Partie 1, Chapitre 2.

attentivement. Ainsi, bien que certaines nuances aient pu se perdre dans l'interprétation, l'impact sur l'analyse globale demeure, selon toute vraisemblance, limité.

Des questions persistantes sur notre position épistémologique

La démarche empirique est liée à un autre enjeu fondamental de notre méthodologie : celui de notre position en tant que chercheur. Comme le soulignent selon Frédéric le Marcis et Sylvain Birane Faye, cette position prend « *une importance exacerbée dans l'enquête en milieu carcéral* »[113]. Deux enjeux majeurs doivent être considérés : notre potentielle proximité avec les super-détenus, d'une part, et notre statut de chercheur issu de l'ancien pays colonisateur, d'autre part.

Dans les recherches carcérales, l'accès aux personnes détenues nécessite parfois de s'afficher avec un « *caïd* » pour assurer sa sécurité[114]. Sans l'avoir sollicité, un membre de l'équipe du *Sarki* nous a été assigné pour accompagner nos déplacements entre les différents espaces — du portail aux chambres, des chambres aux cuisines, entre les chambres éloignées les unes des autres. Il n'était ni possible ni souhaitable de refuser cet accompagnement, car une telle posture aurait pu être perçue comme une méconnaissance des normes de la prison[115], voire une remise en cause du dispositif de pouvoir, de surveillance et de sécurité en place.

En pratique, après avoir salué les éléments de la GNN, les premiers entretiens étaient menés avec des membres de l'équipe du *Sarki*. Ensuite, un chef de cour ou un adjoint nous conduisait vers les chambres, avant de nous laisser librement échanger avec les chefs de chambre, puis avec les autres personnes détenues[116]. À l'issue des entretiens, nous informions le chef de chambre de notre prochain déplacement. Celui-ci nous accompagnait ou demandait à une autre personne de le faire. Nous avons ainsi veillé à ne pas afficher plus de proximité avec les membres de l'équipe du *Sarki* qu'avec les détenus ordinaires. Nous ne pensons ainsi pas que notre méthode ait pu être

[113] F. Le Marcis et S. L. Faye, « Pour une économie de la valeur en prison », *Politique africaine*, vol. 155, n° 3, 2019, p. 61.

[114] *Ibid.*, p. 71. Voir également L. Le Caisne, « De si dangereux condamnés. Construction sociale de la dangerosité en prison », *Journal des anthropologues*, n° 108-109, 2007, p. 196.

[115] F. Le Marcis et S. L. Faye, 2019, art. cité, p. 71.

[116] La structure organisationnelle sera expliquée *infra*, Partie 1, Chapitre 1.

interprétée comme une proximité avec les super-détenus, qui aurait pu conduire à nous « *couper d'autres détenus éventuellement en conflit avec le chef de cour et ses éléments* »[117]. Le contenu des entretiens avec les détenus ordinaires semble plutôt indiquer un certain degré de confiance.

Un autre niveau de questionnement concerne notre position sociale. L'ambition qui a été notre démarche était de faire état des inégalités auxquelles font face les personnes détenues, d'entendre leurs voix et de transmettre leurs propos alors qu'elles n'ont que peu d'espaces pour s'exprimer, et au final de les reconnaître comme sujets[118]. Cette aspiration est née d'une volonté de non-substitution et de non-captation de la parole[119]. Si nous étions conscients des déséquilibres de pouvoirs inhérents aux relations entre personnes libres et personnes incarcérées, et entre chercheurs et sujets de recherche, ceux-ci revêtent une tout autre dimension dans un pays africain autrefois colonisé par la France[120].

Car, quelles qu'aient été nos intentions, nous restons une chercheuse blanche, étrangère, ayant la capacité d'entrer et de sortir de la prison, parlant la langue de l'ancien colonisateur, dans un environnement majoritairement composé de personnes noires, incarcérées, souvent peu lettrées. Dans quelle mesure cette recherche, nécessairement individuelle[121], n'a-t-elle pas contribué à reproduire une position

---

[117] F. Le Marcis et S. L. Faye, 2019, art. cité, p. 71.

[118] M. Jackson, *The Politics of Storytelling : Violence, Transgression, and Intersubjectivity*, Copenhague, Museum Tusculanum Press, 2006, p. 31, cité dans F. Le Marcis et M. Morelle, 2019, art. cité, p. 153.

[119] Sur l'écoute des voix de la prison, lire les entretiens retranscrits : F. Le Marcis et M. Morelle, 2019, art. cité, pp. 153-179. Sur les voix *subalternes* : A. Geslin, « L'apport des *Postcolonial Studies* à la recherche en droit international », in A. Geslin, C. M. Herrera et M.-C. Ponthoreau (dir.), *Postcolonialisme et droit : Perspectives épistémologiques,* Kimé, 2020, p. 71.

[120] Sans compter que nous opérons dans un contexte de marginalisation des savoirs extra-occidentaux dans la production et la validation des savoirs, même si de nouveaux projets émergent, à l'instar de la revue *Global Africa*, qui adopte une politique d'ouverture en matière de disciplines, de langues, de thématiques et de format : « Éditorial : Liberté, vérité, courage ! Une revue panafricaine sur les enjeux globaux ici et maintenant », *Global Africa*, 2022, p. 9.

[121] En dehors de cette recherche, inscrite dans un travail doctoral – par nature individuel –, une démarche participative et transnationale aurait pu être adoptée. Sur ces approches : S. M. Low et S. E. Merry, « Engaged Anthropology : Diversity and Dilemmas : An Introduction to Supplement 2 », *Current Anthropology*, vol. 51, supplément 2, 2010, pp. S209-S210. Sur les *community-based research* dans le

dominante dans les rapports sociaux ? Cette interrogation reste ouverte. Devons-nous en tant que chercheurs nous restreindre à des objets de recherche familiers[122] ? Une telle posture ne démontrerait-elle pas également ses faiblesses[123] ?

Plan de l'ouvrage

Cet ouvrage s'articule autour de trois parties, représentant trois échelles de questionnements, qui visent à saisir la complexité de l'exercice de l'autorité carcérale au Niger.

Une première partie met en lumière un mode d'exercice du pouvoir qui échappe au cadre d'analyse classique des prisons. Des femmes et hommes détenus participent activement à l'organisation de la vie carcérale dans toutes ses dimensions, y compris le maintien de l'ordre, en suivant des normes officielles non écrites, contraires aux normes formelles. Les établissements pénitentiaires sont ainsi des espaces d'exercice complexe, pluri-acteurs, du pouvoir, traversés par de profondes inégalités entre les personnes détenues.

Une deuxième partie interroge la place des acteurs étatiques dans ce schéma organisationnel. Mettre en perspective les manifestations de pouvoir des personnes détenues avec les dynamiques de contrôle mises en œuvre par la GNN permet de dépasser l'idée d'un retrait de l'État. Elle met au contraire en évidence un mode de gouvernement reposant sur l'instrumentalisation de certains détenus, révélant une *étaticité* qui se diffuse dans la société carcérale.

Enfin, une troisième partie propose un changement d'échelle, resituant les formes d'autorité observées localement dans des dynamiques institutionnelles plus larges propres au Niger. Elle montre en particulier comment le haut degré de *militarité* de l'État façonne les dynamiques institutionnelles du Niger.

---

domaine juridique : A. Geslin, 2020, cité, p. 171. Voir un exemple de recherche participative dans le milieu carcéral : CERDAP², FIACAT, ACAT-Côte d'Ivoire, *Présumé.e innocent.e ? Étude sur la détention préventive en Côte d'Ivoire*, 2020. Lire également E. Apard et C. Maingraud-Martinaud, 2021, art. cité, p. 8. Ce questionnement est pertinent bien au-delà de cette recherche.

[122] Se pose alors la frontière de ce qui est perçu comme *familier*.

[123] On peut en effet se demander si une trop grande proximité avec l'objet d'étude ne nous empêcherait pas de saisir des nuances, visibles en particulier dans une dimension comparative.

PARTIE 1. LA PARTICIPATION DES PERSONNES DÉTENUES AU FONCTIONNEMENT DES PRISONS, REFLET D'UN MODE PLURI-ACTEURS DE GOUVERNEMENT

Les prisons du Niger, à l'instar de nombreuses autres sur le continent africain, sont fréquemment appréhendées à travers le prisme de leurs insuffisances et de leurs excès[124]. La surpopulation carcérale, la proportion élevée de *prévenus*[125], la fréquence des décès en détention, la faiblesse des rations alimentaires, ou encore l'absence de séparation entre catégories dans ces prisons ont été dénoncées par les mécanismes de protection des droits humains[126].

Lors du dernier examen du Niger, en 2019, le Comité contre la torture des Nations Unies exprimait sa préoccupation face aux conditions de détention « *assimilables à des mauvais traitements* » dans de nombreuses prisons et exhortait l'État à « *prendre promptement toutes les mesures qui s'imposent afin de rendre les conditions de détention en prison [...] conformes à l'Ensemble des règles minima des Nations Unies pour le traitement des détenus (Règles Nelson Mandela)* », notamment en améliorant les conditions matérielles et l'offre de soins et en réduisant la surpopulation carcérale[127]. La même année, le Comité des Droits de l'Homme soulignait les « *conditions de détention inadéquates qui semblent prévaloir dans la quasi-totalité des établissements pénitentiaires* »[128].

---

[124] T. M. Martin, « The importation of human rights by Ugandan prison staff », *Prison Service Journal,* n° 212, 2014, p. 47. M. Morelle et F. Le Marcis, 2016, art. cité, p. 42.

[125] Depuis 2020, le taux de *prévenus* dépasse 60 % de l'effectif carcéral national. Selon les entretiens réalisés, une très large majorité des prévenus sont en attente de jugement de première instance.

[126] Ainsi que les ONG, par exemple : ACAT-Niger, FIACAT, CONICOPEM, SYNAFEN, REPRODEVH et WCADP, *Rapport alternatif à l'occasion de l'examen du 15e rapport périodique de la République du Niger sur la mise en œuvre de la Charte africaine des droits de l'Homme et des peuples*, 2021, §47 et suivants.

[127] Comité contre la torture, *Observations finales concernant le rapport initial du Niger*, CAT/C/NER/CO/1, 2019, §21-22.

[128] Comité des droits de l'Homme, *Observations finales concernant le deuxième rapport périodique eu Niger,* CCPR/C/NER/CO/2, 2019, §32.

Mais au-delà de ces indicateurs, les mécanismes de protection des droits humains négligent un élément absolument fondamental : la participation de certaines personnes détenues à l'organisation et au fonctionnement de la prison, y compris en matière de maintien de l'ordre[129]. Les observations de terrain et les entretiens menés révèlent en effet que l'autorité ne repose pas exclusivement sur les agents étatiques. Au Niger, à côté de l'administration officielle, des personnes détenues, regroupées au sein d'organisations structurées, exercent un pouvoir effectif sur les personnes qui sont incarcérées avec elles.

Ce mode d'exercice du pouvoir, complexe et pluri-acteurs, invite à se décentrer du cadre d'analyse théorique de référence des institutions (Chapitre 1). Il repose non pas sur les textes législatifs et réglementaires en vigueur, mais sur un autre système, structuré par des logiques de transaction et marqué par de profondes inégalités dans les quartiers de détention (Chapitre 2).

---

[129] C. Deslaurier, F. Le Marcis et M. Morelle, « Contestation, mutineries et évasions. Les registres de mobilisation dans les prisons (Burundi, Cameroun, Côte d'Ivoire) », *Champ pénal/Penal field,* n° 21, 2020.

Chapitre 1. L'exercice pluri-acteurs de l'autorité en prison

Les manifestations d'autorité des détenus en prison s'inscrivent difficilement dans le modèle d'État dit « *wébérien* », longtemps érigé en cadre d'analyse de référence des institutions. Fondé notamment sur le monopole étatique de la violence légitime[130], ce modèle postule, dans le domaine carcéral, une gestion exclusivement réalisée par les agents étatiques. Toute autorité exercée en dehors de ce cadre s'appréhende alors comme un écart au modèle, et dès lors, comme un dysfonctionnement à corriger.

La pertinence du modèle *wébérien*, figé et idéal typique, a été largement questionnée, en particulier dans l'examen des institutions extra-européennes. Dans les prisons africaines, ce modèle ne parvient pas à saisir la complexité des rôles joués par les super-détenus, qui sont réduits à leur statut de détenus — aucune autre place n'étant envisageable (Section 1).

En délaissant ce modèle dominant, et en poursuivant les récents — et désormais nombreux — travaux analysant les prisons à partir d'une approche empirique[131], de nouvelles perspectives se dessinent. Cette rupture épistémologique invite à examiner l'ensemble des acteurs, étatiques et non étatiques, qui participent à la vie carcérale pour mieux en saisir son fonctionnement. Les formes de pouvoir exercées par les personnes détenues cessent alors d'apparaître comme des anomalies pour être pensées dans toute leur complexité (Section 2).

Section 1. Un cadre d'analyse des institutions inadapté

Le modèle dominant d'analyse des prisons repose sur une conception centralisée de l'autorité, où l'État occupe une position exclusive dans la gestion carcérale (§1). Ce cadre, toutefois, ne permet

---

[130] M. Weber, *Économie et société,* Paris, Plon, 1995. N. Bagayoko, E. Hutchful et R. Luckham, « Hybrid Security Governance in Africa. Rethinking the Foundations of Security, Justice and Legitimate Public Authority », *Conflict, Security & Development*, vol. 16, n° 1, 2016, p. 2.

[131] Par exemple : T. M. Martin, A. M. Jefferson et M. Bandyopadhyay, 2014, art. cité, pp. 3-17. A. M. Jefferson et T. M. Martin, 2014, art. cité, pp. 2-4. T. D. Akoensi, 2014, art. cité, pp. 33-38. M. Morelle, 2014, art. cité, pp. 21-26. F. Le Marcis et S. L. Faye, 2019, art. cité, pp. 74-75. C. Kakule Kinombe, 2019, *op. cit.,* p. 12. S. L. Faye, L. N. Njeukam et S. Gear, *Économies de la prison en Afrique*, CODESRIA, 2023, p. 37, p. 62, p. 68 et p. 88.

pas de rendre compte de la réalité observée au Niger, où des personnes détenues participent activement au fonctionnement de l'institution, aux côtés des agents étatiques (§2).

§1. Le monopole de la gestion des prisons par l'autorité étatique, un modèle idéal typique

L'affirmation du monopole étatique de la gestion des prisons repose sur un cadre théorique d'analyse formalisé par Max Weber. Ce modèle, né dans le contexte particulier de l'Europe du début du XXe siècle, s'est imposé comme *le* référentiel d'analyse des institutions au niveau mondial (A). Dans les prisons, il a contribué à valoriser un exercice exclusif de l'autorité par les agents étatiques, ce qui s'est traduit, de manière concrète, dans les normes pénitentiaires du Niger (B).

A. Le modèle idéal typique wébérien, cadre d'analyse de référence des institutions

Le modèle dit *wébérien* est devenu un modèle prescriptif d'analyse des institutions dans les espaces extra-européens, y compris africains (a). En matière pénitentiaire, il s'est traduit par l'imposition de normes se rapportant à l'exercice de l'autorité en prison (b).

a. Un cadre d'analyse dominant dans l'étude des institutions africaines

Le modèle d'État dit *wébérien*, caractérisé en particulier par le monopole de la violence légitime, l'affirmation d'une autorité publique effective et des normes et institutions légales-rationnelles[132], s'est imposé comme cadre d'analyse traditionnel des institutions étatiques. Conçu comme un modèle idéal typique — donc utopique[133] — de l'État et des administrations publiques[134], il a pourtant acquis une portée

[132] Les caractéristiques du modèle d'État wébérien font l'objet de discussions entre les auteurs. Voir par exemple R. Bendix, 1962, *op. cit.*, p. 418. J.-F. Médard, « Le modèle unique d'"État en question" », *Revue internationale de politique* comparée, vol. 13, n° 4, 2006, p. 682.
[133] M. Weber, *Essai sur la théorie de la science,* Paris, Pocket, 1992, p. 181.
[134] J. Chevallier, 2019, *op. cit.,* p. 297. T. Bierschenk et J.-P. Olivier de Sardan, « Studying the dynamics of African bureaucracies. An introduction to states at work », in T. Bierschenk et J.-P. Olivier de Sardan (dir.), *States at work,* Leiden, Brill, 2014,

prescriptive[135] sur le continent africain pour étudier les administrations publiques. Dans ce cadre, la participation d'acteurs non étatiques au fonctionnement des services publics a été interprétée comme le symptôme d'un recul du pouvoir des États : l'érosion de la puissance de l'État est affirmée dès que celui-ci ne détient pas le monopole de l'autorité[136].

De telles perspectives sont loin d'être neutres. Partageant le constat partagé d'un « *fossé important* » entre un idéal type et la réalité des États tels qu'ils se construisent depuis la colonisation[137], ce type d'analyse fait apparaître les administrations africaines « *comme un négatif des administrations du monde développé. Ce sont des "boites vides", formelles, dépolitisées [...] et ahistoriques* »[138]. Ces institutions sont alors perçues comme déliquescentes, reflétant un État faible, failli, vacant ou fragile[139]. Les comportements des agents publics sont analysés essentiellement en termes de routine, d'inefficacité, de manque de compétence, de corruption ou de criminalisation[140].

---

p. 13. J.-P. Olivier de Sardan, « For an Anthropology of Gaps, Discrepancies and Contradictions », *Anthropologia,* vol. 3, n° 1, 2016, p. 124. L'incapacité des règles bureaucratiques à tout prévoir, et l'existence de *zones d'incertitudes* non couvertes par celles-ci, sont étudiées de longue date par la sociologie des organisations : M. Crozier, *Le phénomène bureaucratique,* Seuil, 1963, 414 p.

[135] D. Darbon et I. Crouzel, « Administration publique et politiques publiques des Afriques », in M. Gazibo et C. Thiriot (dir.), *Le politique en Afrique,* Karthala, 2009, p. 90.

[136] Par exemple : K. Vlassenroot, « Négocier et contester l'ordre public dans l'Est de la République démocratique du Congo », *Politique africaine*, vol. 111, n° 3, 2008. J. Beek, « "There should be no open doors in the police" : criminal investigations in northern Ghana as boundary work », *Journal of Modern African Studies*, vol. 50, n° 4, 2012, p. 552.

[137] C. Jourde, « Les grilles d'analyse de la politique africaine : la problématique de l'État », in M. Gazibo et C. Thiriot (dir.), *La politique en Afrique,* Karthala, 2009, p. 44.

[138] D. Darbon et I. Crouzel, 2009, cité, p. 91.

[139] J. S. Migdal, *Strong Societies and Weak States*, Princeton University Press, 1988, 320 p. I. W. Zartman, *Collapsed States : The Disintegration and Restoration of Legitimate Authority*, Boulder, Londres, Lynne Rienner Publishers, 1995, 303 p. P. Chabal et J.-P. Daloz, *L'Afrique est partie ! Du désordre comme instrument politique*, Paris, Economica, 1999, 196 p. B. Hibou, « La "décharge", nouvel interventionnisme », *Politique africaine,* n° 73, 1999. M. Engueleguele, « Théories et approches du développement en Afrique : Entre renouveau et crise ? » in M. Gazibo et C. Thiriot (dir.), *Le politique en Afrique,* Karthala, 2009, p. 231. V. Boege, M. A. Brown et K. P. Clements, « Hybrid Political Orders, Not Fragile States », *Peace Review : A Journal of Social Justice,* vol. 21, 2009, pp. 13-14.

[140] D. Darbon et I. Crouzel, 2009, cité, p. 91.

Face à ces perspectives réductrices et dévalorisantes des bureaucraties extra-occidentales, de nombreux chercheurs appellent à rejeter ces concepts, qui prennent comme référentiel un État dont la nature serait fixée et définie *a priori*[141].

b. Un cadre d'analyse de référence en matière carcérale

Le modèle d'État dit *wébérien* s'illustre dans le domaine pénitentiaire : l'État est considéré comme seul détenteur de l'autorité en prison. Cette perspective s'est traduite à la fois dans la littérature scientifique et dans les normes pénitentiaires internationales relatives au traitement des personnes détenues.

<u>La participation des personnes détenues comme reflet du recul du pouvoir de l'État</u>

De nombreux travaux sur les systèmes carcéraux des pays dits « *du Sud* » (*global South*) ou « *des Suds* » [142] interprètent la participation de détenus à des tâches relevant *a priori* de l'administration comme le signe d'un dysfonctionnement du pouvoir bureaucratique. Selon cette lecture, ce seraient les défaillances de l'État qui auraient ouvert l'espace à d'autres acteurs, venus pallier des *manquements*. Autrement dit, les super-détenus n'auraient pris cette place que parce qu'il y a dysfonctionnement étatique.

Ainsi, Thomas Akoensi observe que les agents des prisons ghanéennes recourent aux détenus pour compenser le manque de personnel et faire face à la pression quotidienne[143]. De même, Sylvain Landry Faye, Lionel Njeukam et Sasha Gear écrivent : *« Les gardiens de prison se considèrent comme abandonnés par leur hiérarchie, en plus de leurs faibles émoluments. Dans ces conditions, l'économie carcérale devient un gagne-pain »*[144]. Cette interprétation est également

[141] O. Nay, « La théorie des "États fragiles" : un nouveau développementalisme politique ? », *Gouvernement et action publique,* vol. 2, n° 1, 2013, p. 146.
[142] L'emploi de ces expressions est critiquable, en ce qu'elles véhiculent une vision globalisante de ces espaces pourtant très hétérogènes. Néanmoins, eu regard à certains traits partagés – notamment une expérience historique récente de domination occidentale –, nous les conserverons comme outils de désignation, tout en restant attentif à leurs limites analytiques.
[143] Notre traduction, in T. D. Akoensi, 2014, art. cité, p. 33
[144] S. L. Faye, L. N. Njeukam et S. Gear, 2023, *op. cit.,* p. 93.

avancée dans la littérature carcérale d'Amérique latine. David Skarbek explique que les détenus des prisons latino-américaines jouent un tel rôle en prison en réponse au mauvais travail de gestion des administrations : « *Je soutiens que ces systèmes pénitentiaires ont tendance à disposer de relativement peu de ressources, que leurs administrations sont inefficaces, débordées ou simplement absentes, et qu'ils font un mauvais travail de gestion de la communauté carcérale. En conséquence, les prisonniers investissent massivement dans des institutions de gouvernance extralégales* »[145]. Pour Jose Luis Perez Guadalupe, James Cavallaro et Lucia Nuñovero Cisneros, la gestion carcérale par les détenus reflète des prisons devenues « *ingouvernables* » (*ungovernable*)[146]. Ils écrivent : « *À cet égard, la nécessité de ce type de gestion des prisons apparait lorsque les autorités reconnaissent que, dans la pratique, elles ne sont pas en mesure de garder le contrôle des personnes détenues, soit en raison d'une population excessive, soit en raison d'une autre carence institutionnelle* »[147].

La présence de détenus en position d'autorité serait donc la manifestation de limitations de capacités de contrôle de l'État. L'affirmation de l'État comme seul détenteur de l'autorité se retrouve également dans les normes pénitentiaires internationales.

Des normes internationales consacrant le monopole de l'autorité étatique en prison

Cette conception est également portée par les normes internationales relatives au traitement des détenus, en particulier l'Ensemble de règles minima des Nations Unies pour le traitement des détenus (Règles Nelson Mandela). Si ces normes de *soft law* n'ont pas théoriquement d'effet contraignant sur les États[148], elles sont néanmoins prises pour

---

[145] Notre traduction, in D. Skarbek, *The puzzle of prison order : Why Life Behind Bars Varies Around the World*, Oxford University Press, 2020, p. 22.

[146] Ces auteurs partent de l'hypothèse que la gouvernance ne débute que lorsque le gouvernement n'est plus possible. J. L. Pérez Guadalupe, J. Cavallaro et L. Nuñovero, « Towards a Governance Model of Ungovernable Prisons : How Recognition of Inmate Organizations, Dialogue, and Mutual Respect Can Transform Violent Prisons in Latin America », *Catholic University Law Review,* vol. 70, n° 3, 2021, pp. 407-408.

[147] Notre traduction, *ibid.*, p. 408.

[148] En droit, les normes *molles* de *soft law* n'ont pas le même degré de contrainte que les normes *dures*, telles que les traités onusiens, comme la Convention contre la torture, qui font l'objet d'une signature ou d'une ratification des États.

référence par les mécanismes de protection des droits humains et les ONG dans leurs analyses des conditions carcérales, et par les bailleurs de fonds dans leurs programmes de réforme pénitentiaire, au Niger[149] comme ailleurs[150]. Ces normes sont considérées par ces acteurs comme des standards universels, qui ont vocation à « *définir les "bonnes normes et bonnes pratiques" en matière pénitentiaire* »[151]. En les mobilisant, ils facilitent leur circulation et favorisent une « *mondialisation du "bien punir"* »[152]. Un tel phénomène est loin d'être nouveau : la circulation internationale est « *au cœur* » de la construction du champ pénal et pénitentiaire[153].

Les Règles Nelson Mandela renseignent sur le modèle d'autorité qui est valorisé : les prisons sont perçues comme des espaces structurés autour d'une opposition entre agents de l'État et personnes détenues. La Règle 40 interdit explicitement à toute personne incarcérée d'exercer un pouvoir disciplinaire sur les autres détenus : « *Aucun détenu ne pourra occuper dans la prison un emploi qui lui confère des pouvoirs disciplinaires* ». Si elle autorise, sous contrôle, des formes d'autogestion à visée sociale ou éducative, elle réserve l'ensemble des fonctions de surveillance, de discipline, de fouille, d'encadrement du travail ou de régulation des contacts avec l'extérieur aux seuls agents de l'État[154].

Le modèle punitif valorisé par ces normes considère ainsi les personnes détenues comme un groupe homogène, soumis au pouvoir

---

[149] Voir par exemple : Comité contre la torture, 2019, *op. cit.,* §21-22. En 2022, l'ambassade des Pays-Bas a financé un programme quinquennal mis en œuvre par le Programme des Nations Unies pour le Développement (PNUD) dont l'un des objectifs est d' « *assurer la mise en conformité de ses établissements pénitentiaires avec les standards internationaux pour le traitement des détenus (Règles Mandela)* ».

[150] Pour un exemple de programme pénitentiaire visant à rendre opérationnelles des normes « *molles* » : H. Colineau, « Interroger la diffusion des normes dans l'aide européenne aux pays en transition », *Politique européenne*, vol. 46, n° 4, 2015, pp. 118-140. Y. Bouagga, « Une mondialisation du "bien punir" ? La prison dans les programmes de développement », *Mouvements,* vol. 88, n° 4, 2016, pp. 50-58.

[151] L. Quéro, « Les standards pénitentiaires internationaux », in P. Artières et P. Lascoumes (dir.), *Gouverner, enfermer. La prison, un modèle indépassable ?*, Presses de Sciences Po, 2004, p. 322.

[152] Y. Bouagga, 2016, art. cité, pp. 50-58.

[153] M. Kaluszynski, « Socio-histoire de l'État, socio-histoire du pénal. La "circulation", au cœur de la construction du champ pénal », in J.-C. Froment et M. Mathieu (dir.), *Droit et politique. La circulation internationale des modèles en question,* Presses de Sciences Po, 2014, p. 215.

[154] Règles 52 al 1, 60, 63, 100 et 12 alinéa 1, Règles Nelson Mandela.

des agents étatiques. Ce cadre théorique se retrouve dans les normes pénitentiaires nigériennes.

B. Un modèle idéal typique wébérien inscrit dans les normes pénitentiaires nigériennes

Les normes pénitentiaires formelles du Niger — entendues ici comme les textes écrits officiels — s'inscrivent pleinement dans le prolongement des normes internationales. Elles évoquent un modèle bureaucratique descendant de l'autorité carcérale, où l'État est l'unique détenteur légitime du pouvoir sur les personnes incarcérées.

Tout d'abord, la Loi 2017-08 du 31 mars 2017 déterminant les principes fondamentaux du régime pénitentiaire au Niger (ci-après Loi 2017-08) apporte quelques éclairages en ce sens, en attribuant à l'administration pénitentiaire la mission de garde, de sécurité et de réinsertion[155]. Ce texte aborde la surveillance et la discipline en prison, mais sans détailler les normes applicables. S'il mentionne l'élaboration d'un règlement intérieur type pour encadrer la discipline[156], ce dernier n'a toujours pas été adopté à ce jour, plusieurs années après la promulgation de la loi[157].

C'est surtout le décret d'application de cette loi, le Décret 2019-609/PNR/MJ du 25 octobre 2019 portant modalités d'application de la Loi 2017-08 (ci-après Décret 2019-609), qui formalise avec netteté ce monopole étatique et affirme une opposition nette entre détenus et administration[158]. Il place sans équivoque les agents de l'État au cœur de la sécurité pénitentiaire : *« La sécurité intérieure des établissements pénitentiaires incombe au personnel de l'administration pénitentiaire »*[159]. Son article 32 interdit à tout détenu d'« *exercer un emploi comportant un pouvoir d'autorité et de discipline pendant le temps de la détention* », tout en ouvrant la possibilité pour certains

---

[155] Article 1, al. 2, Loi 2017-08.

[156] Articles 20 et 21, *ibid.*

[157] Quelques établissements disposaient toutefois de règlements intérieurs avant la réforme. Le règlement de la prison de Matamey par exemple autorise la délégation de tâches à des détenus, mais limite strictement leur rôle à la coordination des services internes, sans autorité ni pouvoir disciplinaire (article 30). Ce règlement respecte donc les dispositions du Décret 2019-609.

[158] Loi 2017-08 du 31 mars 2017 déterminant les principes fondamentaux du régime pénitentiaire au Niger. Décret 2019-609/PNR/MJ du 25 octobre 2019, portant modalités d'application de la Loi 2017-08.

[159] Article 35, Décret 2019-609.

détenus d'assumer des responsabilités limitées, à condition qu'ils soient placés sous le « *contrôle effectif du personnel* » affecté à la prison.

En outre, le décret témoigne aussi d'une volonté claire de l'administration de contrôler l'ensemble de la vie sociale en prison. Il interdit les jeux et chants, *« sauf autorisation de l'administration pénitentiaire ou du chef d'établissement »*, ainsi que « *les cris, les interpellations, les attroupements bruyants, les dons, les trafics, les échanges, les communications clandestines ou langages conventionnels entre détenus* »[160]. De même, le pouvoir disciplinaire est strictement réservé au chef d'établissement, seul habilité à prononcer des sanctions[161].

Soulignons que bien que ces textes aient été récemment adoptés, ils ne représentent pas une rupture dans l'arsenal juridique nigérien. En dehors de quelques dispositions nouvelles — notamment sur les sanctions disciplinaires —, le décret réaffirme nombre d'articles du précédent Décret 99-368/PCR/MJ/DH du 3 septembre 1999 (ci-après Décret 99-368) qui déterminait l'organisation et le régime intérieur des établissements pénitentiaires avant l'adoption de la loi en 2017[162]. Plusieurs de ces dispositions sont encore plus anciennes et remontent à une réglementation coloniale datant de 1952[163], révélant la persistance d'une vision centralisée de l'autorité en prison dans les textes.

§2. Une pluralité d'acteurs exerçant l'autorité dans les prisons nigériennes, reflet de la complexité de l'exercice du pouvoir

Bien que les normes formelles pénitentiaires du Niger affirment le monopole de l'État sur la gestion de la prison, la réalité observée révèle une tout autre configuration. Les agents étatiques restent la plupart du temps en dehors des locaux de détention (A). La vie quotidienne au sein des quartiers est principalement organisée par des personnes détenues, réparties dans tous les espaces : les femmes et les hommes super-détenus quadrillent la prison (B).

---

160 Article 34, *ibid.*

161 Article 56, *ibid.*

162 Les articles 32, 34 et 35 du Décret de 2019 correspondent respectivement aux articles 54, 56 et 57 du Décret de 1999.

163 Arrêté 1635 APA du 29 août 1952 réglementant le régime des prisons du Territoire du Niger.

A. Une administration déployée en prison, mais peu visible dans les espaces de détention

Au Niger, les personnels affectés en prison — du régisseur (directeur) au personnel soignant ou social — sont des éléments de la GNN, placés sous l'autorité du ministère de l'Intérieur, de la Sécurité Publique, de la Décentralisation et des Affaires Coutumières et Religieuses (ci-après ministère de l'Intérieur). Si aucune donnée officielle n'a été communiquée sur les effectifs, un rapport public de 2019 mentionne 632 éléments déployés dans 40 prisons, ainsi répartis : 70 % affectés à la surveillance et la sécurité, 17 % à l'administration, 13 % aux soins et à l'accompagnement social[164]. Le nombre de personnels affectés à la surveillance et la sécurité varie fortement selon les prisons, allant de deux à trente-neuf, avec une médiane de neuf par établissement[165]. En 2018, le ratio moyen s'élevait à un surveillant pour vingt-quatre détenus[166], ce qui révèle une capacité d'encadrement très inférieure à celle d'autres pays africains ou d'espaces extra-africains[167].

Cependant, ce sous-effectif ne suffit pas à expliquer la faible présence des agents dans les quartiers. Cette absence est constatée dans toutes les prisons du pays, quel que soit le nombre d'éléments, quel que soit le nombre de personnes incarcérées. Elle relève d'un tout autre mode de fonctionnement, sur lequel nous reviendrons.

Les observations et les entretiens réalisés montrent que les éléments de la GNN demeurent le plus souvent à l'extérieur des espaces de détention : dans le bloc administratif, les miradors ou aux abords des portes des quartiers (hommes, femmes ou enfants). Dans la plupart des prisons, leur présence se limite à quelques rares tâches, telles que le comptage des personnes détenues, l'identification et la réception de

---

[164] International Consulting Expertise, 2019, *op. cit.*, p. 12.

[165] Tous les personnels ne sont pas physiquement présents à la prison. Certains peuvent être affectés à l'accompagnement de détenus au tribunal ou à l'hôpital.

[166] 443 éléments pour 10 520 détenus. International Consulting Expertise, 2019, *op. cit.,* p. 9 et p. 12. La réforme, depuis abandonnée, fixait un ratio de 1/5 : Article 11, Arrêté 214/MJ/GS/SG/DGASP du 20 décembre 2018.

[167] Il n'existe pas de norme internationale de ratio d'encadrement des détenus. À titre comparatif, le ratio était de 1/1,7 en France en 2022 : M. F. Acbi, E. Cocco et L. Molnar, *Prisons and prisoners in Europe 2022 : Key findings of the SPACE*, Council of Europe and University of Lausanne, 2023, p. 31. Sur le continent africain, le ratio est de 1/4 en Afrique du Sud (2020), 1/5 en Ouganda (2020), 1/7 Côte d'Ivoire (2019) : Penal Reform International, *Global Prison Trends 2021*, 2022, p. 38.

travaux réalisés par des prestataires, ou l'achat de biens, comme des cigarettes.

Un ancien détenu de la prison de Niamey témoigne ainsi : « *Les gardes n'entrent pas ; dans la prison ils n'entrent pas [...] Quand tu franchis la deuxième porte, il n'y a que les prisonniers. [Les gardes] sont en haut pour observer. Sinon les gardes n'entrent pas. Juste le matin pour compter* »[168]. Cette situation est également attestée par un ancien détenu de la prison d'Agadez, dans le nord du pays : « *Le seul moment où les gardes viennent dans la salle c'est pour compter le nombre de détenus, c'est une fois par jour, après 16 h. Ils viennent pour compter le nombre de détenus. C'est la relève qui se passe* »[169].

Peu présents physiquement dans les quartiers de détention, les gardes ne peuvent ni organiser la vie quotidienne, ni assurer une surveillance directe des personnes détenues. Dès lors se pose une série de questions : comment les détenus accèdent-ils aux infirmeries, situées hors des quartiers ? Comment est organisée la distribution de nourriture ? Qui veille à la sécurité ou au règlement des conflits internes ?

Au Niger, de même que dans de nombreux autres pays[170], les pratiques pénitentiaires ne sont pas saisies par le droit formel. Pourtant, les prisons ne sont pas des espaces de chaos. Elles ont leur propre rationalité et sont structurées par un ensemble de règles[171]. Les prisons africaines sont loin d'être anomiques[172], mais saisir ces normes implique de regarder au-delà du modèle d'analyse wébérien.

B. Des super-détenus théoriquement interdits, mais présents dans tous les espaces

Bien que les acteurs étatiques soient peu présents dans les espaces de détention, la vie quotidienne y est très organisée. Si aucun détenu n'est censé assurer un rôle de discipline, le mode de contrôle de l'espace suit une ligne de partage entre l' « intérieur » des quartiers, géré par les détenus (sous le contrôle de l'administration, comme nous le verrons), et l' « extérieur », géré par l'administration (a). À l'intérieur, des

---

[168] Entretien avec un ancien détenu, 28 janvier 2021. Pour les entretiens : le terme 'détenu' désigne les hommes adultes, 'détenue' les femmes adultes. Lorsqu'il s'agira d'un enfant (garçon ou fille), nous le préciserons.

[169] Entretien avec un ancien détenu, 7 janvier 2023.

[170] Voir *supra*, Introduction.

[171] T. M. Martin, 2014, art. cité, p. 51.

[172] F. Le Marcis et S. L. Faye, 2019, art. cité, p. 80.

personnes détenues, regroupées au sein d'organisations pyramidales structurées (b), exercent un pouvoir effectif sur leurs codétenus (c).

a. *Une partition de l'espace entre l'intérieur et l'extérieur des quartiers*

Une division nette de l'espace se dévoile entre l'intérieur des quartiers — où sont déployés les femmes et les hommes super-détenus — et l'extérieur de la prison — où sont positionnés les agents étatiques. La vie quotidienne est coordonnée par une personne détenue, le *Sarkin Kassou* – ce qui signifie *chef de la prison* en haoussa[173] —, communément appelé *Sarki* (chef). Tous les établissements du pays disposent d'un ou de plusieurs *Sarkis* : un pour le quartier des hommes, un pour celui des femmes, le cas échéant[174], et un pour celui des enfants — qui peut être un enfant ou un adulte, selon le contexte.

Cette division spatiale de l'autorité est explicitement reconnue par les éléments de la GNN eux-mêmes. L'un d'entre eux déclarait : « *Dans toutes les prisons du Niger, il y a cette organisation interne et externe, interne pour* Sarki *et chef de cour. Les prisons du Niger font que c'est les détenus qui contrôlent l'intérieur et nous, on contrôle l'extérieur et la périphérie* »[175]. Un ancien détenu confirmait : « *Le régisseur ne rentre pas, c'est juste quand il y a les visites. Les gardes ne contrôlent pas l'intérieur, l'intérieur est géré par* Sarki »[176].

Cette structuration n'est pas propre au Niger. En Sierra Leone, Luisa Schneider décrit des *red bands* gouvernant les bâtiments tandis que les gardiens restent à l'extérieur[177]. À Yaoundé, Marie Morelle souligne que les gardiens sont postés dans les miradors, sur le chemin de ronde

---

[173] Le haoussa (hausa) est l'une des langues nationales. La terminologie *Sarki* se réfère à l'exercice d'un pouvoir de justice traditionnelle. Elle s'étend du sommet de l'État à des corps de métiers ou des groupes pour désigner la personne en position de commandement (par exemple le responsable des voleurs, du marché, de l'agriculture, ou des lépreux). A. Mahamane, « La justice traditionnelle au Niger », in Organisation internationale de la Francophonie (dir.), *La réforme des systèmes de sécurité et de justice en Afrique francophone*, 2013, p. 188.

[174] Il arrive que des quartiers n'aient temporairement pas de *Sarki,* comme ce fut le cas à la prison d'Agadez qui a connu plusieurs années sans femme *Sarki.*

[175] Entretien avec un élément de la GNN, 14 juin 2022.

[176] Entretien avec un ancien détenu, 15 juin 2022.

[177] L. T. Schneider, « Degrees of Permeability. Confinement, Power and Resistance in Freetown's Central Prison », *The Cambridge Journal of Anthropology*, vol. 38, n° 1, 2020, pp. 90-91.

et au niveau de l'entrée principale, laissant aux détenus la gestion des portes et du maintien de l'ordre[178]. En Côte d'Ivoire, Frédéric Le Marcis note également cette division, bien que des gardiens soient parfois présents dans les cours[179].

b. Des organisations pyramidales structurées de personnes détenues

Les *Sarkin Kassou* ne gèrent pas seuls la vie des quartiers. Ils s'appuient sur une équipe de codétenus pour gérer toutes les composantes du quotidien carcéral : attribution des chambres, distribution de nourriture, accès au téléphone, encadrement des activités sportives, accès à l'infirmerie, ou encore la gestion de la discipline. À la tête de cette structure, le *Sarki,* assisté d'un adjoint, coordonne une organisation hiérarchique pyramidale composée d'« éléments » — tous détenus — répartis selon leurs tâches et responsabilités.

La complexité de cette structure varie selon la population carcérale. Dans les quartiers des garçons et des femmes, moins peuplés, l'équipe de super-détenus se limite souvent à un *Sarki,* un adjoint et des *chefs de chambre*. Dans les quartiers des hommes, plus densément peuplés, la pyramide est plus étoffée : au sommet, le *Sarki* et son adjoint — nommés ou validés par le régisseur[180] — désignent les *chefs de cour* (*Sarkin guida)* et leurs adjoints, en charge de l'organisation de la cour et de l'attribution des chambres. À l'exception des chambres des *responsables* qui font l'objet d'un mécanisme de nomination particulier[181], ce sont les *chefs de cour* qui nomment à leur tour les *chefs de chambre*, dont ils sont les responsables hiérarchiques. Les *chefs de chambre,* assistés d'un adjoint, sont responsables de l'organisation et du « *maintien de la sérénité* »[182] dans les chambres. Ils sont en contact quotidien direct avec les personnes détenues : ils vivent et dorment dans la même chambre que les personnes dont ils ont la responsabilité.

Le graphique suivant présente une représentation simplifiée de la pyramide organisationnelle de l'équipe du *Sarki*.

[178] M. Morelle, 2013, art. cité, p. 347.
[179] F. Le Marcis, 2017, art. cité, p. 87.
[180] Voir *infra*, Partie 2, Chapitre 1.
[181] Voir *infra*, Partie 1, Chapitre 2.
[182] Entretien avec un super-détenu, 7 février 2021.

Graphique 3 : Représentation simplifiée de l'équipe du Sarki

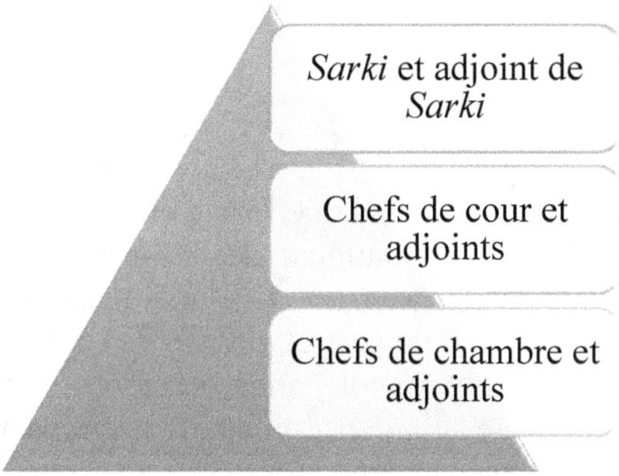

En parallèle de cette hiérarchie principale (*Sarki* → chef de cour → chef de chambre), le *Sarki* supervise également des détenus investis de fonctions spécifiques. Dans les prisons peu peuplées, il supervise directement quelques cuisiniers, portiers (responsables de l'ouverture et fermeture de la porte) ou responsables de l'hygiène. Dans les établissements plus peuplés, cette structure se complexifie, le *Sarki* supervisant d'autres *Sarkis*, tels que : *chef de la porte* (*Sarkin koffa*), chargé de l'ouverture et de la fermeture de la porte des quartiers et de l'appel des détenus pour les visites ou la réception de panier-repas ; *chef cuisine* (*Sarkin tôuwo*), responsable de la préparation et de la distribution de la nourriture, lui-même supervisant une équipe de cuisiniers, *Sarkin dakka* (chargés de piler les céréales) et de nettoyeurs des marmites ; ou *chef de la salubrité* (*Sarkin toukkou*), en charge de l'organisation de l'hygiène et de l'assainissement, qui peut être assisté d'un *Sarkin Pompo,* en charge de remplir les bidons d'eau.

Un élément de la GNN déployé dans une prison de la région Tillabéri, dans le sud-ouest du pays, décrivait ainsi cette organisation :

« À la tête de la prison, il y a toujours un chef prisonnier, un Sarki. *[...] Il y a un chef de cour qui est chargé de mettre l'ordre dans la cour. [...] En dehors de ça, on a un chef de douche, qui est chargé du nettoyage. Le matin à l'ouverture de la porte des dortoirs, il essaie d'enlever tous les tonneaux qui sont à l'intérieur, quand ils font les besoins, on ne peut pas laisser cela. [...] En dehors de ça, chaque chambre a un chef de chambre. Pour les quatre chambres, le chef de chambre est chargé de l'application des règles, de mettre l'ordre, il est chargé de ramasser les tasses quand il y a distribution de*

nourriture pour qu'ils prennent leur repas. Il y a un chef de cuisine, chargé de préparer la nourriture et la distribution. Ils sont trois cuisiniers, il y a un chef et des sous-chefs. Les deux sont aussi chargés de la transformation de la farine ».[183]

Dans les quartiers très peuplés, comme celui des hommes de la prison de Niamey qui détenait 1 613 hommes adultes en janvier 2023[184], cette organisation prend une forme encore plus élaborée. Sous l'impulsion du Comité International de la Croix-Rouge (CICR), un comité d'hygiène, d'assainissement et de maintenance y a été institué, réparti en six secteurs — balayage et gestion des déchets, organisation des chambres, corps d'État (maintenance, électricité, plombier, maçon), assainissement, coiffure, chaîne alimentaire —, chacun d'entre eux étant coordonné par des éléments du *Sarki*[185].

Dans cette prison, la fouille à l'entrée du quartier des hommes est assurée par un *chef de fouille*[186], qui se charge de la *fouille de l'arrivée*, autrement dit la fouille initiale des nouveaux détenus. Le chef de fouille est responsable de plusieurs *petits*[187], chargés d'inspecter les détenus entrants ainsi que leurs paniers-repas. Le *chef de la porte* supervise plusieurs sous-groupes : les *portiers*, responsables de l'ouverture et de la fermeture des portes ; les *appelés,* positionnés à l'extérieur des quartiers, qui signalent l'arrivée des visiteurs ; et les *faux appelés*, à l'intérieur de la prison, chargés de situer les détenus concernés, et ayant à ce titre une connaissance fine de la localisation de chacun. Le *chef cuisine* est, lui aussi, entouré d'une équipe spécialisée, qui inclut notamment le *chef bois* et un *chef tamis*.

c. *Un quadrillage dense, illustration du contrôle de l'espace par des acteurs non étatiques*

L'ensemble des membres de l'équipe du *Sarki* sont connus de leurs codétenus. Femmes et hommes super-détenus se distinguent non seulement par l'autorité qu'ils exercent, mais aussi par divers

---

[183] Entretien avec un élément de la GNN, 14 novembre 2022.
[184] Données au 31 janvier 2023, ministère de la Justice.
[185] Entretien avec un élément de la GNN, 3 février 2021.
[186] La fouille par les super-détenus n'est pas propre à la prison de Niamey : voir *infra*, Partie 1, Chapitre 2.
[187] Ce sont des personnes à la fois protégées et informellement employées, parfois exploitées. Cette appellation est également utilisée en dehors de la prison.

marqueurs spatiaux et symboliques. Leur pouvoir s'incarne dans des lieux de couchage privilégiés, un positionnement stratégique — à l'entrée des quartiers ou devant la porte principale, souvent à côté des gardes — ce qui permet d'observer les allées et venues, ou encore dans l'usage de certains objets spécifiques : des armes de fortune pour les *chefs de chambre* et *chefs de cour*, ou, par exemple, une chaise réservée au *Sarki*. Comme le décrivait un ancien détenu de la prison de Niamey : « *La chaise, c'est lui seul qui est habilité à s'asseoir là-dessus. La place, c'est une place où il doit s'asseoir pour voir tout le monde, ce qui se passe, ceux qui entrent. Il peut observer* »[188].

Ce quadrillage s'étend à tous les espaces, de la porte principale du quartier jusqu'aux chambres, et permet à l'équipe du *Sarki* de multiplier les lieux de surveillance des personnes détenues. Comme l'exprimait un super-détenu, « *on connaît tout, on voit tout* »[189]. Cette organisation se caractérise donc par une segmentation fine, qui varie selon le nombre de personnes détenues rapporté à l'espace. Dans les espaces vastes et difficiles à contrôler, comme une chambre de la prison de Niamey longue de plusieurs dizaines de mètres, trois hommes sont responsables de la surveillance au lieu de deux : un à l'avant, un au milieu, et un au fond, ce qui permet une couverture complète de l'espace et un contrôle effectif des détenus. Le chef de cette chambre résumait ainsi : « *De tous les côtés, on est là* »[190]. Ce maillage dense de l'espace illustre ce que Michel Foucault décrivait comme l'avantage d'une organisation pyramidale. Cette dernière, mieux qu'un cercle, permet de « *former un réseau sans lacune — possibilité par conséquent de multiplier ses échelons, et de les répartir sur toute la surface à contrôler* »[191].

Dans les prisons du Niger, le système normatif formel, tel qu'il est énoncé dans les textes, n'est donc pas effectif. Alors que les normes écrites confèrent à l'administration étatique un monopole théorique sur l'ensemble des composantes de la vie carcérale, ce sont en pratique les super-détenus qui assurent la gestion quotidienne de l'institution, par leur présence dans tous les espaces. Cette réalité a conduit le Collectif des organisations de défense des droits de l'Homme et de la démocratie (CODDHD), réseau d'organisations nigériennes de défense des droits

[188] Entretien avec un ancien super-détenu, 25 juin 2021.
[189] Entretien avec un super-détenu, 28 octobre 2021.
[190] Entretien avec un super-détenu, 5 février 2021.
[191] M. Foucault, *Surveiller et punir. Naissance de la prison*, Gallimard, 1975, p. 176.

humains, à qualifier l'organisation des super-détenus de « *milice* »[192], et à en relever l'« *illégalité* ». Cependant, saisir le fonctionnement de la prison suppose de se décentrer d'une analyse reposant sur une distinction entre légalité et illégalité et sur un écart entre les pratiques et le modèle idéal typique *wébérien*. Ces approches ne permettent en effet pas de rendre compte de la complexité de l'exercice de l'autorité en prison.

Section 2. Le renouvèlement du cadre d'analyse de l'autorité

Une analyse de l'autorité en prison fondée sur le modèle dit wébérien et sur le droit formel conduit à une impasse. D'autres référentiels doivent être mobilisés pour comprendre les modes d'exercice du pouvoir de certaines personnes détenues. Il s'agira ainsi de s'éloigner du droit écrit comme cadre de référence (§1) et d'élargir l'analyse à l'ensemble des acteurs qui participent, concrètement, au fonctionnement carcéral (§2).

§1. L'abandon du droit écrit comme cadre de référence, un impératif épistémologique

Il convient de renoncer à prendre le droit écrit comme unique point d'ancrage analytique et d'ouvrir l'analyse grâce à l'approche plurale du droit (A), pour ensuite la centrer sur le système normatif effectif (B).

A. Dépasser le constat de l'ineffectivité des normes formelles : l'approche plurale

Le constat de l'écart entre normes formelles et pratiques carcérales se borne à révéler des insuffisances ou des défaillances. Pour dépasser cette lecture normativiste, une rupture épistémologique doit être opérée, en s'éloignant d'une conception juridique fondée sur les normes

192 CODDHD, *Rapport sur la situation des Droits de l'Homme en milieu carcéral au Niger*, 2014, §45 et §91, notes 2, 13 et 14.

formelles, au profit d'une « *approche plurale du droit* »[193], inspirée des travaux d'anthropologie du droit[194].

Suivant Dominique Darbon, les pays africains ne seraient pas caractérisés par un déficit de droit, mais par une « *extrême effervescence juridique* », marquée par la coexistence de multiples pratiques juridiques et droits, à côté du « *droit étatique classique* »[195]. L'approche plurale, qui permet d'ouvrir l'analyse à d'autres systèmes juridiques, s'écarte radicalement de la théorie dominante moniste au sens kelsénien, qui ne légitime qu'un seul foyer de droit, l'État, et un seul ordre juridique, qui formerait un ensemble cohérent, intégré, monolithique, dont tous les éléments se tiennent et s'emboitent harmonieusement[196]. Cette conception du droit et de l'État, à la fois dogmatique et ethnocentrée, doit être interrogée, en particulier dans le contexte post-colonial — la colonisation ayant en effet contribué à imposer une culture juridique occidentale exogène au détriment d'autres cultures juridiques, faisant alors du *droit*, entendu dans sa dimension normative, un outil de violence, de domination et de soumission[197].

Penser la justice en Afrique impose donc de dépasser une perspective normativiste du droit, qui entend celui-ci comme « *un système de normes articulées entre elles de manière autoréférentielle* »[198], pour considérer d'autres normes : des normes *effectives,* révélées dans

---

[193] C. Eberhart, « L'impact méthodologique de l'analyse plurale dans l'étude anthropologique des cultures juridiques », in G. Otis (dir.), *Méthodologie du pluralisme juridique,* Karthala, 2012, pp. 53-92. S. Bellina, « L'analyse plurale du droit : enjeux épistémologiques et responsabilité du jeune chercheur », in G. Otis (dir.), *Méthodologie du pluralisme juridique*, Karthala, 2012, pp. 25-52.

[194] En particulier : J. Vanderlinden, « Le pluralisme juridique : essai de synthèse », in J. Gillissen (dir.), *Le pluralisme juridique*, 1972, pp. 19-56. J. Griffiths, « What is legal pluralism ? », *the Journal of Legal Pluralism and Unofficial Law*, vol. 24, n° 18, 1986, pp. 1-55. F. von Benda-Beckmann, « Who is afraid of legal pluralism », *Journal of legal pluralism*, vol. 47, 2002, pp. 37-82.

[195] D. Darbon, « "Un royaume divisé contre lui-même…" La régulation défaillante de la production du droit dans les États d'Afrique noire », in D. Darbon et J. Du Bois de Gaudusson (dir.), *La création du droit en Afrique,* Karthala, 1997, p. 113.

[196] J. Chevallier, « La régulation juridique en question », *Droit et société,* vol. 3, n° 49, 2001, p. 835.

[197] A. Geslin, 2020, cité, pp. 162-164. Nos recherches sur l'utilisation du *droit* dans l'espace nigérien lors de la colonisation l'ont confirmé.

[198] O. Corten, « Le "droit en contexte" est-il incompatible avec le formalisme juridique ? », *Revue Interdisciplinaire d'Études Juridiques,* 2013, vol. 70, n° 1, 2013, p. 71.

l'action[199], qui peuvent être non légales (non formalisées dans les textes) ou illégales (violant les normes officielles formalisées dans les textes)[200]. Les travaux d'anthropologie juridique dévoilent alors, en prison comme ailleurs, de multiples ordonnancements juridiques — y compris des ordres « illégaux »[201].

Il ne s'agit pas de mobiliser l'approche plurale comme un « *instrument de luttes politiques* » pour délégitimer l'État[202]. Il s'agit plutôt de ne pas présumer de la centralité du droit étatique dans la structuration de l'ordre carcéral : la relation entre les normes effectives et l'État ne sera pas postulée, mais empiriquement construite. Ce droit carcéral effectif, qui est loin de porter des dimensions d'inclusivité, de participation ou de légitimité pour l'ensemble des personnes détenues[203], est comme nous le verrons intrinsèquement relié à l'État.

B. Centrer l'analyse sur le système effectif hors des textes

L'approche plurale présente néanmoins des limites. Si les travaux d'anthropologie juridique sont particulièrement féconds pour se décentrer du seul droit écrit, ils ne permettent pas, à eux seuls, d'aller plus loin dans l'analyse.

L'apparence d'un pluralisme juridique est indéniable[204] : il existe un droit pénitentiaire écrit — d'origine coloniale — et récemment

---

[199] J. Vanderlinden, « Enseigner sans reproduire-innover sans tout détruire : propos hétérodoxes au départ de quelques constats élémentaires », *Afrilex*, nº 3, 2003, p. 100. A. Geslin, 2020, cité, p. 180.

[200] Cette distinction est empruntée à : S. Ayimpam et J. Bouju, « Introduction. La régulation informelle et les normes pratiques de l'action collective en Afrique », in S. Ayimpam (dir.), *Aux marges des règles et de la loi*, L'Harmattan, 2019, p. 29.

[201] G. Rocher, « Pour une sociologie des ordres juridiques », *Les Cahiers de Droit,* vol. 29, nº 1, 1988, p. 111. J. Vanderlinden, « Vers une nouvelle conception du pluralisme juridique », *Revue de la recherche juridique – Droit prospectif,* vol. 53, nº 2, 1993, p. 581. D. Villegas, *L'ordre juridique mafieux. Étude à partir du cas de l'organisation criminelle colombienne,* Dalloz, 2018, pp. 298-299.

[202] A. Geslin, « Une brève historiographie de "pluralisme juridique" : quand les usages d'une notion en font un instrument de luttes politiques », *Clio@Themis,* nº 15, 2019, p. 2.

[203] Contrairement à d'autres travaux s'inscrivant dans l'approche pluraliste, par exemple D. Villegas, « À la recherche d'un *autre droit*. L'exercice alternatif du droit par la *Red de Apoyo* », *Cahiers d'anthropologie du droit*, 2011, p. 126.

[204] Au sens de J. Vanderlinden, 1972, *op. cit.,* p. 20. Ce pluralisme, de nature étatique, s'apparente à un *pluralisme juridique interne*. Peu exploré, il a été souligné par

renouvelé ; et un autre système, hors du droit écrit, mais effectif. Ce pluralisme ne se traduit toutefois pas par une effectivité ou une reconnaissance équivalente. Le droit écrit n'a, en pratique, aucune portée opérationnelle sur les modalités concrètes d'exercice de l'autorité carcérale : ni l'interdiction faite aux détenus d'exercer un pouvoir disciplinaire, ni celle de prononcer des sanctions, ne sont observées.

Les référents mobilisés par les acteurs qui font l'expérience de la prison, celles et ceux qui la vivent au quotidien — GNN et personnes détenues — ne relèvent *jamais* du droit écrit. Ce dernier n'est ni connu, ni même évoqué[205]. Loin d'être un simple mécanisme de contournement, le système effectif constitue donc le *seul* référentiel normatif du fonctionnement carcéral. Ainsi, plus que la considération somme toute banale que la règle légale ne s'applique pas partout, comme l'a montré de longue date la sociologie des organisations[206], l'analyse révèle plutôt un système qui, en matière d'exercice de l'autorité en prison, existe dans son entièreté hors du droit écrit. En ce sens, l'analyse doit écarter les normes écrites et être centrée sur ce système effectif, qui revêt un caractère *officiel*.

Cette perspective conduit à nous éloigner du concept exploratoire de « *normes pratiques* »[207], conceptualisé par le socio-anthropologue Jean-Pierre Olivier de Sardan et fréquemment mobilisé dans les travaux de recherche sur les prisons africaines[208]. Considérant la nécessité de dépasser le constat des écarts entre normes et pratiques, il écrit : « *Les comportements réels ne sont pas simplement des déviances par rapport aux normes officielles, ils relèvent en fait d'autres normes, non dites,*

B. de Sousa Santos, *Toward a New Legal Common Sense : Law, Globalization, and Emancipation,* Cambridge University Press, 2020, p. 114.

[205] Il n'est pas ici fait référence aux travaux sur le « forum shopping », qui semblent induire une effectivité *a minima* des différents systèmes en question : K. von Benda-Beckmann, « Forum shopping and shopping forums », *Journal of Legal Pluralism*, vol. 19, 1981, pp. 117-159.

[206] Depuis les années 1930, l'Ecole des relations humaines a démontré que les organisations ne fonctionnement jamais totalement conformément à des règles prescrites. Sur les organisations informelles : C. Barnard, *The Functions of Executive*, 1938. Sur le milieu carcéral : G. Benguigui, « Contrainte, négociation et don en prison », *Sociologie du travail,* vol. 39, n° 1, 1997, p. 4.

[207] J.-P. Olivier de Sardan, 2008, *op. cit.,* 25 p.

[208] T. M. Martin, A. M. Jefferson et M. Bandyopadhyay, 2014, art. cité, pp. 3-17. C. Deslaurier, « Penser la prison politique en Afrique », *Politique africaine*, vol. 155, n° 3, 2019, p. 47. F. Le Marcis et S. L. Faye, 2019, art. cité, pp. 74-75.

que l'on appellera normes pratiques. Autrement dit les comportements dont on constate qu'ils ne suivent pas les normes officielles ne sont pas simplement erratiques, non conformes, aléatoires, ils sont réglés par d'autres normes de fait, qu'il convient de "découvrir" ».[209] Les normes pratiques désignent, pour cet auteur, des « *régulations implicites (informelles, de facto, tacites, latentes), qui sous-tendent les pratiques des acteurs ayant un écart avec les normes explicites (normes officielles ou normes sociales)* »[210].

Si ce cadre pourrait *a priori* sembler pertinent pour nos travaux, dans la mesure où il invite à aller « *à la recherche* » des normes qui sous-tendent les pratiques des acteurs pour comprendre le fonctionnement réel des institutions[211], il ne sera pas retenu.

Deux critères fondamentaux attachés aux normes pratiques semblent manquer : leur caractère implicite et leur opposition aux normes officielles. D'une part, la plupart des normes carcérales effectives dont il est question ne sont pas implicites. Au contraire, elles sont expressément évoquées, tant par les personnes détenues que par les éléments de la GNN[212]. La participation de certains détenus à la gestion de la prison n'est aucunement dissimulée : elle est connue, reconnue, et a même été évoquée dans des chansons d'artistes populaires[213].

D'autre part, le concept de normes pratiques a été construit sur son opposition avec les normes officielles — qui sont, selon Jean-Pierre Olivier de Sardan, « *nécessairement formalisées et écrites* »[214]. Or, ce critère de distinction n'est pas opérant dans ce contexte. Les normes effectives en prison au Niger sont revendiquées et légitimées par la GNN. Elles ne relèvent donc pas de simples arrangements tolérés en marge du droit : elles sont portées par les acteurs de l'État en charge de

---

[209] J.-P. Olivier de Sardan, « La sage-femme et le douanier. Cultures professionnelles locales et culture bureaucratique privatisée en Afrique de l'Ouest », *Autrepart,* vol. 4, n° 20, 2001, p. 67.

[210] J.-P. Olivier de Sardan, *La revanche des contextes. Des mésaventures de l'ingénierie sociale, en Afrique et au-delà*, Karthala, 2021, p. 121

[211] J.-P. Olivier de Sardan, 2008, *op. cit.,* 25 p.

[212] Voir *supra*, Partie 1, Chapitre 1, et *infra*, Partie 2, Chapitre 1.

[213] Les paroles de la chanson « Kassizey » de Testo Yaro, relate ainsi l'entrée d'un détenu à la prison de Niamey : *« C'est l'entrée de la prison que je vais voir d'abord. Le Sarki Idrissa me dit de faire ce que je veux »*. Ou encore la chanson « Kassou » de Mali Yaro : « *Où sont les fautifs ? Le Sarki vous appelle. Dans la prison, il y a un chef de cuisine et un chef de tamis* ». Nous remercions Chamssidine Balla Zamo pour sa traduction en français de ces chansons, qui mêlaient les langues haoussa et zarma.

[214] J.-P. Olivier de Sardan, 2021, *op. cit.,* p. 117.

ce domaine et acquièrent, à ce titre, un caractère *officiel*. Autrement dit, les prisons du Niger sont encadrées par des normes non conformes aux textes, mais néanmoins reconnues, organisées, et opérées par l'État à travers ses agents.

Par ailleurs, la notion de normes pratiques pose problème en ce qu'elle maintient le droit écrit comme référence, lui conférant une centralité qu'il convient de déconstruire[215]. Au Niger, la revendication et la légitimation des normes effectives par les acteurs officiels de la prison révèlent la faible valeur accordée au droit écrit dans la gestion carcérale. Celui-ci n'est tout simplement pas le cadre de référence de l'univers carcéral du Niger et ne saurait être appréhendé comme tel. Pour ces raisons, le concept de normes pratiques ne sera pas mobilisé dans notre analyse.

§2. La prise en compte de la complexité de l'exercice du pouvoir en prison

Le modèle légal-rationnel ne permet pas de rendre compte de la position singulière des super-détenus dans l'organisation carcérale nigérienne, ni plus globalement de leur rapport à l'État. Pour cela, l'ensemble des acteurs, y compris les super-détenus, doivent être intégrés à l'analyse (A). Pour faire état d'un mode de fonctionnement pluri-acteurs des institutions, de nouveaux concepts ont été mobilisés par la recherche carcérale (B).

A. La considération des super-détenus comme acteurs de l'exercice du pouvoir en prison

Alors que l'approche classique appréhende la prison comme un lieu d'imposition unilatérale du pouvoir étatique sur des personnes incarcérées, la sociologie des organisations, en particulier les travaux de Michel Crozier et Erhard Friedberg, propose une lecture plus fine, centrée sur la compréhension des rapports de pouvoir. Pour ces auteurs, une organisation ne peut être comprise à partir de ses seules règles officielles (écrites ou non), mais doit être analysée comme « *un ensemble de relations qui, formant le vécu des acteurs, témoignent des stratégies qu'ils poursuivent dans ce contexte les uns à l'égard des autres, et renvoient aux relations de pouvoir sur lesquelles se fonde le*

[215] J. Griffiths, 1986, *art. cit.*, pp. 4-5.

construit organisationnel »[216]. Les interactions sociales et les rapports de pouvoir structurent le jeu des acteurs et doivent ainsi être au cœur de l'analyse : toute organisation — quelle que soit sa nature, ou la rigidité ou la souplesse des normes qui la régulent — est « *le royaume des relations de pouvoir, de l'influence, du marchandage, et du calcul* »[217].

Dans cette perspective, le pouvoir n'est pas un attribut des acteurs, mais le résultat d'une interaction, ce qui suppose des échanges et des négociations. La relation de pouvoir résulterait alors du déséquilibre des échanges en faveur de l'un ou de l'autre et du contrôle des marges de liberté dont dispose chacun des acteurs engagés dans cette relation[218].

Appliquée au contexte carcéral nigérien, cette grille de lecture a deux conséquences pour notre propos. D'une part, elle ouvre la réflexion à des relations de pouvoir au-delà de la relation classique binaire *personnel étatique-personne détenue*, notamment à des rapports de pouvoir entre les personnes détenues[219]. Une telle configuration a été documentée dans diverses prisons à travers le monde — en Afrique, en Amérique latine ou en Asie[220] — et se confirme au Niger : l'administration n'exerce, au moins de façon visible, que peu de pouvoir direct sur les *détenus ordinaires*[221], c'est-à-dire ceux qui n'ont pas de responsabilité de surveillance ou de gestion. L'organisation concrète de la vie quotidienne, y compris le maintien de l'ordre, repose sur un groupe restreint de personnes incarcérées dotées de responsabilités : les super-détenus.

Ces derniers appartiennent alors à deux registres : ils sont incarcérés par une décision de justice *au même titre* que les autres, mais ne sont pas pour autant des détenus *comme* les autres puisqu'ils exercent des tâches théoriquement dévolues à l'État. Ce positionnement révèle

---

[216] M. Crozier et E. Friedberg, *L'acteur et le système. Les contraintes de l'action collective*, Seuil, 1977, p. 59.

[217] *Ibid.*, p. 45.

[218] *Ibid*, pp. 65-69.

[219] Dans le même sens : M. Bosworth et E. Carrabine, « Reassessing Resistance – race, gender and sexuality in prison », *Punishment and Society*, vol 3, nº 4, 2001, p. 509.

[220] Voir le dossier « Everyday Prison Governance in Africa » coordonné par T. M. Martin et A. Jefferson dans le nº 212 de *Prison Service Journal* (2014). En Amérique latine, par exemple : S. Darke, 2014, art. cité. J. Weegels, 2017, art. cité. M. Sozzo (dir.), 2022, *op. cit*. En Asie, par exemple : M. Bandyopadhyay, 2010, *op. cit*. C. Berrih et K. El Mufti, 2021, *op. cit*. T. M. Martin et A. M. Jefferson, 2024, *op. cit*.

[221] Voir *supra,* Partie 1, Chapitre 1.

l'existence d'une « *trilogie carcérale* »[222], composée des personnels étatiques, des super-détenus et des détenus ordinaires. Cette configuration semble de prime abord brouiller la frontière entre acteurs étatiques et des détenus ordinaires[223].

D'autre part, l'approche de Michel Crozier et Erhard Friedberg met en évidence l'interdépendance structurelle des comportements des acteurs[224]. Selon eux, aucun acteur n'est jamais totalement démuni face à l'autre[225]. Cette approche dévoile un monde de stratégies et tactiques d'adaptation des acteurs, qui disposent chacun de marges de manœuvre et de contraintes, et dont les intérêts peuvent converger, diverger, ou entrer en concurrence[226].

La prise en compte des interactions entre acteurs étatiques et *super-détenus*, entre *super-détenus* et *détenus ordinaires*, complexifie alors considérablement l'analyse de la prison. Il convient toutefois de relever dès à présent que l'analyse des réalités de certains détenus, qui se rapprochent du modèle d'institution totale théorisé par Erving Goffman, mettra en évidence les limites de l'analyse[227].

Pour faire état de cette complexité dans l'exercice du pouvoir, de nouveaux concepts ont été employés par la littérature.

B. La mobilisation de nouveaux concepts pour refléter un exercice multi-acteurs du pouvoir

La mise en évidence des formes d'exercice du pouvoir par des détenus doit s'envisager dans le contexte du renouvèlement du cadre d'analyse des institutions, qui tient désormais compte d'un possible exercice du pouvoir en dehors des structures étatiques — en particulier par l'utilisation du terme de *gouvernance*.

Initialement utilisé entre le XIIIe siècle et le XIVe siècle comme synonyme de *gouvernement*, entendu comme « *art de gouverner* »[228],

---

[222] C. Kakule Kinombe, 2019, *op. cit.,* p. 156.
[223] Ce brouillage sera toutefois interrogé *infra,* Partie 2, Chapitre 1.
[224] Voir par exemple G. Benguigui, « Contrainte, négociation et don en prison », *Sociologie du travail,* vol. 39, n° 1, 1997, p. 4.
[225] M. Crozier et E. Friedberg, 1977, *op. cit.*, p. 69.
[226] J. Chevallier, 2019, *op. cit.,* p. 38.
[227] E. Goffman, *Asiles, Études sur la condition sociale des malades mentaux*, Les Éditions de Minuit, 1968.
[228] E. Dau, « Gouvernance », in N. Kada et M. Mathieu (dir.) *Dictionnaire d'administration publique*, Presses Universitaires de Grenoble, 2014, pp. 249-250. J.

la signification de ce terme a évolué. Il désigne désormais avant tout sur le dépassement du cadre de l'État dans l'analyse de l'*art de gouverner* pour souligner un « *exercice pluri-acteurs du pouvoir* »[229], y compris par des acteurs qui ne sont pas publics[230], tandis que les techniques de *gouvernement* se caractérisent par l'imposition unilatérale, centralisée, verticale d'une domination étatique[231]. Bien que le terme *gouvernance* ait été critiqué pour sa polysémie considérée excessive[232] et son inconsistance[233], Gerry Stoker relevait qu'un consensus se dessinait dans la littérature : la gouvernance désigne « *des styles de gouverne dans lesquels les frontières entre et au sein des secteurs public et privé sont devenues floues* »[234].

Appliqué aux institutions africaines, le concept de *gouvernance* a été largement repris dans une acception non normative, pour désigner « *la façon dont les biens et services publics sont "réellement" délivrés* »[235]. Cette lecture a donné lieu à plusieurs formulations, telles que la « *gouvernance réelle* »[236] ou la « *gouvernance au quotidien* »

Pitseys, « Le concept de gouvernance », *Revue interdisciplinaire d'études juridiques*, vol. 65, n° 2, 2010, p. 214.

229 E. Dau, 2014, cité, pp. 249-250.

230 J. Leca, « La "gouvernance" de la France sous la Cinquième République », in F. D'Arcy et L. Rouban (dir.), *De la Ve République à l'Europe, Paris,* Presses de Sciences Po, 1996, p. 339. Voir également E. Dau, 2014, cité, pp. 249-250.

231 J. Chevallier, « La gouvernance, un nouveau paradigme étatique ? », *Revue française d'administration publique,* vol. 105-106, n° 1-2, 2003, p. 207. Voir la définition qu'en donne Jean Leca : J. Leca, « Gouvernement et gouvernance à l'aube du XXIe siècle », note inédite citée dans P. Favre, « Qui gouverne quand personne ne gouverne ? », in P. Favre, J. Hayward et Y. Schemeil (dir.), *Être gouverné. Études en l'honneur de Jean Leca,* Presses de Sciences Po, 2003, p. 268.

232 J. Chevallier, 2003, art. cité, p. 201 et p. 214. M.-C. Meininger, « Remarques sur le concept de gouvernance et le système politico-administratif français », in J. Corkery (dir.), *Gouvernance. Concepts et applications,* Bruxelles, Institut international des sciences administratives, 1999, p. 314. C. Baron, « La gouvernance : débats autour d'un concept polysémique », *Droit et société,* vol. 54, n° 2, 2003, p. 330. O. Paye, « La gouvernance. D'une notion polysémique à un concept politologique », *Études internationales,* vol. 36, n° 1, 2005, p. 28. J. Pitseys, 2010, art. cité, p. 207.

233 G. Hermet et A. Kazancigil, « Introduction », in G. Hermet, A. Kazancigil et J.-F. Prud'homme (dir.), *La gouvernance. Un concept et ses applications,* Karthala, 2005, p. 7.

234 Notre traduction, in G. Stoker, « Governance as theory : five propositions », *International Social Science Journal*, vol. 50, 1998, p. 17.

235 J.-P. Olivier de Sardan, 2008, *op. cit.,* note 2, p. 1.

236 *Ibid.* Voir également K. Titeca et T. de Herdt, « Real Governance Beyond the "Failed State" : Negotiating Education in the Democratic Republic of the Congo », *African Affairs,* vol. 110, 2011, pp. 213-231. T. de Herdt et J.-P. Olivier de Sardan,

(*everyday governance*)[237], pour dévoiler un mode d'exercice pluri-acteurs du pouvoir. D'autres concepts proches ont été mobilisés pour refléter cette complexité, tels que celui d'institutions « *crépusculaires* » (*twilight institutions*), désignant des institutions qui opèrent « *dans le crépuscule entre l'État et la société, entre le public et le privé* »[238], ou celui d'ordre « *hybride* », qui souligne les dynamiques d'imbrication des différents groupes d'acteurs, donnant naissance à des ordres différents de leurs sources initiales[239].

Dans le champ carcéral, c'est toutefois le concept de *gouvernance* qui s'est imposé comme outil analytique central. Suivant les travaux de Tomas Max Martin, Andrew Jefferson et Mahuya Bandyopadhyay[240], de multiples recherches ont montré l'existence de formes d'autorité de détenus dans l'« *art de gouverner* » des prisons, en marge des normes formelles. La *gouvernance* est devenue un concept clef de la recherche carcérale en Afrique ou en Amérique latine, comme l'illustrent les nombreux articles et ouvrages s'y rapportant[241]. Toutefois, si, comme nous le verrons *infra*, ce concept est utile dans la mesure où il permet d'ouvrir l'analyse à un certain mode d'exercice du pouvoir, ceci ne constitue qu'un premier point d'entrée que nous ne manquerons pas d'interroger[242].

Real governance and practical norms in Sub-Saharan Africa : the game of the rules, Routledge, 2015, 268 p.

[237] G. Blundo et P.- Y. Le Meur, 2009, cité, p. 14.

[238] C. Lund, « Twilight Institutions : Public Authority and Local Politics in Africa », *Development and Change,* vol. 37, n° 4, 2006, p. 686. Cette expression est parfois traduite par *institutions claires-obscures*.

[239] V. Boege, M. A. Brown et K. P. Clements, 2009, art. cité, p. 17.

[240] T. M. Martin, A. M. Jefferson et M. Bandyopadhyay, 2014, art. cité, pp. 3-17.

[241] Sur le continent africain : A. M. Jefferson et T. M. Martin, 2014, art. cité, pp. 2-4. T. D. Akoensi, 2014, art. cité, pp. 33-38. M. Morelle, 2014, art. cité, pp. 21-26. M. Morelle et F. Le Marcis, 2019, art. cité, p. 6. C. Deslaurier, 2019, art. cité, p. 46. C. Kakule Kinombe, 2019, *op. cit.,* p. 12. S. Ayimpam et M. Bisa Kibul, 2020, art. cité, pp. 87-107. S. L. Faye, L. N. Njeukam et S. Gear, 2023, *op. cit.,* p. 37, p. 62, p. 68 et p. 88. Pour les prisons latino-américaines : M. Sozzo, « Context, Trends and Conditions », in M. Sozzo (dir.), *Prisons, Inmates and Governance in Latin America*, Londres, Palgrave Macmillan, 2022, pp. 9-15. Voir également : J. L. Pérez Guadalupe, J. Cavallaro et L. Nuñovero, 2021, art. cité, pp. 367-420.

[242] Voir *infra*, Partie 2, Chapitre 2.

Conclusion du Chapitre 1

Les pratiques observées des prisons du/des Sud/s s'écartent considérablement des préconisations issues du modèle dit wébérien, cadre d'analyse théorique de référence des institutions. Appliqué aux prisons, ce modèle repose sur l'idée d'un monopole étatique de la violence légitime, qui implique de l'autorité pénitentiaire devrait être exercée exclusivement par les agents de l'État. Toute forme d'autorité par des détenus serait donc à proscrire. Cette conception structure non seulement les textes à l'échelle internationale, mais aussi les cadres juridiques nationaux en matière pénitentiaire.

Or, au Niger, des super-détenus exercent des formes d'autorité au sein de groupes hiérarchiques et structurés, tandis que les acteurs étatiques, déployés dans toutes les prisons du pays, se tiennent le plus souvent en dehors des espaces de détention. Ces pratiques s'accordent mal avec le modèle wébérien : l'analyse aboutit seulement au constat d'un écart entre un cadre théorique et les pratiques carcérales.

Le renouvèlement du cadre d'analyse des institutions permet de dépasser cette impasse. L'approche plurale du droit, d'une part, révèle l'existence de plusieurs systèmes normatifs, qui peuvent exister en dehors de l'État. La prise en compte de l'ensemble des acteurs contribuant au fonctionnement des prisons, d'autre part, ouvre l'analyse aux super-détenus et permet de transcender la dichotomie entre détenus et agents étatiques. Dans cette perspective, le recours au concept de *gouvernance* s'est avéré fécond pour décrire un exercice pluri-acteurs de l'autorité — dont les modalités concrètes, telles qu'incarnées par les super-détenus, seront examinées plus en détail dans le chapitre suivant.

Chapitre 2. Un mode d'exercice du pouvoir reposant sur des transactions et des inégalités

Au Niger, comme dans de nombreux autres contextes, les expériences vécues par les personnes détenues au cours de leur incarcération sont hétérogènes[243]. Les formes de pouvoir exercées par une partie des femmes et hommes détenus révèlent des inégalités de statut entre les super-détenus et les détenus ordinaires, confirmant l'existence d'une trilogie d'acteurs en prison. Mais ces inégalités ne se limitent pas à cette distinction : elles traversent l'ensemble de la vie carcérale.

Peu de recherches carcérales sur le continent africain se sont penchées sur la diversité des réalités carcérales et des capacités des femmes et hommes détenus[244]. Nous rejoignons ici les travaux de Luisa Schneider qui plaide pour une plus grande visibilité des « *lignes de partage qui différencient les expériences carcérales* »[245], car « *supposer une homogénéité des expériences carcérales [...] entrave une compréhension incarnée et inductive de la prison telle qu'elle est vécue* »[246].

Au sein des détenus ordinaires, deux grandes catégories se dessinent : les *responsables* ou *fonctionnaires*[247], qui bénéficient de meilleures conditions de détention grâce à leur capital social ou relationnel ; et les *badauds*[248], qui disposent de peu de ressources. Si les conditions de détention sont fonction de la capacité des détenus à mobiliser des ressources financières — comme l'exprimait un détenu,

[243] M. Vacheret, « Gestion de la peine et maintien de l'ordre dans les institutions fédérales canadiennes. Contrôle, pouvoir et domination : les "réussites" de la prison », *Déviance et société*, vol. 30, nº 3, 2006, p. 299.

[244] La plupart des travaux de recherche se concentrent sur le rôle des super-détenus, et ne traitent que de façon annexe les conséquences des rapports de pouvoir sur les autres détenus. Voir toutefois : M. Morelle, 2013, art. cité, pp. 339-346.

[245] Notre traduction, in L. T. Schneider, 2020, art. cité, p. 102.

[246] Notre traduction, in *ibid.*, p. 101.

[247] Terminologie employée par les détenus interrogés. Le terme *fonctionnaire* ne se limite pas ici aux agents de l'État. Il désigne plus largement les détenus logés dans des quartiers aux conditions plus douces. Pour éviter toute confusion, le terme *responsable*, également employé par les acteurs de la prison pour cette catégorie de détenus, sera utilisé.

[248] Terminologie employée par les détenus interrogés. Pour des raisons de commodité de lecture, l'italique sera retiré du texte lorsque nous nous référerons aux *badauds*, mais nous percevons la connotation négative, voire méprisante, de cette appellation.

« *si tu as les moyens, tu ne souffres pas* »[249] —, le traitement subi ne dépendra pas uniquement de ces ressources financières et des « *rentes de domination* » qui en découlent pour les super-détenus[250] : elles sont aussi façonnées par les réseaux relationnels à l'intérieur et à l'extérieur de la prison. Pour le dire autrement, le traitement sera différent pour les personnes « *à qui on doit un peu de respect* »[251]. Ceci souligne à quel point, en Afrique comme ailleurs, la reproduction des hiérarchies sociales de l'extérieur de la prison est prégnante à l'intérieur des quartiers[252].

Dans cet univers inégalitaire, l'ordre en prison se conçoit comme un équilibre reposant sur des échanges entre super-détenus et administration, chacun obtenant des contreparties. Cette participation au fonctionnement de la prison permet aux super-détenus de se rapprocher des conditions de détention des responsables, bien qu'ils ne relèvent pas de cette catégorie (Section 1). Parallèlement, le degré de transaction entre super-détenus et détenus ordinaires varie considérablement selon la position de ces derniers. Dans cet espace où s'enchevêtrent inégalités et transactions, les super-détenus exercent un niveau de contrainte différent selon le statut carcéral et social de leurs codétenus (Section 2).

Section 1. Des transactions entre super-détenus et administration étatique pour maintenir l'ordre

La littérature carcérale invite à placer la dimension transactionnelle des relations entre administration et personnes détenues au cœur de l'analyse (§1). Cette perspective se révèle particulièrement pertinente pour faire état des interactions entre l'administration et les super-détenus au Niger (§2).

---

[249] Discussion de groupe avec des hommes détenus, 9 novembre 2021.

[250] M. Morelle, 2013, art. cité, p. 348.

[251] Entretien avec un ancien responsable, 28 janvier 2021.

[252] L. Wacquant, « Deadly Symbiosis : When Ghetto and Prison Meet and Mesh », *Punishment and Society*, vol. 3, nº 1, 2001, pp. 95–133. G. Chantraine, « Prison, désaffiliation, stigmates. L'engrenage carcéral de l'"inutile au monde" contemporain », *Deviance et société,* vol. 27, nº 4, 2003, p. 382. L. Bony, « La prison, une "cité avec des barreaux" ? Continuum socio-spatial par-delà les murs », *Annales de géographie,* nº 702-703, 2015, pp. 275-299. Dans les prisons africaines : M. Morelle, 2013, art. cité, p. 353. C. Deslaurier, 2019, art. cité, p. 46.

§1. Une littérature carcérale plaçant la dimension transactionnelle au cœur de l'analyse de l'ordre carcéral

Si le modèle goffmanien d'institution totale, reposant sur l'idée d'une domination unilatérale des surveillants sur des reclus, a été longtemps mobilisé dans les analyses carcérales, les recherches empiriques se sont largement éloignées de ce modèle idéal typique (A), privilégiant désormais l'analyse des interactions entre personnes détenues et agents de l'État (B).

A. Un modèle idéal typique : les « institutions totales »

Dans son ouvrage *Asiles,* Erving Goffman mobilise le concept d'*institution totale* (parfois traduit par *totalitaire*) qu'il définit ainsi : « *un lieu de résidence et de travail où un grand nombre d'individus, placés dans la même situation, coupés du monde extérieur pour une période relativement longue, mènent ensemble une vie recluse dont les modalités sont explicitement et minutieusement réglées* »[253]. Les institutions totales, dont les prisons sont des exemples, partagent de nombreux caractères communs : les lieux d'enfermement sont des univers clos, au sein desquels les reclus sont déconnectés du monde extérieur et contraints à suivre un ensemble de règles qui les infantilise, les façonne, les soumet[254].

Les reclus peuvent toutefois recourir à des « *adaptations secondaires* », formes de résistance à faible échelle, représentant pour l'individu le moyen de s'écarter du rôle et du personnage que l'institution lui assigne[255]. Il s'agit de « *combines* », d' « *occases* », qui, « *sans provoquer directement le personnel, permettent aux reclus d'obtenir des satisfactions interdites ou bien des satisfactions autorisées par des moyens défendus* »[256].

Il convient de noter d'emblée que les institutions totales ne doivent pas nécessairement être considérées comme des modèles existants. Comme le souligne Corinne Rostaing, l'institution totale n'a jamais eu vocation à être autre chose qu'un concept opératoire, un modèle idéal

[253] E. Goffman, 1968, *op. cit.,* p. 41.

[254] G. Chantraine, « La sociologie carcérale : approches et débats théoriques en France », *Déviance et société,* vol. 24, n° 3, 2000, p. 302.

[255] E. Goffman, 1968, *op. cit.* Les adaptations primaires sont définies par ce que l'individu fait pour se conformer à ce que l'institution attend de lui.

[256] E. Goffman, 1968, *op. cit.,* pp. 98-99.

typique[257]. Erving Goffman nuançait lui-même la portée de son concept : « *Aucun des traits que je vais décrire ne s'applique aux seules institutions totalitaires et aucun ne se trouve partagé au même titre par chacune* »[258]. L'analyse de l'écart entre le concept d'institution totale et les réalités carcérales est toutefois pertinente, car ces « *caractères communs* » présentent des différences selon les institutions[259].

B. Des prisons saisies à travers la dimension transactionnelle des relations entre détenus et administration

En France, les recherches empiriques ont mis à l'épreuve ce modèle idéal typique[260]. Ces travaux ont montré que la prison ne saurait être réduite à un espace clos et figé. Au contraire, des circulations de biens, services et personnes traversent l'espace[261]. En outre, les détenus, loin d'être passifs, négocient avec les surveillants suivant un échange fondé sur le don et le contre-don[262], sur le principe du « *donnant-donnant* »[263] — corroborant la littérature établie en sociologie des organisations qui souligne le caractère interdépendant des comportements des acteurs.

Cette dimension, qui s'exprime hors des procédures officielles, est une modalité centrale de l'ordre carcéral[264]. Cette idée rejoint les constats formulés dans les années 1950 par Sykes : un contrôle total de

---

[257] C. Rostaing, « Pertinence et actualité du concept d'institutions totales : à propos des prisons », in C. Amourous et A. Blanc (dir.), *Erving Goffman et les institutions totales,* L'Harmattan, 2001, p. 139.

[258] E. Goffman, 1968, *op. cit.,* p. 47.

[259] C. Rostaing, 2001, cité, p. 139.

[260] C. Faugeron, A. Chauvenet et P. Combessie (dir.), *Approches de la prison*, Paris, De Boeck et Larcier, 1996, p. 36.

[261] P. Combessie, « L'ouverture des prisons et l'écosystème social environnant », *Droit et Société,* n° 28, 1994, pp. 629-636. C. Rostaing, *La relation carcérale. Identités et rapports sociaux dans les prisons de femmes*, Paris, Presses Universitaires de France, 1997, 331 p.

[262] A. Chauvenet, « Guerre et paix en prison », *Cahiers de la sécurité intérieure*, n° 31, 1998, pp. 103-106.

[263] A. Chauvenet, « L'échange et la prison », in C. Faugeron, A. Chauvenet et P. Combessie (dir.), *Approches de la prison*, Paris, De Boeck et Larcier, 1996, p. 45. G. Chantraine et N. Sallée, « Éduquer et punir : Travail éducatif, sécurité et discipline en établissement pénitentiaire pour mineurs », *Revue française de sociologie*, vol. 54, n° 3, 2013, p. 449.

[264] A. Chauvenet, F. Orlic et G. Benguigui, « Les surveillants de prison : le prix de la sécurité », *Revue française de sociologie,* vol. 34, n° 3, 1993, p. 349.

l'administration est une illusion, les négociations entre détenus et personnels sont indispensables à la construction de l'ordre[265].

Pour la littérature carcérale établie, l'ordre en prison, qui s'évalue par l'« *absence de désordre* »[266] ou l'« *absence d'incident* »[267], ne résulte donc pas d'une imposition unilatérale du pouvoir des surveillants — contrairement au modèle goffmanien qui n'accorde qu'une faible marge de manœuvre aux reclus. L'ordre est « *négocié* »[268] ; il s'entend comme une « *négociation permanente entre détenus et surveillants dont résulte un système de privilèges et d'inégalités spécifiques* »[269]. Ce dispositif, « *initié dans les silences, les marges, le flou, les failles de la loi et contre elle* », contribue à obtenir le consentement des détenus à leur propre assujettissement[270], et s'envisage comme un instrument de pacification des relations au sein de la prison[271].

Rejoignant la littérature désormais classique dans les prisons dites du Nord, les travaux empiriques sur les prisons du/des Sud/s insistent sur une approche relationnelle du pouvoir, fondée sur l'idée que l'autorité en prison se construit à travers des transactions entre détenus et administration étatique[272]. Ainsi, Lilian Ayete-Nyampong relève que les interactions dans les prisons ghanéennes sont « *caractérisées par des négociations et connotent un certain degré de symétrie, mais aussi des différences hiérarchiques* »[273]. Tomas Max Martiné évoque, dans les prisons ougandaises, des « *négociations asymétriques, mais*

---

[265] G. M. Sykes, *The society of captives : A study of a maximum security prison*, Princeton University Press, 1958, p. 48.

[266] M. Vacheret et G. Lemire, *Anatomie de la prison contemporaine*, Presses de l'Université de Montréal, 2007, p. 151.

[267] C. Rostaing, « L'ordre négocié en prison : ouvrir la boîte noire du processus disciplinaire », *Droit et société*, n° 87, 2014, p. 307.

[268] G. Benguigui, A. Chauvenet et F. Orlic « Les surveillants de prison et la règle », *Déviance et société,* vol. 18, n° 3, 1994, p. 291. C. Rostaing, 2014, art. cité, pp. 303-327.

[269] G. Chantraine, « Ordre, pouvoir et domination en détention : les relations surveillants-détenus dans une maison d'arrêt en France », *Criminologie,* vol. 37, n° 2, 2004, p. 198.

[270] A. Chauvenet, 1998, art. cité, p. 103.

[271] G. Chantraine, 2000, art. cité, p. 305.

[272] T. M. Martin, A. M. Jefferson et M. Bandyopadhyay, 2014, art. cité, p. 5. F. Le Marcis et S. L. Faye, 2019, art. cité, p. 58 et p. 72.

[273] Notre traduction, in L. Ayete-Nyampong, « Entangled governance practices and the illusion of producing compliant inmates in correctional centres for juvenile and young offenders in Ghana », *Prison Service Journal,* n° 212, 2014, p. 32.

pragmatiques entre détenus et personnel »[274]. De même, Sylvain Landry Faye, Lionel Njeukam et Sasha Gear soulignent que « *les gardiens de prison sont au cœur des transactions sociales dans le quotidien des espaces de détention* » en Afrique du Sud, au Nigéria ou au Sénégal[275].

À Yaoundé Marie Morelle montre que l'ordre pénitentiaire ne peut être compris à travers les seules règles formelles, mais exige l'analyse des *« arrangements informels, de l'architecture et des discours »*, en particulier ceux des détenus et des gardiens[276]. Frédéric le Marcis et Sylvain Birane Faye ont également évoqué l'« *ambivalence de la position des gardes pénitentiaires* », qui participent aux transactions structurant le quotidien carcéral, notamment en violant les règles officielles[277]. Cette dimension transactionnelle des relations entre administration et détenus, élément central du maintien de l'ordre carcéral, se manifeste également au Niger.

§2. Un ordre carcéral au Niger basé sur des échanges entre l'administration et les super-détenus

Dans les prisons du Niger, les échanges entre administration et détenus jouent un rôle déterminant dans l'ordre carcéral. Le principe du donnant-donnant ne se restreint cependant pas à de petites faveurs ou à des micro-sanctions[278]. L'ensemble du système est fondé sur des contreparties entre l'administration et les personnes détenues — mais pas n'importe quelles personnes détenues : ce sont les super-détenus qui sont les interlocuteurs privilégiés de l'administration. L'ordre carcéral est le produit combiné de transactions visant deux objectifs : pour les super-détenus, être membre de l'équipe du *Sarki* permet d'atténuer les conséquences négatives d'un environnement oppressant (A) ; pour l'administration, faire participer l'équipe du *Sarki* contribue à réduire les détenus ordinaires au silence[279] (B).

---

[274] Notre traduction, in T. M. Martin, 2014, art. cité, p. 49.
[275] S. L. Faye, L. N. Njeukam et S. Gear, 2023, *op. cit.,* p. 92.
[276] Notre traduction, in M. Morelle, 2014, art. cité, p. 22.
[277] F. Le Marcis et S. L. Faye, 2019, art. cité, p. 74.
[278] G. Chantraine et N. Sallée, 2013, art. cité, p. 449.
[279] Cette dimension n'est qu'une de nombreuses composantes de l'ordre carcéral. Pour la GNN, la participation des super-détenus sert aussi des objectifs de renseignement pénitentiaire, de réduction des risques de contestation et de légitimation de l'autorité étatique. Voir *infra*, Partie 2, Chapitres 1 et 2.

A. Participer à l'équipe du *Sarki,* une opportunité pour atténuer les conséquences négatives d'un environnement oppressant

Si les super-détenus recourent parfois, comme nous le verrons, à des méthodes violentes pour accomplir leurs missions, leur engagement ne doit pas être recherché dans des « *pulsions autoritaires et/ou punitives* »[280]. Leur comportement est *stratégique*, au sens de la sociologie des organisations[281] : leur participation est ancrée dans une double quête, celle de négocier une amélioration de leurs conditions de détention, et de préserver cette position. Être membre de l'équipe du *Sarki* permet d'accéder à des conditions de détention plus douces (a), d'occuper une position sociale valorisée dans la hiérarchie de la prison (b), et, pour les *Sarkis*, de multiplier les liens avec l'extérieur de la prison — voire de sortir de son enceinte (c).

a. Bénéficier de conditions de détention plus douces que les badauds

En captant les ressources d'autres détenus, les super-détenus bénéficient d'une « *rente de corruption* »[282] qui fonctionne comme un dispositif d'incitation à leur participation. Ils perçoivent en effet de l'argent par diverses pratiques corruptives, en contrôlant le marché immobilier informel de la prison[283] — location d'espaces de couchage et de boutiques situées dans les quartiers —, ou en taxant ceux qui désirent échapper aux corvées[284]. De même, étant peu, ou pas, fouillés[285], les super-détenus sont dans une situation favorable pour maîtriser la circulation de ressources de toutes sortes.

Comme l'ont souligné Frédéric Le Marcis et Sylvain Birane Faye, le racket et la redistribution sont les deux faces d'une même logique transactionnelle[286]. L'argent collecté alimente des mécanismes de redistribution suivant un double processus[287] : une partie des sommes

[280] G. Gourgues et J. Le Mazier, « Participations à l'ordre et participations conservatrices », *Participations,* vol. 29, n° 1, 2021, p. 30.

[281] M. Crozier et E. Friedberg, 1977, *op. cit.*, p. 56.

[282] M. Morelle, 2013, art. cité, p. 343.

[283] J. L. Pérez Guadalupe, J. Cavallaro et L. Nuñovero, 2021, art. cité, p. 407.

[284] Sur les pratiques corruptives des super-détenus, voir *infra*, Partie 1, Chapitre 2.

[285] Rapport interne sur la prison de Tahoua, 2021, p. 20.

[286] F. Le Marcis et S. L. Faye, 2019, art. cité, p. 74.

[287] G. Blundo et J.– P. Olivier de Sardan, « La corruption quotidienne en Afrique de l'ouest », *Politique africaine*, vol. 83, n° 3, 2001, pp. 8-37.

perçues par le *Sarki* descend la chaîne vers ses éléments subordonnés[288] ; parallèlement, une partie des sommes perçues en bas de la chaîne, au niveau des *chefs de chambres*, remonte au niveau des *chefs de cour*, puis du *Sarki*. Si des allégations de redistribution des *Sarkis* vers les éléments de la GNN ont été évoquées, elles n'ont pas été vérifiées et ne peuvent fonder de conclusion[289].

Ces pratiques d'accumulation n'ont pas pour seul objectif la redistribution : elles permettent aussi d'acheter de la nourriture, des médicaments ou d'autres biens pour améliorer leurs propres conditions de vie, celles des autres détenus, ou celles de leurs propres familles à l'extérieur, comme nous le verrons. Les sommes accumulées peuvent être très importantes : un ancien détenu rapportait que le *Sarki* de la prison de Niamey, qui s'était évadé lors d'une permission en 2019, avait été retrouvé avec 13 000 000 Francs CFA (FCFA), soit l'équivalent de près de 20 000 €[290].

Plus encore, leur position leur accorde de nombreux avantages, ce qui leur permet de se distinguer des badauds : meilleure alimentation[291], visites des familles étendues, accès facilité au téléphone[292], dispense de corvées de nettoyage[293] et espace de couchage plus vaste — réduisant les risques sanitaires liés à la promiscuité. L'espace est en effet associé à leur fonction de commandement, comme le résumait un super-détenu : « *J'ai cet espace parce que je suis le chef. L'autre n'est pas chef* »[294]. Ces différents avantages les rapprochent, comme nous le verrons, du traitement et des conditions de détention des détenus responsables.

b. Se faire une place dans l'échelle sociale carcérale

Alors que les super-détenus sont contestés par la population carcérale[295], participer à l'équipe du *Sarki* leur procure de la considération et du respect de la part des acteurs externes, comme les

[288] Entretien avec un ancien super-détenu, 26 octobre 2021.
[289] Les éléments de la GNN ont des opportunités de captation de ressources bien plus importantes. Voir *infra*, Partie 3, Chapitre 2.
[290] Entretien avec un ancien responsable, 28 janvier 2021. Sur l'évasion du *Sarki infra*, Partie 2, Chapitre 1.
[291] Entretien avec un super-détenu, 5 février 2021.
[292] Entretien avec un super-détenu, 12 novembre 2021.
[293] Voir *infra*, Partie 2, Chapitre 1.
[294] Entretien avec un super-détenu, 5 février 2021.
[295] Voir *infra*, Partie 2, Chapitre 2.

acteurs humanitaires ou institutionnels. Cette reconnaissance leur confère un statut distinct des conditions déshumanisantes de la prison vécues par les autres[296]. Un super-détenu expliquait ainsi : *« Il y a beaucoup de changements depuis que je suis devenu un responsable. Quand j'étais simple détenu, je ne pouvais pas sortir comme ça. Là, je suis dehors, je parle avec vous »*[297]. Lorsqu'ils sont élevés dans la hiérarchie, les super-détenus peuvent aussi participer à la prise de décisions, comme l'évoquait l'un d'entre eux : « *Avant, j'étais un simple détenu, je n'avais pas de responsabilité, de considération. C'est une sorte de pouvoir. Quand il y a des étrangers [qui visitent la prison], on leur dit d'aller me voir. C'est ce qui change. Je discute avec certains, on prend des décisions. C'est un changement de statut* »[298].

En outre, les femmes et hommes super-détenus interrogés valorisent également leur rôle en affirmant que l'argent collecté auprès de leurs codétenus est le fruit de leur travail : c'est une « *manière de [les] rémunérer* »[299], de leur permettre de « *gagner leur vie* »[300]. Leurs discours insistent sur leur générosité et leur capacité à répondre aux besoins quotidiens de leurs codétenus, comme l'achat de bidons, de nourriture ou de médicaments[301]. Un ancien *Sarki* d'une prison du nord du pays témoignait : « *Même les ampoules de la prison qui sont cassées, c'est de ma poche que je pars acheter* »[302]. Un autre, du sud, expliquait : « *Je discute avec les prisonniers, surtout les anciens, les plus démunis qui n'ont rien. Je leur demande "qu'est-ce qui ne va pas". Avec eux, j'essaie de résoudre quelques problèmes. [...] Même les médicaments, des fois, c'est moi qui paie* ».[303] Un chef de chambre ajoutait : « *Parfois, certains viennent me voir. S'il y a un besoin particulier, j'essaie d'aider. Quand il y a un problème de santé, il y a certains qui expliquent. Je facilite la procédure pour aller à l'infirmerie. Ou s'il n'y a pas d'argent, je paie pour qu'ils appellent leur famille* ».[304]

---

[296] F. Dufaux, « L'emploi des personnes incarcérées en prison : pénurie, flexibilité et précariat. Une normalisation ? », *Déviance et société*, vol. 34, nº 3, 2010, p. 308.
[297] Entretien avec un super-détenu, 12 novembre 2021.
[298] Entretien avec un super-détenu, 28 octobre 2021.
[299] Entretien avec un ancien super-détenu, 26 octobre 2021.
[300] Entretien avec un ancien super-détenu, 25 juin 2021. Voir également *infra*, Partie 2, Chapitre 2.
[301] Entretien avec un ancien super-détenu, 5 février 2021. Relevons qu'aucun détenu ordinaire interrogé ne considère ces achats comme des actes de charité.
[302] Entretien avec un ancien super-détenu, 5 janvier 2023.
[303] Entretien avec un ancien super-détenu, 25 juin 2021.
[304] Entretien avec un ancien super-détenu, 9 novembre 2021.

Ces discours sont un moyen pour les super-détenus de revendiquer un statut, au-delà des phénomènes violents vécus en prison. Cette dynamique de distinction symbolique est comparable aux observations faites par Léonore Le Caisne dans les prisons françaises : « *si l'enjeu est de se classer, il est aussi et surtout de ne pas être déclassé* »[305]. Les super-détenus soulignent leur soutien aux autres détenus, leur capacité d'écoute, ce qui permet de souligner leur humanité et leur insertion dans le milieu et de les placer sur une certaine échelle sociale, contrairement à la plupart des badauds.

c. *Développer des liens avec l'extérieur de la prison*

Le statut de super-détenu ne se limite pas à des avantages internes. Il permet aussi de maintenir ou créer des connexions avec l'extérieur. Contrairement aux badauds, certains super-détenus : nombre d'entre eux parviennent à subvenir aux besoins de leur famille hors des murs, grâce aux sommes collectées à l'intérieur

Devenir *Sarki* dans certaines prisons signifie aussi d'être autorisé à sortir de l'enceinte même des prisons avec peu, ou pas, de supervision, pour diverses raisons : couper de l'herbe pour la prison[306], faire des courses en ville pour leurs codétenus[307], visiter leur famille ou simplement « *vaquer à ses occupations* »[308], et ce sans que les autorités judiciaires n'en soient informées. Un élément de la GNN l'expliquait ainsi : « *Les gens [détenus] font une liste [d'achats à réaliser], ils amènent. Et ensuite le* Sarki *part au marché, il fait les commissions, et il ramène* »[309]. Ces situations s'apparentent à des autorisations de sortie accordées par la GNN face au « *bon comportement* »[310] des détenus.

Ces pratiques permettent aux *Sarkis* d'être ancrés dans la vie locale : contrairement aux autres détenus et aux unités de la GNN, qui sont dans leur majorité des escadrons mobiles voués à changer fréquemment de localité[311], les *Sarkis* connaissent les commerçants et les fournisseurs locaux. En zone rurale, la proximité du *Sarki* avec les habitants de la localité peut d'ailleurs être instrumentalisée par l'administration,

---

305 L. Le Caisne, 2004, art. cité, p. 526.
306 Discussion de groupe avec des super-détenus, 5 février 2021.
307 Entretien avec un élément de la GNN, 14 novembre 2021.
308 Entretien avec un ancien détenu, 14 novembre 2021.
309 Entretien avec un élément de la GNN, 14 novembre 2021.
310 Sur la notion de bon comportement, voir *infra*, Partie 2, Chapitre 1.
311 Voir *infra*, Partie 3, Chapitre 1.

notamment pour retrouver des personnes évadées. Une personne détenue dans une petite prison expliquait : « *Quand il y a évasion, c'est des fois avec la collaboration du* Sarki *qu'ils mettent la main sur les prisonniers évadés, parce que lui pouvait sortir, aller au marché, faire des courses le jour du marché... Il était en lien avec les fournisseurs qui livraient pour la prison* »[312].

En ce sens, être un super-détenu ne vise pas seulement à dominer les autres ou à s'enrichir. Cela permet de réduire l'exposition à la violence, de développer une capacité d'action (*agency*)[313] et de retrouver une forme de contrôle sur sa trajectoire dans un contexte extrêmement contraint[314]. La participation à l'équipe du Sarki constitue ainsi une stratégie de renforcement de leur autonomie (empowerment), permettant aux détenus concernés de donner sens à leurs actions.

A. Faire participer l'équipe du *Sarki*, élément clef pour réduire les détenus au silence

Pour l'administration étatique, l'existence des super-détenus permet d'« *assurer la coordination des activités, mais aussi l'ordre et la tranquillité au sein de l'établissement* »[315]. Le succès du dispositif s'évalue à partir d'un état, le calme de la détention[316], comme l'affirmait un régisseur : « *Si ça marche, il y a la paix, on n'entend pas de cri* »[317]. Ce calme concerne non seulement les relations entre les personnes détenues, mais aussi celles entre détenus et administration : les badauds ne peuvent pas s'exprimer (a), encore moins se plaindre à l'administration (b).

---

[312] Entretien avec un ancien détenu, 10 février 2023.

[313] Sur la notion d'*agency* : A. Sen, « Well-Being, Agency and Freedom », *The Journal of Philosophy,* vol. 82, n° 4, 1985, pp. 200-201. « Glossaire "Les mots de Sen... et au-delà" », 2009, art. cité, p. 373.

[314] M. Rosenkrantz Lindegaard et S. Gear, « Violence makes safe in South African prisons. Prison gangs, violent acts, and victimization among inmates », *Focaal – Journal of Global and Historical Anthropology,* vol. 68, 2014, p. 37.

[315] Rapport interne sur la prison de Dakoro, 2021. Voir *infra* d'autres dimensions du maintien de l'ordre, Partie 1, Chapitre 2 et Partie 2, Chapitre 1.

[316] C. Rostaing, 2014, art. cité, p. 307.

[317] Entretien avec un élément de la GNN, 26 octobre 2021.

a. *Des filtres empêchant l'accès des badauds à l'administration étatique*

La participation des super-détenus permet à l'administration d'éviter, dans une large mesure, le contact direct avec les détenus ordinaires. Cela limite les face-à-face entre agents étatiques et badauds, sources potentielles de confrontation et de tensions sécuritaires[318]. Cela évite également aux éléments de la GNN d'être sollicités en permanence. Un super-détenu le formulait de manière explicite : « *On fait les choses à notre niveau, c'est pour ne pas toujours aller voir le surveillant-chef. C'est pour ça qu'on gère. Ça n'est pas pour épargner les gens* »[319].

La segmentation et la hiérarchisation de l'organisation des super-détenus se traduisent en pratique par une accumulation de filtres successifs, rendant difficile, voire impossible, l'accès des badauds à l'administration étatique : pour la majorité d'entre eux, le régisseur et le surveillant-chef sont inaccessibles. Si la personne détenue n'a pas de relation préalable avec les acteurs étatiques, accéder aux éléments de la GNN suppose en effet que le chef de chambre, puis le chef de cour, puis le *Sarki*, prêtent une oreille attentive à la plainte ou la difficulté en question, ce qui est peu probable lorsqu'il s'agit d'un problème lié au fonctionnement de la prison.

Ces filtres empêchent les badauds d'exercer un recours face à diverses difficultés, qu'il s'agisse de comportements d'autres détenus (y compris les super-détenus) ou des décisions émanant des éléments de la GNN. Ainsi, un détenu ordinaire expliquait avoir été sanctionné par l'administration étatique après des suspicions d'homosexualité. Il avait versé une somme à son arrivée pour louer un hangar à des fins commerciales — selon les usages, cette somme forfaitaire était censée couvrir la location de l'espace jusqu'à sa libération —, mais la GNN a mis fin à cette location, sans compensation, et sans qu'il soit entendu :

> « *J'ai monté un petit commerce. J'ai un petit qui reste là-bas quand je ne suis pas là. Un jour, ils ont trouvé le petit en train de regarder la télé avec un autre. Ils ont dit qu'on couche ensemble. On ne m'a pas appelé, moi. [...] Le surveillant-chef a dit de retirer le hangar, à un autre. J'ai acheté le hangar*

[318] G. Benguigui, 1997, art. cité, p. 15.
[319] Entretien avec un super-détenu, 12 novembre 2021.

40 000 FCFA et ils ne m'ont pas remboursé. Je veux voir le surveillant-chef, mais il ne veut pas me voir »[320].

Il convient de noter que ces filtres se manifestent également au-delà du *Sarki*. À Niamey, des enfants incarcérés indiquaient que la principale entrave pour accéder au régisseur ne provenait pas du *Sarki* ou de son chef de cour — ceux-ci étant localisés la plupart du temps au poste de garde, et donc informés des difficultés en même temps que les éléments de la GNN — mais les éléments de la GNN : « *On ne peut pas aller voir le régisseur. On ne nous laisse pas y aller. Même les gardes ne nous laissent pas. Tu ne peux même pas sortir d'ici* »[321].

b. L'impossibilité de se plaindre

Le système de filtres mis en place n'est pas une conséquence de la segmentation du système : c'est une composante du dispositif de contrôle de la prison. Les badauds ne peuvent exprimer aucune plainte concernant leurs conditions de détention, et celles et ceux qui tentent de s'exprimer sont sévèrement sanctionnés, comme nous le verrons *infra*[322]. Nombreux sont ceux qui ont exprimé leur désarroi : « *Il n'y a pas de possibilité de se plaindre* »[323], « *On ne peut pas se plaindre* »[324], « *Ce n'est pas possible de se plaindre, on ne peut pas* »[325].

Face à cette impossibilité de parole, et compte tenu des conditions déshumanisantes de leur détention, les plus démunis n'ont d'autre choix que de rester dociles, comme le relevait un ancien détenu de Zinder : « *quand vous êtes dans ces conditions-là, vous êtes obligés de vous plier ou de vous conformer au règlement strict de la prison, de rester tranquille et de vivre comme ça* »[326]. À la prison de Niamey, un badaud décrivait également la dissolution de toute possibilité d'expression ou de résistance, dans un environnement sans clandestinité ni échappatoire : « *Quand les gens s'expriment, ça peut*

---

[320] Discussion de groupe avec des hommes détenus, 5 février 2021.
[321] Discussion de groupe avec des enfants détenus, 4 novembre 2021.
[322] Voir *infra*, Partie 2, Chapitre 1.
[323] Discussion de groupe avec des hommes détenus, 9 novembre 2021.
[324] Discussion de groupe avec des hommes détenus, 29 octobre 2021. Discussion de groupe avec des hommes détenus, 2 novembre 2021.
[325] Discussion de groupe avec des hommes détenus, 10 novembre 2021.
[326] Entretien avec un ancien détenu, 14 novembre 2021.

arriver d'avoir des problèmes. Car les chefs ne vont pas le tolérer. Il n'y a pas de vie clandestine, il n'y a rien. [...] On n'est pas écouté »[327].

Même les détenus responsables, dont les conditions de détention sont moins inconfortables[328], restent soumis à des restrictions. À la prison de Niamey par exemple, ils sont regroupés dans un quartier moins peuplé, encadré par un détenu vigile qui filtre les entrées pour les préserver des sollicitations des badauds. Ces restrictions de mouvements des détenus vers le quartier des responsables doivent cependant également se penser sous l'angle opposé : les responsables n'ont pas le droit de circuler vers d'autres quartiers. Un acteur de la société civile incarcéré racontait ainsi avoir été interpelé alors qu'il désirait voir « *la réalité* » des choses, c'est-à-dire observer les conditions de détention des autres. Il expliquait : « *Ils m'ont dit ne pas mettre le nez partout. C'est le* Sarki *surtout. J'ai essayé d'avoir des infos pour voir les choses, et on m'a interpelé. [...] Le régisseur a fait descendre le message par un* Sarki *qui m'a envoyé un monsieur dire qu'il faut arrêter, "tu entres partout, c'est quoi"* »[329].

Ainsi, le maintien de l'ordre carcéral au Niger repose sur une logique de transactions croisées, fondées sur le donnant-donnant entre l'administration et les super-détenus. Si d'autres catégories d'acteurs sont aussi concernées par ces échanges, c'est à des degrés divers, reflétant la diversité des expériences carcérales.

Section 2. Différents degrés de transaction entre personnes détenues : les pratiques différenciées des super-détenus dans l'exercice de leur pouvoir

L'analyse du quotidien carcéral révèle une grande hétérogénéité dans les interactions des super-détenus avec leurs codétenus. Pour saisir les logiques à l'œuvre, nous examinerons les pratiques corruptives des super-détenus, en adoptant une acception large du concept de *corruption*. Giorgio Blundo et Jean-Pierre Olivier de Sardan le définissent comme « *l'ensemble des pratiques d'usage abusif (illégal et/ou illégitime) d'une charge publique procurant des avantages privés indus* »[330]. Bien que le concept soit communément associé aux acteurs

---

[327] Discussion de groupe avec des hommes détenus, 10 novembre 2021.
[328] Voir *infra*, Partie 1, Chapitre 2.
[329] Entretien avec un ancien détenu, 28 janvier 2021.
[330] G. Blundo et J.– P. Olivier de Sardan, 2001, art. cité, pp. 8-9.

étatiques, il s'applique sans difficulté aux super-détenus, dans la mesure où ceux-ci participent, comme nous le verrons, à la charge publique de la gestion de la prison. Leurs pratiques s'inscrivent alors dans un système corruptif global impliquant tous les acteurs.

Les *Sarkis* et leurs éléments jouent un rôle d'administration de proximité, en gérant l'accès de leurs codétenus aux services et aux biens de la prison dans une logique de « *privatisation informelle* » — les ressources devenant des instruments d'enrichissement[331]. Ils pratiquent diverses formes de corruption, notamment le « *piston* », autrement dit le favoritisme, et des pratiques hybrides entre la « *rétribution indue* » et le « *tribut* », oscillant entre le paiement indu d'un service censé être gratuit et des taxes sans service rendu[332].

Il ne s'agit pas ici de dresser un inventaire de toutes les formes de corruption des femmes et des hommes super-détenus, mais de montrer comment ces pratiques s'enchâssent dans l'exercice du pouvoir et dans le contrôle de leurs codétenus. Elles donnent à voir un système de contrôle profondément inégalitaire entre les détenus ordinaires : entre ceux qui disposent de la confiance des super-détenus (les responsables) et les autres (les badauds) (§1), mais aussi entre les badauds eux-mêmes (§2).

§1. Des prisons reposant sur des inégalités entre les *responsables* et les *badauds*

Le pouvoir des super-détenus s'exerce tout au long du parcours carcéral, depuis l'arrivée en détention jusqu'à la sortie. Toutefois, son exercice varie selon les personnes incarcérées. Le degré de contrainte et d'humiliation diffère selon qu'il s'agit d'un responsable ou d'un badaud. Le quotidien carcéral au Niger est traversé par des inégalités entre ces deux catégories de détenus (A), les responsables bénéficiant d'un traitement bien plus favorable (B).

A. Un traitement inégalitaire entre *responsables* et *badauds*

Trois considérations préliminaires doivent être précisées. Premièrement, la distinction entre responsables et badauds, qui est relativement nette dans de nombreux quartiers de prisons, ne s'observe

---

331 *Ibid.*, pp. 32-34.
332 *Ibid.*, pp. 14-17.

pas dans les quartiers des femmes et des enfants : ces quartiers, plus petits, ne comportent que des badauds de divers niveaux.

Deuxièmement, le niveau de confiance accordé par les super-détenus ne dépend pas uniquement de leur interaction avec les détenus ordinaires. Il est aussi fonction des relations entre les détenus ordinaires et les éléments de la GNN : sur instruction de ceux-ci, le *Sarki* et son équipe exerceront un contrôle allégé et offriront de meilleures conditions de détention à un nouvel arrivant. Cette pratique est notamment révélatrice des relations de pouvoir entre super-détenus et GNN, que nous approfondirons *infra*.

Troisièmement, bien que les super-détenus soient présents dans toutes les prisons, l'étendue de leurs responsabilités varie selon les prisons et les quartiers. Quelle que soit l'intensité du contrôle de la GNN sur les super-détenus, et ainsi leur degré d'autonomie, les dispositifs qui les sous-tendent sont néanmoins les mêmes.

Dans certaines prisons, comme celles de Filingue, de Niamey et de Zinder, le pouvoir des super-détenus s'exprime avant même de passer la porte des quartiers de détention : ce sont les super-détenus qui procèdent à la fouille intégrale des nouveaux arrivants. Comme le relevait un super-détenu, dès ce moment-là, « *la personne est dans nos mains, la personne nous appartient* »[333]. Selon les super-détenus interrogés, ce rituel d'admission, qui informe la personne nouvellement incarcérée du rôle joué par des détenus dans la prison, vise à vérifier l'absence d'objets tranchants ou de drogue. À Niamey, le *chef de fouille*, pour les adultes, ou le *Sarki* ou le *chef de cour*, pour les enfants, procède à cette première fouille à nu et inclut un examen des orifices naturels. À Zinder, la fouille est réalisée par le *Sarki* pour les hommes et par une femme détenue appelée *Sarawta* pour les femmes[334]. À Filingue, le *Sarki* fouille les nouveaux détenus, avant que ces derniers ne soient rasés par d'autres[335].

Ces « *techniques de mortification* »[336], marquant dans les corps une rupture avec la vie d'avant la prison, sont jugées d'autant plus dégradantes qu'elles sont effectuées par d'autres personnes incarcérées. Comme le relevait Sasha Gear au sujet des prisons sud-africaines, le fait que ces procédés soient réalisés par les détenus rend ces techniques « *encore plus dynamiques et intenses* » que le processus de

---

333 Entretien avec un super-détenu, 3 février 2021.

334 Rapport interne de la prison de Zinder, 2021, p. 7.

335 Entretien avec un ancien détenu, 10 février 2023.

336 E. Goffman, 1968, *op. cit.*

mortification exposé par Goffman[337]. Au Niger, seuls ceux bénéficiant de la « *confiance* » de l'équipe du *Sarki* peuvent éviter cette pratique, comme l'indiquait un ancien membre de l'équipe de fouille : « *dans la prison, il y a des sages, responsables, vieillards, ça n'est pas tout le monde, le délinquant. Tu fouilles ceux en qui tu n'as pas confiance* »[338].

Au-delà de cette particularité de quelques prisons, les super-détenus organisent un accès inégalitaire aux ressources, aux services, à l'espace, dans tous les établissements où des détenus interrogés avaient été incarcérés, et à tous les niveaux de la vie en prison. À la manière des *street-level bureaucrats* décrits par Michael Lipsky[339], ces acteurs de première ligne détiennent une autonomie discrétionnaire dans l'allocation de ces ressources — bien que, comme nous le verrons, cette autonomie soit encadrée. Ils contrôlent notamment le marché immobilier informel de la prison[340]. L'allocation différenciée des chambres se fait dès l'arrivée à la porte du quartier : si les équipes du *Sarki* n'ont pas reçu d'instruction de la GNN, elles jaugeront le nouvel incarcéré pour déterminer la qualité de son lieu de couchage. Dans certaines prisons, comme la prison d'Agadez, les *responsables*, c'est-à-dire les fonctionnaires, les notables ou les commerçants, sont placés dans des chambres calmes — le silence ou, plutôt, le bruit modéré étant une ressource rare —, tandis que les autres sont orientés vers une chambre collective très bruyante pouvant compter jusqu'à 300 personnes. Dans d'autres prisons, les places dans de bonnes chambres sont payantes, même pour les responsables.

L'arrivée est un moment important de négociation entre le *Sarki* et les nouveaux détenus, car le tarif est variable : « *Il y a une somme qu'on demande, ça dépend de ce qu'il a les moyens de donner. […] C'est à la tête* »[341]. Les règlements peuvent se faire immédiatement ou dans les jours suivant l'incarcération, comme l'explique un ancien responsable incarcéré :

---

[337] Notre traduction, in S. Gear, « "As if they can squeeze you to death". Recollections of post-arrest journey towards and into prison in South Africa » in M. Morelle, F. Le Marcis et J. Hornberger (dir), *Confinement, Punishment and Prisons in Africa,* Routledge, 2021, p. 67.

[338] Entretien avec un ancien super-détenu, 14 novembre 2021.

[339] M. Lipsky, *Street Level Bureaucracy : Dilemmas of the Individual in Public Services*, Sage, 1980, 272 p.

[340] La notion de marché immobilier informel en prison est empruntée à : J. L. Pérez Guadalupe, J. Cavallaro et L. Nuñovero, 2021, art. cité, p. 407.

[341] Entretien avec un ancien super-détenu, 5 février 2021.

« *De toute façon, quand tu viens, [si] tu n'as pas l'argent, tu prends comme dette qu'il faut rembourser au plus tard 24 ou 48 heures [...] Donc moi, comme je n'avais l'argent, ils m'ont 75 000, j'ai dit OK. Ils m'ont dit "combien de temps", j'ai garanti, j'ai dit "le lendemain". Le lendemain, bon, parce que je sais que dès que le lendemain, j'appelle, je peux en trouver. Donc là, on m'a amené à Pretoria 2*[342]*. [...] Sur les 48 heures, là, je n'avais pas de portable. C'est eux-mêmes [les super-détenus] qui t'amènent le portable. Ils t'appellent, ils t'amènent le portable, quel numéro il faut appeler pour que les gens mobilisent l'argent. Voilà comment ça s'est passé* »[343].

Les responsables sont orientés vers des espaces offrant des conditions plus dignes, avec une suroccupation moins importante et une meilleure ventilation, voire la possibilité de dormir à l'air libre dans les cours. Un ancien détenu, incarcéré dans plusieurs prisons du sud du pays, expliquait :

« *[La négociation] change les conditions des chambres, l'entassement. On vous donne une chambre où vous aurez un peu plus d'espace. D'autres négocient pour ne pas rentrer dans les chambres [...] Vous dormez dehors. Ça allège. Dans certains cas, il y a un problème d'espace dans les chambres des prisons. Il n'y a pas d'air, c'est pas ventilé, il faut acheter des petits ventilateurs pour pouvoir avoir de l'air* »[344].

Dans le quartier des hommes de la prison de Niamey, les chambres *Pretoria 1*, *Pretoria 2* et *Bibliothèque* réservées aux responsables[345] accueillent moins de personnes que les autres. Contrairement aux grandes chambres surpeuplées des badauds, ces espaces restent ouverts la nuit et bénéficient d'une meilleure circulation d'air. En journée, la température ressentie y est plus supportable, notamment grâce à la présence de ventilateurs. Ces chambres sont également équipées d'une télévision, de nattes, parfois des matelas fournis par les familles, ainsi que des douches/toilettes, contrairement aux autres chambres[346]. Les

---

[342] L'un des quartiers des responsables dans la prison de Niamey.
[343] Entretien avec un ancien responsable, 19 novembre 2021.
[344] Entretien avec un ancien détenu, 14 novembre 2021.
[345] Ces chambres détiennent exclusivement des responsables, fonctionnaires, notables, membres des FDS, ou acteurs de la société civile.
[346] Observations à la prison de Niamey, février, octobre et novembre 2021. Les badauds font leurs besoins dans des bidons placés dans les chambres, qui sont sortis chaque matin.

montants payés au *Sarki* pour y dormir varient de 50 000 à 125 000 FCFA (76 à 190 €)[347].

Contrairement à la plupart des badauds, qui dépendent de la maigre ration fournie par la prison, les responsables s'organisent pour acheter leur nourriture auprès des boutiquiers à l'intérieur des quartiers ou recevoir des paniers-repas de l'extérieur. Selon leurs moyens, ils peuvent louer des espaces dans les cours pour établir une boutique, et ainsi continuer à soutenir leurs familles à l'extérieur. Le statut de responsable leur permet, comme les super-détenus, d'étendre leur capacité d'action (*agency*).

B. Un faible degré de contrainte des super-détenus sur les responsables

Si les chambres des responsables ont, comme les autres, des chefs de chambre, ces derniers sont généralement nommés par leurs codétenus selon leur ancienneté, et non par le *Sarki*. Leur rôle est davantage organisationnel que coercitif. Les liens entre les chefs de chambres et les autres super-détenus sont limités, comme le relevait un responsable de la prison de Niamey : « *il faut déclarer [les bagarres] au* Sarki, *mais nous, on n'a pas d'histoire ici* »[348]. Le témoignage d'un ancien responsable détenu à la prison de Filingue confirme que ces détenus ne se perçoivent pas soumis au même système :

> « *On avait aussi un statut particulier, où nous ne sommes pas sous le règne de* Sarki, *au fait. Nous sommes sous le règne de chef de chambre à notre niveau. [...] Nous, on avait ce truc spécifique comme ils disent, les fonctionnaires, c'est-à-dire d'autres coopérateurs, commerçants, agents de l'État, qui ont un statut particulier dans la prison* »[349].

À Kollo, un ancien responsable détenu précisait : « *Pour les détenus les plus communs, les plus nombreux, [le* Sarki*] a plus de pouvoir, c'est différent des détenus comme nous. Même l'intégration n'est pas si facile. Certains nous côtoient, mais on ne partage pas le même quotidien* »[350].

---

[347] Discussion de groupe avec des hommes détenus, 5 février 2021.
[348] Entretien avec un responsable, 9 novembre 2021.
[349] Entretien avec un ancien responsable, 10 février 2023.
[350] Entretien avec un ancien responsable, 14 novembre 2021.

Les *Sarkis* et les chefs de cour interviennent surtout pour résoudre des problèmes de matériel ou d'infrastructures, comme des pannes d'électricité, et pour faciliter certaines demandes des responsables. C'est notamment le cas lorsqu'ils identifient, à la demande des responsables, des badauds pouvant être employés dans leurs quartiers. La reproduction des hiérarchies sociales favorise le développement d'un marché de petits emplois des badauds dans les quartiers des responsables : cuisine, nettoyage des chambres, des tasses ou des douches, commissions, ou filtrage des accès. À Niamey, comme évoqué *supra*, l'accès à la cour des responsables est limité par un détenu vigile, un badaud recruté à cet été. Un chef de chambre expliquait : « *Les badauds ne viennent pas ici, on a un vigile qui contrôle. L'accès est limité. Si tu viens, tu dois t'arrêter là devant. [...] Le vigile est un enfant de l'autre quartier. On le paie 4500 [FCFA, soit 7 €] par mois entre les trois chambres. Ça fait 1500 [FCFA] par chambre. Et on lui donne à manger* »[351].

Ce traitement différencié est perçu comme légitime par les super-détenus. L'un d'eux relevait : *« Les fonctionnaires, si on les amène, on ne peut pas les mettre avec les autres, on les met dans un quartier. Par exemple, même dehors, il y a les responsables et les badauds. On ne peut pas les associer, ça ne se fait pas* »[352].

Le statut de responsable influence également l'organisation de la vie en prison et l'accès aux espaces. Les pouvoirs des super-détenus s'étendent en effet au-delà des frontières du quartier grâce au contrôle de l'accès de la porte, derrière laquelle se trouvent les ateliers de formation professionnelle, les terrains de sport ou les jardins : ces espaces sont moins quadrillés, parfois mal clôturés, donc moins bien sécurisés, ce qui augmente les risques d'évasion. Seuls les super-détenus peuvent ouvrir ces espaces, ou, selon les prisons, de demander à la GNN de le faire. De ce fait, ils exercent un contrôle sur l'ensemble des détenus, y compris les responsables. Toutefois, les super-détenus favorisent la sortie des responsables au détriment des autres. Les super-détenus de la prison de Kollo autorisent par exemple certains responsables à passer toute la journée dans un espace arboré, à l'écart des autres détenus[353].

---

[351] Entretien avec un super-détenu, 9 novembre 2021. Le terme d'*enfant* ne signifie pas qu'il a moins de 18 ans ou est incarcéré dans le quartier des enfants, mais que c'est un jeune homme.

[352] Entretien avec un super-détenu, 5 février 2021.

[353] Entretien avec un ancien responsable, 29 janvier 2021.

L'accès favorisé aux espaces externes se prolonge dans les relations au monde extérieur. Bénéficiant de la confiance des super-détenus, les responsables disposent de conditions de visite de leurs proches plus confortables — notamment dans des espaces permettant une plus grande confidentialité — et d'un temps de visite prolongé. À la prison de Niamey, ils sont également autorisés à recevoir des médicaments de l'extérieur, privilège interdit aux autres personnes détenues.

L'ensemble de ces observations montre que les prisons nigériennes offrent aux responsables des conditions de détention qui s'écartent nettement du modèle d'institution totale. Leur statut leur permet de bénéficier de frontières poreuses, à travers lesquelles circulent des biens et de personnes[354]. Cette première conclusion confirme l'importance de la dimension transactionnelle, déjà observée chez les super-détenus. Cependant, cette conclusion n'est que partielle. Elle n'est pas généralisable à l'ensemble de la population carcérale : les super-détenus et les responsables ne représentent qu'une très faible partie des personnes détenues.

§2. Divers degrés de contrainte exercés sur les badauds, traduisant divers degrés de faiblesse

Le pouvoir de l'équipe du *Sarki* s'exerce de manière variable selon de degré de confiance accordée aux détenus. Contrairement aux responsables, les badauds sont étroitement contrôlés, soumis à des pratiques de privations et à des violences physiques, verbales ou psychologiques (A). Face à des pratiques corruptives qui engendrent des mécanismes d'inégalité et d'exclusion dans l'accès aux ressources[355], les badauds ne doivent pas être envisagés comme un groupe homogène : si certains parviennent à tirer parti d'activités économiques informelles — à l'instar des détenus du « *Bas* »[356] décrits par Marie Morelle au Cameroun —, d'autres sont encore *plus bas que le Bas*. Si certains parviennent à améliorer leur quotidien, d'autres se

[354] F. Le Marcis et M. Morelle, 2019, art. cité, p. 155. Voir également : T. M. Martin et A. M. Jefferson, 2019, art. cité, p. 132.

[355] G. Blundo et J.– P. Olivier De Sardan, « Introduction. Étudier la corruption quotidienne : pourquoi et comment ? », in G. Blundo (dir.), *État et corruption en Afrique. Une anthropologie comparative des relations entre fonctionnaires et usagers (Bénin, Niger, Sénégal),* Karthala, 2007, pp. 5-28.

[356] M. Morelle, 2013, art. cité, p. 340.

maintiennent donc dans une situation proche de celle de reclus d'une institution totale, révélant divers degrés de faiblesse (B).

A. Une contrainte des super-détenus sur les badauds qui s'inscrit dans les corps et les esprits

Dans les quartiers des badauds, comme dans ceux des responsables, les super-détenus jouent un rôle clef dans l'organisation de la vie quotidienne de la prison, en signalant aux éléments de la GNN les problèmes infrastructurels ou matériels, ou les urgences médicales. Cependant, dans les quartiers des badauds, leur autorité inclut le maintien de l'ordre. Les corps et des esprits des badauds sont en effet contrôlés par les super-détenus à travers des mécanismes de privations et, dans certains quartiers, par des violences. Un ancien détenu de Kollo, dans le sud-ouest du Niger, notait : « *Vis-à-vis des détenus les plus ordinaires, la marge d'influence [des super-détenus] est un peu élevée. On peut voir qu'il fouette quelqu'un de façon visible* »[357]. L'intensité de ces violences et privations est fonction du niveau de pauvreté du détenu. Elle se traduit en particulier par la précarité des conditions de couchage (a), l'usage ordinaire de la chicotte (b), l'imposition de corvées (c) et les restrictions de l'accès aux soins (d).

a. Des conditions de couchage précaires

Dans certaines prisons, l'espace de couchage est monnayé. L'attribution d'un emplacement dépend de la capacité à verser une somme, aussi minime soit-elle. Pour qui ne peut pas payer une place dans les cours à l'air libre, une négociation s'engage avec les chefs de cour ou de chambre pour déterminer où ils pourront dormir. Une fois la chambre assignée, la transaction portera sur la place allouée dans la chambre, engendrant une distinction entre ceux qui peuvent payer un tant soit peu, et ceux qui ne le peuvent pas. Dans le quartier des hommes de la prison de Niamey, les détenus qui peuvent payer 5 000 à 15 000 FCFA (de 8 à 23 €) ont une *place* sur une dalle de béton : ils partagent des nattes posées sur la dalle et dorment sur le côté, « *en sardine* », collés aux autres pour occuper le moins d'espace possible. Les plus démunis, qui n'ont aucune ressource, passent la nuit accroupis

[357] Entretien avec un ancien responsable, 14 novembre 2021.

à terre — quatre à cinq personnes partageant un espace de moins de 90 centimètres de large, un lieu parfois infesté de moustiques et imprégné d'odeurs fécales, à proximité des bidons découpés servant de pots dans lesquels les détenus se soulagent la nuit[358]. La chaleur oppressante, les odeurs nauséabondes, et la proximité imposée des corps sont au cœur de l'expérience carcérale des plus démunis.

Un détenu de la chambre 3, l'une des chambres les plus chaudes et les plus surpeuplées de cette prison[359], indiquait : « *Moi, je dors par terre. Ce n'est pas parce que je le veux. Quand un détenu arrive, tout dépend de ses moyens. Je n'ai pas de moyen, c'est pour ça que je suis par terre. En fait, le montant que tu paies, ça dépend en fonction des moyens des personnes. Moi je n'ai rien* »[360]. Un autre confirmait : « *Ici, c'est l'argent qui décide. Tu paies, tu as une place en haut. Tu ne paies pas, tu vas en bas* »[361].

Dans d'autres prisons, les places ne se monnayent pas, mais les conditions de couchage restent précaires, en particulier dans les chambres surpeuplées, où la densité humaine et le vacarme rendent le sommeil difficile, voire impossible. Un ancien super-détenu de la prison d'Agadez, dans le nord du pays, en témoignait : « *Il y a une grande chambre où on amène tous [ces] gens, plus de 300 personnes dans la même chambre. [...] Il fait très chaud, il y a beaucoup de surpopulation. Il y a beaucoup de bruit. À 2 h du matin, tu penses qu'il est 8 h. Il y a des télés allumées, des ventilateurs, des radios. C'est comme des boites de nuit, les gens ne dorment même pas. [...] Ils dorment la journée* »[362]. Dans cette prison, les détenus sont enfermés dans la chambre jour et nuit, jusqu'à ce qu'ils démontrent qu'ils sont calmes et respectueux de l'autorité, ce qui peut prendre plusieurs mois. Un ancien détenu de cette prison relevait :

> « *[Dans la grande chambre], il y a vraiment beaucoup de difficultés, vous êtes trop serrés, il y a beaucoup de bruit. Même pour aller uriner ou faire ses besoins, c'est à tour de rôle dans des bidons. Tu fais tes besoins, et quelqu'un d'autre vient, toute la nuit c'est comme ça. [...] Le fait de dormir à l'intérieur ou l'extérieur, ça dépend de ton comportement. Si [les super-détenus]*

---

[358] Ces conditions ne sont pas propres au Niger. Par exemple en Côte d'Ivoire : F. Le Marcis et S. L. Faye, 2019, art. cité, p. 69.

[359] Cette chambre sert également de chambre-punition. Voir *infra*, Partie 2, Chapitre 1.

[360] Discussion de groupe avec des détenus, octobre 2021.

[361] Discussion de groupe avec des détenus, 9 novembre 2021.

[362] Entretien avec un ancien super-détenu, 7 janvier 2023.

constatent que tu es stable, après une période, ils peuvent te sortir pour dormir dehors. Sinon, ils ont peur que tu t'enfuies »[363].

Ces restrictions d'espace de couchage n'ont pas qu'un impact sur la privation de sommeil. Elles exposent aussi les détenus démunis à des pathologies liées à la promiscuité, comme la tuberculose, la gale, les poux, les furoncles ou les maladies diarrhéiques, sans compter la détresse psychologique. Dans certaines prisons, l'extrême surpopulation des chambres signifie en effet que les détenus au sol sont piétinés pendant la nuit par ceux qui se lèvent pour faire leurs besoins.

b. Un usage ordinaire de la chicotte

Dans les quartiers des badauds, la flagellation par les super-détenus n'est pas exceptionnelle. Elle est réalisée à l'aide de divers instruments, englobés sous le terme de « *chicotte* »[364]. À Niamey, les super-détenus disposent de longs tuyaux de plastique, instruments détournés du matériel de nettoyage de la cuisine[365]. Nous avons observé ces armes de fortune dans les espaces de couchage des super-détenus, mais surtout lors de la distribution de nourriture. Ce moment est particulièrement sensible, car la quantité disponible est inférieure aux besoins. Les personnes qui ne reçoivent pas de nourriture de l'extérieur ou qui n'ont pas les moyens d'acheter des denrées à l'intérieur, n'ont d'autre choix que de se contenter des rations distribuées par la prison, dont la qualité et la quantité sont insuffisantes pour être en bonne santé. Seul un repas par jour est distribué à Zinder ou à Niamey. À Niamey, des dizaines de détenus n'arrivent pas à obtenir un repas quotidien.

Dans cette prison, un circuit a été mis en place pour éviter les heurts — comme nous l'avons observé : les détenus forment une file dans la cour devant la cuisine, puis, une fois la ration reçue, empruntent un couloir sans croiser ceux qui attendent encore. Malgré ce dispositif, les plus forts tentent de dépasser les autres dans la file, provoquant des tensions. Les chefs de cour et leurs adjoints n'hésitent pas à frapper les détenus à l'aide des tuyaux de plastique, pour faire entrer dans le rang

---

[363] Entretien avec un ancien détenu, 7 janvier 2023.

[364] J.-F. Bayart, « Hégémonie et coercition en Afrique subsaharienne. La "politique de la chicotte" », *Politique africaine*, vol. 110, nº 2, 2008, pp. 123-152. J.-F. Bayart, « Chicotte », in I. Poutrin (dir.) *Dictionnaire du fouet et de la fessée*, PUF, 2022, pp. 151-152. Sur la chicotte comme punition, voir *infra*, Partie 2, Chapitre 1.

[365] Observation à la prison de Niamey, février 2021.

ceux qui attendent leur tour. Un ancien responsable revenait sur ce dispositif en ces termes :

« Ceux qui sont plus forts ou même un peu, ils bousculent les jeunes, ils les tirent du rang, donc ça crée de la bousculade. [...] Et là pour les mettre au pas, la parole seulement ne suffit pas, il faut les cogner, les brutaliser. Souvent, on peut dire, les plus faibles-là ont déjà faim, ils n'ont pas la force. Vraiment du coup ça fait pleurer souvent, quand tu vas pour prendre des coups, ce qu'on mange, qu'on ne considère même pas comme manger, pour ça on te cogne comme pas possible, vraiment ça fait pitié »[366].

À Niamey, nous avons également observé plusieurs scènes où les super-détenus bousculaient sans ménagement les badauds pour se frayer un passage dans les cours. De nombreux détenus, y compris des enfants, ont signalé des violences indiscriminées : « *Quand je suis nouvellement arrivé, le* Sarki *m'a frappé. Certains détenus disent que c'est comme ça. Le* Sarki *peut prendre toutes les décisions qui te concerne* »[367] ; « *Le fait de chicoter ou dire des mots mauvais, ça n'est pas bon. C'est à tout moment et partout par les chefs* »[368].

Ces formes de violences ordinaires, liées au maintien de l'ordre quotidien, touchent exclusivement les badauds. Si certains super-détenus se défendent d'exercer de la violence — « *nous, on ne frappe pas, on fait ce qu'on peut* »[369] — d'autres expliquent ne pas avoir le choix : « *La distribution de nourriture, on est obligé de prendre des tuyaux, sinon les gens vont mettre l'indiscipline* »[370] ; « *il faut les taper un peu pour les mettre au pas* »[371]. Ces réalités ne doivent néanmoins pas masquer les nuances : dans les quartiers des femmes, aucune violence par les super-détenues n'a été signalée[372].

c. *Des corvées obligatoires*

Contrairement aux responsables qui s'organisent entre eux, les badauds subissent l'imposition, par les femmes et les hommes super-détenus, de corvées de nettoyage, de balayage, de curage de fosses

---

[366] Entretien avec un ancien responsable, 11 novembre 2021.
[367] Discussion de groupe avec des détenus, 3 novembre 2021.
[368] Discussion de groupe avec des détenus, 29 octobre 2021.
[369] Entretien avec un super-détenu, 28 octobre 2021.
[370] Entretien avec un super-détenu, 28 octobre 2021.
[371] Entretien avec un ancien super-détenu, 5 février 2021.
[372] Voir *infra*, Partie 2, Chapitre 2.

septiques et de pilage des céréales, le plus souvent à la main. Ces corvées sont théoriquement obligatoires pour les nouveaux venus — hommes, femmes et enfants —, sauf les personnes âgées. Le nettoyage des douches est effectué dans des conditions d'hygiène extrêmement précaires, parfois à mains nues[373]. Cette main-d'œuvre gratuite, constamment renouvelée par les flux ininterrompus d'entrées et de sorties, permet de faire fonctionner la prison à bas coût, et peut s'interpréter comme une mesure « *palliative* », c'est-à-dire une mesure illégale qui permet la délivrance du service dans un contexte de ressources limitées[374]. Autrement dit, les personnes détenues assument une grande partie des frais de fonctionnement.

Les femmes et hommes détenus peuvent toutefois se soustraire à ces corvées en payant une taxe aux super-détenus, comme le relevait un ancien détenu de la prison de Zinder :

« *À l'arrivée, chaque prisonnier est soumis au paiement d'une somme destinée aux travaux de la maison, les curages des caniveaux ou des égouts de la prison, les frais pour piler, et toute autre forme de corruption interne qui est là. [...]. Celui qui n'a pas payé dans la chambre, il doit évacuer [les déchets] pendant au moins une semaine, jusqu'à ce qu'un autre, qui ne s'est pas acquitté de cette somme, le remplace. [...]. Quand vous payez le* Sarki*, ça vous atténue les travaux externes, balayer la cour ou bien curer les fosses des prisons. Tout ça, vous allez le faire si vous ne payez pas* »[375].

Ces sommes varient selon les prisons. À Agadez, les hommes paient 15 000 FCFA au *Sarki* pour éviter les corvées, dont une partie est reversée à ceux qui les remplacent et l'autre conservée par les super-détenus[376] : cette somme oscille ainsi entre l'extorsion et la mesure palliative. À Niamey, les femmes paient la somme de 7 000 FCFA, qui est redistribuée entre celles qui travaillent[377] : il est davantage question ici de rétribuer un service. Si la plupart des femmes jugent ces corvées normales, révélant des inégalités de genre très marquées[378], les hommes ayant un peu d'argent s'acquittent de cette taxe quand ils le peuvent, car

[373] Discussion de groupe avec des détenus, 29 octobre 2021.
[374] J.-P. Olivier de Sardan, « La routine des comportements non-observants au sein des services publics nigériens. Connaître la culture bureaucratique pour la réformer de l'intérieur », *Études et travaux du LASDEL*, n° 119, 2014, p. 14.
[375] Entretien avec un ancien détenu, 14 novembre 2021.
[376] Entretien avec un ancien super-détenu, 5 janvier 2023.
[377] Entretien avec une super-détenue, 6 février 2021.
[378] Discussion de groupe avec des femmes détenues, 6 février 2021.

ces tâches sont perçues comme humiliantes et sources de maladies. Un détenu de la prison de Niamey témoignait, au sujet du nettoyage des toilettes : « *Juste à la première visite, j'ai reçu 5 000 francs, j'ai voulu garder la moitié. Ils ne m'ont pas laissé. J'ai voulu garder, le Sarki a dit non, on a discuté. J'ai demandé si je pouvais garder 5 000. Il m'a dit, tu peux garder 5 000, mais dans ce cas-là tu dois travailler, nettoyer les douches. Moi, je ne peux pas. Tu peux attraper des maladies* »[379]. Or, tomber malade en prison peut avoir des conséquences dramatiques.

d. Un accès aux soins limité

L'accès aux soins des badauds est fortement limité, qu'il s'agisse d'accéder à l'infirmerie, lorsqu'une telle structure existe[380], ou aux médicaments de l'extérieur. En raison de l'insuffisance de personnel soignant et de médicaments, et des risques d'évasion — la plupart des infirmeries sont localisées en dehors des quartiers —, les super-détenus restreignent le nombre de détenus autorisés à se rendre à l'infirmerie : « *Pour accéder à l'infirmerie, il faut faire la queue à la porte. On prend vingt personnes, on fait deux tours, dix personnes, dix personnes. Parfois on ne fait qu'un tour, les autres ne partent pas. C'est gratuit, mais il faut avoir la priorité* »[381]. Ce témoignage de détenus incarcérés rend compte des restrictions d'accès à l'infirmerie : le chef portier, sous l'autorité du *Sarki*, n'autorise l'accès qu'à une ou deux dizaines de détenus par jour, pour près de 2 000 détenus. La plupart des malades n'accèdent donc pas à cette structure sanitaire. Un détenu interrogé relève :

« *Tant que la santé n'est pas grave, on ne mène pas à l'infirmerie. Ce ne sont pas les gardes qui empêchent d'aller à l'infirmerie, ce sont les détenus qui ont des responsabilités. [...] Il y a deux mois, on était trois malades. Le soir, on a été à la porte [du quartier]. Le* Sarki *a vu. Il a dit, "Pourquoi, toi, tu es debout, tu dois bien te sentir, tu n'es pas malade. C'est ceux qui sont par terre qui sont malades". Alors on est resté, comme ça. À l'intérieur, il n'y a pas d'endroit où acheter les médicaments* »[382].

---

[379] Discussion de groupe avec des détenus, 9 novembre 2021.

[380] En juin 2023, trois prisons (N'Guimi, Guidan-Roumdji et Mayahi) n'avaient pas d'infirmerie. L'existence d'une infirmerie ne garantit pas la présence d'un infirmier ou de matériel médical adéquat.

[381] Discussion de groupe avec des hommes détenus, 7 février 2021.

[382] Discussion de groupe avec des hommes détenus, 10 novembre 2021.

Alors que, selon les entretiens menés avec les détenus et les éléments de la GNN, les médicaments sont souvent absents des infirmeries[383], l'accès aux produits extérieurs est limité dans certaines prisons. À Niamey, les détenus qui parviennent à accéder à l'infirmerie peuvent y prendre leurs médicaments, mais les super-détenus interdisent les médicaments dans l'enceinte des quartiers — y compris des antirétroviraux ou l'aspirine[384] — ce qu'ils justifient par la nécessité de stopper le trafic de stupéfiants, afin d'éviter que les détenus ne « *se saoulent* »[385] avec plusieurs doses. Il est donc ici question de restreindre toute forme d'évasion, même symbolique. En effet, nombre de détenus ont déclaré s'ennuyer profondément, passant leurs journées à attendre. Un détenu, puni pour avoir obtenu de la drogue lors d'une visite, expliquait : « *Ça n'est pas pour faire du trafic, c'était pour ma consommation personnelle. [...] Quand je prenais, je m'en sentais occupé, je ne m'ennuyais pas. Maintenant, depuis qu'il y a le nouveau régisseur, il n'y a pas de vente en cachette. Même le paracétamol, il n'y a pas. Alors j'ai été obligé de faire venir de l'extérieur* »[386].

Dans d'autres prisons, la restriction de l'accès aux services de santé externes est davantage liée à des négociations financières : l'accès aux médicaments est refusé jusqu'à ce qu'une transaction financière aboutisse[387]. Un ancien détenu de Kollo expliquait que, dans de tels cas, un détenu était dépêché auprès du malade pour lui expliquer comme débloquer la situation : « *Quelqu'un d'autre vient pour vous interpréter la résistance. Il est envoyé pour vous expliquer. Il peut y avoir des gens gravement malades qui restent là parce qu'ils n'ont rien. À Kollo, il y a quelqu'un qui était sur le point de mourir, il est là. Il attend* »[388].

Par ailleurs, alors qu'il n'est pas rare que des détenus s'évanouissent à la saison chaude en raison du manque d'aération dans les chambres surpeuplées, les super-détenus tardent parfois à ouvrir les portes des chambres, même lorsque la situation est critique. Plusieurs détenus ont déploré le décès d'autres détenus depuis leur arrivée : « *Il y a eu un décès il y a deux semaines dans la 2e chambre. Dans la chambre, c'était*

[383] Bien que des organisations fournissent régulièrement des intrants médicaux, ce qui suggère l'existence d'un système corruptif à l'infirmerie.
[384] Entretien avec un personnel soignant, 10 novembre 2021. Discussion de groupe avec des responsables, 9 novembre 2021.
[385] Entretien avec un personnel soignant, 10 novembre 2021.
[386] Entretien avec un détenu, 29 octobre 2021.
[387] Entretien avec un ancien détenu, 14 novembre 2021.
[388] Entretien avec un ancien détenu, 14 novembre 2021.

chaud. Le chef de chambre a informé le chef de cour. Mais avant que la porte n'ouvre, il est décédé »[389].

Notons que ces restrictions doivent s'envisager au-delà de l'équipe du *Sarki*, car seuls les gardes étatiques ont la faculté d'ouvrir la porte du quartier pendant la nuit en cas de transfert urgent d'un malade vers un centre de santé à l'extérieur. Même si le *Sarki* juge qu'un détenu doit avoir accès à des soins d'urgence, il n'a d'autre pouvoir que de frapper, lui aussi, à la porte principale du quartier. Certains soirs, les gardes maintiennent cette porte fermée, entraînant des décès, comme le relevait un ancien super-détenu : « *… la période mai-juin, vu la concentration, avec la chaleur, ça crève souvent. Il y a eu des gens qui sont morts. […] Même si tu tapes, on n'ouvre pas. Même si les* Sarkis *sont informés, ils vont à l'autre porte vers la prison, ça ne s'ouvre pas de l'autre côté* ».[390] Un super-détenu indiquait qu'une quinzaine de détenus étaient décédés en un peu moins d'un an dans la prison dans laquelle il était incarcéré en raison de ces conditions.

B. Différents degrés de faiblesse : sortir, ou pas, des conditions précaires

Alors que tous les badauds font face à des situations contraignantes, certains parviennent à améliorer leurs conditions de vie en développant des tactiques de contournement (a), tandis que d'autres n'y parviennent absolument pas — ce qui nous invite à réintroduire la notion d'institution totale dans l'analyse (b).

a. Les tactiques de contournement des acteurs faibles

Face aux contraintes, des détenus saisissent les opportunités disponibles, ou se les fabriquent, reflétant une certaine créativité. Certaines de ces pratiques se rapprochent des *adaptations secondaires*, les petites « combines » identifiées par Goffman comme des formes de résistance à faible échelle. C'est ainsi que certains détenus ont indiqué feindre un état grave ou simuler un évanouissement pour accéder à l'infirmerie[391]. D'autres s'adaptent sans contourner les règles officielles, en améliorant leurs conditions de vie par le travail, par

[389] Discussion de groupe avec des hommes détenus, 10 novembre 2021.
[390] Entretien avec un ancien super-détenu, 28 janvier 2021.
[391] Discussion de groupe avec des hommes détenus, octobre 2021.

exemple en faisant la lessive pour 50 ou 100 FCFA, ou en proposant de petits services à d'autres badauds ou à des responsables[392].

Certains mènent des activités de petit commerce informel en vendant des produits (eau, chaussures, cigarettes, pain, etc.), grâce aux liens qu'ils tissent avec d'autres détenus ou par leurs contacts à l'extérieur. D'autres encore utilisent l'argent reçu de leurs proches pour acheter une meilleure place ou gagner la faveur des super-détenus avec de menus cadeaux. Quelques-uns s'illustrent par leur respect de la discipline ou participent au système de contrôle de la prison, en devenant membres actifs de l'équipe des super-détenus ou informateurs de la GNN, grâce aux informations qu'ils partagent sur leurs codétenus[393].

Ces pratiques s'apparentent à ce qu'Alcinda Honwana appelle la « *capacité d'action tactique* » des acteurs[394], notion issue du croisement entre la notion d'*agency* et la distinction opérée par Michel de Certeau entre « *stratégie* » et « *tactique* ». Ce dernier définit la tactique comme « *l'art du faible* » : c'est une forme d'adaptation dans un environnement créé par les stratégies des dominants et des puissants. Contrairement à la stratégie, qui suppose l'existence d'un propre, la tactique « *n'a pour lieu que celui de l'autre* »[395]. Pour le dire autrement, l'acteur tactique n'a pas de base de pouvoir ; il agit sur le territoire des autres[396]. Appliquée au milieu carcéral, cette distinction est mobilisée par Marie Rosenkrantz Lindegaard et Sasha Gear pour penser les formes d'adaptation des détenus, ou encore par Luisa Schneider, qui conçoit les détenus comme des acteurs tactiques[397]. La « *capacité d'action tactique* » permet de penser un « *type spécifique d'action qui est conçu pour faire face aux conditions concrètes et immédiates de leur vie, dans le but de maximiser les circonstances créées par leur environnement* », ici carcéral et violent[398].

L'utilisation de la notion de capacité d'action tactique dans le milieu carcéral nigérien ne doit pas nier la *faiblesse* des acteurs, mais permet de souligner qu'elle peut connaître différents degrés. Grâce à leurs capacités — par la feinte, le travail, l'argent des visites, la discipline ou

---

392 Voir *supra*, Partie 1, Chapitre 2.
393 Voir *infra*, Partie 2, Chapitre 1.
394 A. Honwana, 2000, art. cité, p. 60.
395 M. de Certeau, *L'Invention du quotidien. Arts de faire,* Gallimard, 1990, p. XLVI.
396 A. Honwana, 2000, art. cité, p. 75.
397 M. Rosenkrantz Lindegaard et S. Gear, 2014, art. cité, p. 37. L. T. Schneider, 2020, art. cité, p. 100.
398 A. Honwana, 2000, art. cité, p. 75.

la participation au système de contrôle — certains détenus peuvent sortir d'une situation de subordination extrême. À la prison d'Agadez, les personnes jugées « *sans pagaille* »[399] peuvent être transférées dans la cour ou dans une chambre calme, après évaluation de leur attitude dans la grande chambre bruyante. Alors que les détenus de la grande chambre dorment le jour à cause du bruit nocturne, les autres peuvent dormir dès 21 h. À Daïkana, où les ateliers de couture et de menuiserie sont localisés dans un espace mal sécurisé, seuls « *ceux qui inspirent la confiance* » participent aux activités de réinsertion[400]. Il en est de même à la prison de Niamey pour l'accès au terrain de sport : « *on choisit les personnes sérieuses. Certains cherchent à étudier le terrain. C'est pas donné à n'importe qui [de sortir]* »[401].

Dans ce contexte, les notions d'« *acteurs faibles* » et d'« *acteurs affaiblis* » sont particulièrement pertinentes, car elles permettent de concevoir la *faiblesse* comme un processus (potentiellement réversible), et non comme un état d'assujettissement permanent. Ces concepts permettent de « *penser un mouvement, un changement, une variation des états et des positions dans [une] situation asymétrique* »[402].

Le positionnement de ces détenus est ainsi plus complexe qu'une simple passivité face au système. Bien qu'ils demeurent dans une situation de subordination[403], ils sont plus ou moins faibles et évoluent entre plusieurs degrés de faiblesse. Certains, cependant, restent dans un état de faiblesse dont ils ne peuvent se libérer.

---

[399] Entretien avec un ancien super-détenu, 5 janvier 2023.
[400] Entretien avec un ancien détenu, 15 juin 2022.
[401] Entretien avec un ancien super-détenu, 5 février 2021.
[402] J.-P. Payet et D. Laforgue, « Introduction. Qu'est-ce qu'un acteur faible ? Contributions à une sociologie morale et pragmatique de la reconnaissance », in J.-P. Payet, F. Guiliani et D. Laforgue (dir.), *De l'indignité à la reconnaissance. Enquête sur la voix des acteurs faibles*, Presses Universitaires de Rennes, 2008, p. 10. Dans le même ouvrage : C. Rostaing, « L'expression des détenus. Formes, marges de manœuvre et limites », in J.- P. Payet, F. Guiliani et D. Laforgue (dir.), 2008, *op. cit.*, pp. 121-136. La manière de devenir super-détenu, ou de perdre ce statut, sera évoquée *infra*, Partie 2, Chapitre 1.
[403] La notion d'acteurs affaiblis s'applique aussi aux super-détenus, qui n'exercent qu'un pouvoir tactique (voir *infra*, Partie 2, Chapitre 1). Nous nous distinguons ici des conclusions de Charles Kakule Kinombe au sujet des super-détenus congolais : C. Kakule Kinombe, 2019, *op. cit.*, p. 356 et suivants.

b. *L'état de faiblesse insurmontable des détenus-reclus*

Certains détenus se situent tout en bas de l'échelle sociale carcérale, sans perspective d'évolution positive en raison de leur exclusion des transactions et d'une rupture totale des liens sociaux avec l'extérieur[404]. Ils ne disposent pas de ressource financière et n'ont pas les capacités pour contourner le système : « *Nous, on n'a pas d'argent, on n'a pas de famille, on n'a pas de visite* »[405]. Ces mécanismes d'exclusion dépassent les murs de la prison. Faute de crédit téléphonique, certains ne peuvent même pas informer leurs proches de leur incarcération. Beaucoup ne bénéficient d'aucun conseil juridique, la plupart d'entre eux n'ont jamais été représentés. Ces constats illustrent le *continuum* de précarité de ces populations, caractérisées par la marginalité économique et la désaffiliation sociale[406].

Pour ces détenus, le temps carcéral se réduit à une attente passive : « *Personne ne nous assiste quand il y a un problème. On attend* »[407]. Certains dorment accroupis au sol pendant des mois. Si quelques-uns mendient ou se prostituent, leurs gains ne remettent jamais en cause leur position. Quelques-uns disent ainsi avoir travaillé, sans jamais être payés, les commanditaires profitant de leur vulnérabilité : « *Moi, je n'ai jamais rien eu. [...] J'ai cherché et des détenus m'ont donné du travail, mais ils ne paient pas, car ils ont une relation avec le chef ou ils sont plus forts physiquement que moi. Depuis six mois que je suis là, je n'ai pas eu un centime* »[408]. D'autres ne trouvent aucun travail, comme cette jeune fille détenue : « *Le problème, c'est quand j'ai besoin de payer quelque chose, je n'ai pas d'argent. Des fois, il y en a qui amènent des choses de dehors à manger. J'ai envie d'acheter, mais c'est payant et je n'ai pas. On ne peut pas gagner d'argent ici* »[409]. Pour ces acteurs, il n'y a pas d'*adaptation secondaire* au sens goffmanien[410] : ils n'ont pas les moyens d'agir. Leur absence de capacité les place dans un état de

---

404 L. T. Schneider, 2020, art. cité, p. 94.

405 Discussion de groupe avec des hommes détenus, 9 novembre 2021.

406 Dans le même sens : L. Wacquant, « Symbiose fatale. Quand ghetto et prison se ressemblent et s'assemblent », *Actes de la recherche en sciences sociales*, vol. 4, n° 139, 2001, p. 36. Sur le concept de désaffiliation sociale de Castel appliqué à la prison : P. Mary, F. Bartholeyns et J. Béghin, « La prison en Belgique : de l'institution totale aux droits des détenus ? », *Déviance et Société*, vol. 30, 2006.

407 Discussion de groupe avec des hommes détenus, 10 novembre 2021.

408 Discussion de groupe avec des hommes détenus, 2 novembre 2021.

409 Entretien avec une enfant détenue, 9 novembre 2021.

410 Voir *supra*, Partie 1, Chapitre 2.

soumission extrême. De plus, toute velléité de plainte sera considérée comme un comportement répréhensible et sanctionné par les *Sarkis*[411].

Cette situation d'isolement et d'absence de capacité, encore largement invisibilisée par les recherches sur les prisons africaines, reflète bien l'hétérogénéité des expériences carcérales et l'existence de « *degrés de perméabilité* » identifiés par Luisa Schneider. Elle souligne la coexistence de situations proches de l'« *institution totale d'exclusion absolue* » — davantage contrainte que celle théorisée par Erving Goffman — avec des réalités carcérales caractérisées par des transactions et des échanges, et rend compte de la nécessité de combiner les analyses pour mieux saisir le quotidien des prisons[412]. La prison ne doit ainsi pas être uniquement comprise à travers les dimensions de circulations, mais par l'hétérogénéité des statuts et des expériences.

Conclusion du Chapitre 2

Le fonctionnement des prisons au Niger repose sur des pratiques corruptives. Certaines relèvent de mesures palliatives, permettant à l'institution de fonctionner ; d'autres s'apparentent à des formes de taxation sans service en retour. Leurs modalités varient en fonction du capital relationnel et social et de la confiance accordée aux détenus. Les détenus sont loin de former un groupe homogène, confronté à des conditions de détention identiques : certains sont favorisés au détriment d'autres.

Corruption et inégalité sont en effet inextricablement imbriquées, faisant des prisons des espaces privilégiés de discrimination. Les prisons sont traversées d'inégalités : entre super-détenus et détenus ordinaires, entre responsables et badauds, et entre badauds eux-mêmes. Les super-détenus disposent de plus de libertés, ce qui leur permet de réduire les conséquences négatives de l'enfermement ; certains peuvent même sortir sans surveillance. Les responsables accèdent à des conditions de vie plus dignes, avec une plus grande porosité au monde extérieur. Certains badauds parviennent à améliorer, de manière limitée toutefois, leurs conditions de détention, tandis que d'autres, détenus-reclus, vivent dans des conditions mortifères, sans possibilité de se plaindre[413]. Ces résultats approfondissent ainsi la compréhension des

---

[411] Voir *infra*, Partie 2, Chapitre 1.

[412] L. T. Schneider, 2020, art. cité, p. 97.

[413] Dans le contexte français, Gilles Chantraine relevait la multiplicité de positions de détenus, en particulier celle du tacticien et du soumis : G. Chantraine, 2004, art. cité.

marges de manœuvre des détenus en contexte carcéral[414], en montrant qu'elles ne sont ni uniformes ni systématiques.

Le statut de responsable est particulier, dans la mesure où il est attribué dès l'entrée en prison en raison du statut à l'extérieur — révélant une reproduction des hiérarchies sociales. Les autres statuts, en revanche, ne sont pas figés : un badaud peut devenir super-détenu, un super-détenu peut redevenir badaud, selon le comportement adopté en détention. Cette progression dans la hiérarchie carcérale ne dépend pas uniquement du *Sarki* ou des membres de son équipe : l'organisation de super-détenus s'intègre en réalité dans un système bien plus vaste, contrôlé par l'administration étatique. En effet, bien que l'analyse se soit jusqu'à présent concentrée sur les détenus, les agents étatiques ne doivent pas être occultés. Les super-détenus sont instrumentalisés par les agents de l'État pour assurer l'ordre dans la prison. Ces dimensions seront examinées dans la deuxième partie.

---

[414] M. Crozier et E. Friedberg, 1977, *op. cit*, p. 69 et p. 91. E. Goffman, 1968, *op. cit,* pp. 245 et suivants.

PARTIE 2. L'INSTRUMENTALISATION DES PERSONNES DÉTENUES PAR LES ACTEURS MILITAIRES, MODALITÉ D'EXTENSION ET DE RENFORCEMENT DU CONTRÔLE ÉTATIQUE

Alors que l'étude a jusqu'alors révélé que les super-détenus sont des acteurs clefs de la prison, ce constat ne permet toutefois pas de saisir pleinement leur place dans le fonctionnement de cette institution. Les super-détenus s'inscrivent dans un mécanisme plus complexe, au sein duquel les acteurs étatiques sont loin d'être absents. Une analyse des rapports de pouvoir et des interactions entre super-détenus et administration étatique permet non seulement de décrire les enchevêtrements de ces acteurs, mais aussi de comprendre la « *manière dont l'autorité est distribuée* »[415] entre eux. Cette perspective permet de dépasser l'idée, souvent formulée, d'une administration absente, donc ineffective[416].

Pour approfondir l'analyse, nous mobiliserons les travaux contemporains sur la participation d'acteurs non étatiques à l'activité de contrôle des comportements et de production de la sécurité, qui suscite un intérêt académique croissant[417]. Il ne s'agit pas ici d'appliquer une grille d'analyse préétablie — les travaux menés dans ce champ d'étude illustrent d'ailleurs la grande diversité de pratiques de ces acteurs[418] — mais de se saisir d'autres clefs de compréhension pour analyser, à travers les pratiques, les relations des détenus à l'administration.

Face à la contradiction entre le paradigme dit wébérien et les réalités du contexte africain, où la sécurité est exercée par un large éventail d'acteurs qui se chevauchent, interagissent et s'interpénètrent[419], les chercheurs sont invités à saisir les acteurs non étatiques à travers leurs liens avec l'État ; la participation des groupes non étatiques s'analysant

[415] A. M. Jefferson et T. M. Martin, 2014, art. cité, p. 2.
[416] Par exemple : C. Kakule Kinombe, 2019, *op. cit.*, p. 253.
[417] L. Fourchard, 2018, art. cité, p. 170.
[418] G. Favarel-Garrigues et L. Gayer, « Violer la loi pour maintenir l'ordre. Le vigilantisme en débat », *Politix*, vol. 115, n° 3, 2016, p. 13.
[419] N. Bagayoko, E. Hutchful et R. Luckham, 2016, art. cité, p. 2.

alors comme une pratique « *bon marché de maintien de l'ordre* »[420]. Ces recherches mettent en évidence les multiples modalités d'exercice du pouvoir de l'État[421], y compris un encadrement parfois très intense de groupes non étatiques, voire l'existence de modalités de division classique du travail entre acteurs non étatiques et acteurs étatiques[422].

L'analyse des interactions entre les super-détenus et l'administration étatique dans les prisons nigériennes rejoint les conclusions de ces travaux. Les super-détenus sont en effet instrumentalisés par la GNN, cette mobilisation des super-détenus se traduisant dans l'organisation et l'exercice du pouvoir (Chapitre 1). Alors que les fonctionnaires ne sont physiquement que peu présents dans les quartiers des prisons, le recours aux personnes détenues s'apparente à une technique de gouvernement qui renforce le pouvoir de l'État (Chapitre 2).

---

420 D. Pratten et A. Sen, 2007, *op. cit.*, p. 3.

421 L. Fourchard, *Trier, exclure et policer*, Presses de Sciences Po, 2018, p. 186.

422 P. Grassin, 2021, art. cité, p. 160 et pp. 179-181.

Chapitre 1. Le contrôle des détenus par l'administration étatique dans l'organisation et l'exercice du pouvoir

L'exercice du pouvoir des femmes et hommes super-détenus au Niger n'est pas absolu : les marges de manœuvre dont ils disposent sont contraintes par l'administration de la prison. Comme le relevait la sociologue Corinne Rostaing, « *considérer [les] possibilités d'actions [des détenus] ne signifie pas qu'on sous-estime les contraintes du système. Leur reconnaître une marge d'autonomie ne signifie pas qu'ils soient totalement maîtres du jeu* »[423]. Le contexte nigérien est toutefois différent : bien que les super-détenus disposent d'un certain degré d'autonomie, ils sont dans une position de subordination directe vis-à-vis des acteurs étatiques qui se manifeste dans l'organisation de l'autorité (Section 1) et dans l'exercice du pouvoir disciplinaire (Section 2).

Section 1. Une organisation de détenus contrôlée par l'administration

Loin de s'opposer à l'administration étatique ou d'être déconnectés de l'ordre étatique, les super-détenus du Niger s'insèrent dans ses réseaux et le revendiquent (§1). Mais faire participer des détenus à la gestion de prison peut comporter des risques : si elle n'y prend pas garde, l'administration étatique pourrait se retrouver dépendante de leur concours pour imposer sa volonté[424]. Elle a donc mis en place des mécanismes pour encadrer celles et ceux qui participent au maintien de l'ordre : les agents étatiques disposent du pouvoir de désigner les super-détenus, les promouvoir, les rétrograder ou les révoquer, assurant une politique de gestion des carrières carcérales fondée sur la discipline et la soumission (§2)[425]. Plus encore, pour conserver le contrôle, l'administration orchestre l'instabilité du *Sarki* en prison (§3) : la mobilisation des détenus par l'administration s'étend au-delà des super-détenus.

---

[423] C. Rostaing, 1997, *op. cit.*

[424] J. Dilulio, *Governing Prisons : A Comparative Study of Correctional Management*, Free Press, 1990, p. 22 et p. 87.

[425] Une piste de réflexion ouverte par Marie Morelle, qui relevait l'intérêt d'analyser les critères de choix et de destitution des super-détenus, est ici poursuivie : M. Morelle, 2013, art. cité, pp. 353-354.

§1. L'insertion des super-détenus dans les réseaux de l'administration étatique

Les détenus, l'administration étatique et les membres d'ONG placent l'État au premier plan du fonctionnement des prisons. Les discours placent les super-détenus dans une situation de subordination directe par rapport à l'administration étatique (A), traduisant l'existence d'une chaîne d'autorité hiérarchique de l'État vers les détenus (B).

A. Des discours plaçant les super-détenus en position de subordination par rapport à l'administration

Les femmes et hommes super-détenus s'insèrent dans les réseaux de l'État. Ce positionnement est identifié par les détenus ordinaires, qui les décrivent comme du « *personnel prisonnier* »[426], des « *employés prisonniers* »[427], des « *gardes prisonniers* »[428], des « *remplaçants des gardes* »[429], ou des « *représentants* » de la GNN[430]. Si certains éléments de la GNN qualifient les super-détenus d'« *intermédiaires* »[431], d'autres reconnaissent, sans détour, une relation d'autorité avec la GNN : le *Sarki* « *veille à l'exécution des corvées données par le surveillant-chef* »[432], « *assiste les surveillants dans l'accomplissement de leurs tâches quotidiennes* »[433], ou « *aide le surveillant-chef* »[434], ou même : « *Le* Sarki, *il fait partie du staff* »[435]. Cette perspective est partagée par les représentants d'ONG. L'un d'entre eux notait : « *Le* Sarki *fait partie intégrante de l'administration* »[436].

Ces discours rejoignent ceux des super-détenus qui, contrairement à d'autres pays, ne se revendiquent aucunement en dehors de l'État[437]. Ils s'inscrivent eux-mêmes sous la responsabilité directe des acteurs

---

426 Entretien avec un ancien détenu, 14 novembre 2021.

427 Discussion de groupe avec des hommes détenus, 29 octobre 2021.

428 Entretien avec un détenu, 2 novembre 2021.

429 Discussion de groupe avec des enfants détenus, 14 novembre 2021.

430 Discussion de groupe avec des hommes détenus, 5 février 2021.

431 Sur la notion d'intermédiaire, voir *infra*, Partie 2, Chapitre 2.

432 Échange avec un élément de la GNN, 27 juin 2022.

433 Échange avec un élément de la GNN, 24 juin 2022.

434 Échange avec un élément de la GNN, 27 juin 2022.

435 Entretien avec un élément de la GNN, 3 février 2021.

436 Entretien avec un membre de la société civile, 15 juin 2022.

437 Par exemple en Côte d'Ivoire ; où les super-détenus utilisent un langage mafieux : F. Le Marcis, « Life in a Space of Necropolitics », *Ethnos,* n° 84, 2019, p. 84 et p. 92.

étatiques : « *Mes petits et moi, on travaille pour le régisseur* »[438] ; « *Je ne peux pas me considérer comme un garde, mais on m'a délégué une responsabilité à l'intérieur* »[439] ; « *On n'était pas des militaires, ici on est comme des militaires* »[440].

B. Une chaîne d'autorité hiérarchique de l'État vers les super-détenus

La chaîne d'autorité hiérarchique et de transmission des ordres est claire : elle se décline verticalement de l'administration étatique (le régisseur ou son représentant) au *Sarki*, puis à ses subordonnés. Les consignes sont transmises du régisseur à chaque niveau inférieur, comme le confirme un ancien super-détenu :

« *Le* Sarki *est sous la coupe du surveillant-chef, il doit se soumettre aux ordres. Le surveillant-chef est sous les ordres du régisseur. Quand il s'agit des prisonniers, tout ce qui les concerne, c'est le* Sarki. *Le surveillant-chef donne les ordres et transmet pour qu'on exécute. Tout ce qui concerne les prisonniers, c'est au niveau du* Sarki. *Si c'est les travaux, c'est le* Sarki *qui répartit. Le* Sarki *reçoit des ordres du surveillant-chef et transmet au niveau des prisonniers. [...] Tout compte fait, c'est le surveillant-chef qui commande* »[441].

---

438 Entretien avec un super-détenu, 3 février 2021.
439 Entretien avec un super-détenu, 28 octobre 2021.
440 Entretien avec un super-détenu, 3 février 2021.
441 Entretien avec un super-détenu, 25 juin 2021.

Graphique 4 : Représentation de la chaîne d'autorité hiérarchique, de l'administration étatique aux super-détenus[442]

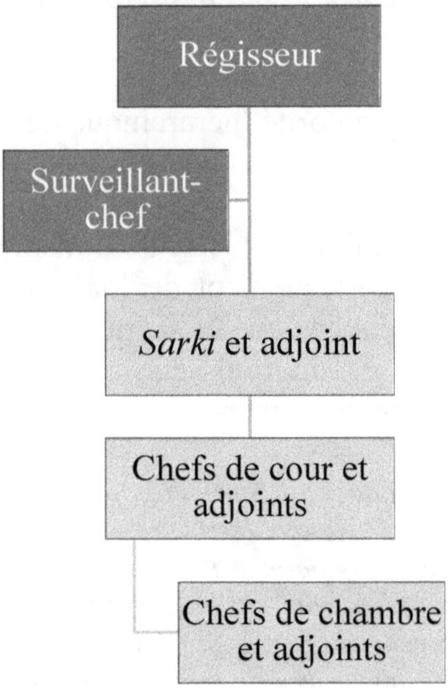

En outre, la chaîne de commandement ne s'analyse pas uniquement de manière unidirectionnelle et descendante. La relation entre GNN et super-détenus s'exprime aussi dans le sens ascendant, notamment à travers la circulation de l'information. Les éventuelles difficultés — telles que les bagarres ou les vols — remontent chaque niveau, du chef de chambre au *Sarki,* jusqu'à, potentiellement, atteindre le régisseur, car, comme l'expliquait un chef de cour : « *même le* Sarki *ne peut pas tout résoudre* »[443]. Un élément de la GNN décrivait ainsi le mécanisme hiérarchique théorique : « *Si un détenu a un souci, il va voir le chef de chambre. Lui, il rapporte au chef de cour. S'il peut gérer, il gère à son niveau. S'il ne peut pas gérer, il rencontre le chef de cour principal. Lui, il essaie de gérer. S'il gère, tant mieux, il me dit. S'il ne peut pas, il remonte [au niveau de la GNN]* »[444].

Dans ce contexte, la chaîne de commandement implique une segmentation à chaque niveau : il n'est pas question, pour un chef de

[442] En police blanche sur fond noir, les acteurs étatiques ; en police noire sur fond blanc, les super-détenus. Dans le même sens : M. Morelle, 2013, art. cité, pp. 347-348.

[443] Entretien avec un super-détenu, 5 février 2021.

[444] Entretien avec un élément de la GNN, 3 février 2021.

chambre en bas de la pyramide, de « *sauter une étape* »[445] et d'atteindre directement le *Sarki,* à moins que celui-ci ne soit absent[446]. Les éléments de la GNN insistent sur la nécessité de respecter les différents échelons : « *Des fois, ils viennent directement, je demande s'il a rendu compte à un autre, et je lui dis de [s'en] retourner. Sinon, chacun fait ce qu'il veut* »[447]. Un chef de chambre en témoignait également :

> « *Mon rôle est de régler les problèmes dans la chambre. Si je peux gérer à l'intérieur, je gère. Sinon je vais voir le chef de cour qui gère à son tour. Pour le besoin de tous, il faut un chef. Quand je constate un problème ou une mésentente, j'informe le chef de cour, j'informe mon supérieur. [...] On n'a pas de relation de travail directe avec le surveillant-chef ni avec le Sarki. Je suis sous le contrôle du chef de cour. Sinon, c'est un manque de respect à l'égard du chef de cour* »[448].

La hiérarchie établie avec l'administration a conduit certains éléments de la GNN à contester l'utilisation du terme « *Sarki* » — signifiant, rappelons-le, « chef » en haoussa —, car il suggèrerait une responsabilité égale, voire supérieure, à celle de l'administration. Bien que « *Sarki* » soit utilisé dans les pratiques quotidiennes, un élément de la GNN explique privilégier un autre terme : « *On préfère utiliser "chef de cour principal". C'est un problème si on l'appelle* Sarki. *Dans son titre, c'est comme s'il avait des prérogatives qui veulent dépasser le régisseur* »[449].

Les super-détenus ne doivent pas remettre en cause l'autorité hiérarchique de la GNN car c'est elle qui les contrôle. Cette relation verticale se reflète aussi dans la gestion par la GNN de leurs « *carrières carcérales* ».

§2. Un contrôle de l'administration sur la *carrière carcérale* des super-détenus

Les relations hiérarchiques entre GNN et super-détenus se manifestent à chaque étape de leur « *carrière carcérale* »[450].

---

[445] Entretien avec un super-détenu, 6 février 2021.

[446] Par exemple en cas d'audiences au tribunal, hospitalisation, commissions en ville ou toute autre activité autorisée par le régisseur.

[447] Entretien avec un élément de la GNN, 3 février 2021.

[448] Entretien avec un super-détenu, 28 octobre 2021.

[449] Entretien avec un élément de la GNN, février 2021.

[450] C. Béraud, C. de Galembert et C. Rostaing, *Des hommes et des dieux en prison,* Ministère de la Justice, CNRS, 2013, p. 221. Le concept de « *carrière carcérale* » est

L'administration étatique pratique une politique stratégique des ressources humaines des super-détenus, dont la carrière repose sur l'articulation entre deux mécanismes opposés et complémentaires : d'une part, un mécanisme de promotion, basé sur le respect de l'autorité étatique, la discipline et la participation au système de contrôle de la prison, offrant en retour des privilèges et de meilleures conditions de détention ; et d'autre part, un mécanisme de rétrogradation, parfois de destitution, en cas d'indiscipline, de trahison ou de refus de participer au système de contrôle, qui induira des conditions de détention précaires. Ce double mécanisme est analysé à travers les modalités de désignation, de suspension et de révocation des super-détenus (A) et l'évolution de leur carrière carcérale (B).

A. Le contrôle de la GNN sur la désignation, la suspension et la destitution des super-détenus

Le contrôle de l'administration s'illustre dans la désignation des super-détenus (a) et dans leur potentielle suspension ou destitution (b).

a. Un contrôle sur la désignation des super-détenus

Le choix des éléments de l'élite carcérale — les *Sarkis* et, selon les prisons, le deuxième échelon hiérarchique — n'est pas aléatoire. À l'instar d'autres pays, comme la République démocratique du Congo, le Ghana, le Tchad ou l'Ouganda[451], nombre de *Sarkis* sont directement désignés par les acteurs étatiques. Par exemple, les éléments de la GNN indiquaient : « *C'est nous qui l'avons nommé avec le consentement de notre staff, greffier, surveillant* »[452] (prison de Tillabéri) ; « *On désigne le Sarki et lui donne la latitude pour qu'il travaille bien* »[453] (prison de Niamey) ; « *Nous on désigne, on choisit, comme ça le* Sarki *travaille avec nous* »[454] (Daïkaina) ; « *Le choix, [les détenus] eux-mêmes, ils*

---

ici entendu comme la trajectoire des super-détenus au sein de la hiérarchie, c'est-à-dire à partir de leur nomination dans l'équipe du *Sarki.*

[451] C. Kakule Kinombe, 2019, *op. cit.,* p. 172. T. D. Akoensi, 2014, art. cité, p. 35. C. Berrih, 2016, *op. cit.,* p. 26. T. M. Martin et A. M. Jefferson, 2024, *op. cit.*, pp. 123-124. Voir également l'étude en cours menée au nom de la FIACAT, intégrant d'autres pays, comme le Congo et Madagascar.

[452] Entretien avec un élément de la GNN, 14 novembre 2021.

[453] Entretien avec un élément de la GNN, 26 octobre 2021.

[454] Entretien avec un élément de la GNN, 14 juin 2022.

peuvent dire "on veut untel". Mais si tu n'as pas confiance, tu ne peux pas le mettre. Il faut un qui soit capable de gérer. Tu leur présentes »[455] (Ouallam).

Dans certaines prisons, la désignation des *Sarkis* est indirecte. Lorsqu'un poste se libère (suite à la libération, à la rétrogradation ou au décès du *Sarki*[456]), le nouveau *Sarki* est désigné par des super-détenus restants, mais nécessite l'aval de l'administration étatique. Cette validation est impérative. Un rapport sur la prison de Dakoro évoquait : « *le choix se fait entre détenus sous la direction et la mainmise du régisseur* »[457]. Un ancien *Sarki* expliquait son processus de nomination : « *Il y avait quelqu'un, [le* Sarki*], qui avait sa peine terminée. C'est lui qui a choisi quelqu'un pour le remplacer. Mais [il faut que] le régisseur accepte. Mais dans tous les cas, c'est celui dont la peine est terminée qui va te présenter au régisseur. Lui, il [doit avoir] confiance en lui* »[458]. Ce mode de désignation a été par exemple relevé à Agadez ou dans le quartier des femmes de Niamey.

Il est important de noter que ce mode de désignation, suivi d'une validation, ne s'apparente pas à une élection impliquant l'ensemble de la population carcérale. Ce sont uniquement les super-détenus qui nomment la personne à présenter au régisseur, excluant les détenus ordinaires du processus. Dans tous les cas évoqués, les *Sarkis* sont désignés dans le cadre de promotions internes, c'est-à-dire qu'ils étaient déjà des super-détenus, par exemple un ancien chef de chambre ou responsable de la cuisine. Pour atteindre une telle position, il est nécessaire que ces personnes aient mené une carrière carcérale irréprochable, qu'ils aient fait preuve d'une forme avancée d'« *auto-contrôle* »[459] — les super-détenus pouvant en effet, dans le cas contraire, être révoqués par l'administration, comme analysé *infra*. Ainsi, même lorsque l'administration n'initie pas le choix du *Sarki,* ce mode de désignation indirect est tout à fait compatible avec son contrôle étendu.

Ce mode de désignation indirect du *Sarki* est comparable, avec quelques nuances, à celui utilisé pour les autres super-détenus. Dans

---

455 Entretien avec un élément de la GNN, 14 novembre 2021.

456 Nous n'avons pas eu d'exemple de ce dernier point.

457 Rapport interne sur la prison de Dakoro, 2021, p. 11.

458 Entretien avec un ancien super-détenu, 5 janvier 2023.

459 P. Mary, « Les figures du risque et de l'insécurité. L'impact sur le contrôle », *Informations sociales*, vol. 126, n° 6, 2005, p. 24. Lire aussi G. Chantraine, « La prison post-disciplinaire », *Déviance et société*, vol. 30, 2006.

certaines prisons, l'administration désigne tous les éléments clefs de l'équipe du *Sarki*, tandis que dans d'autres, les *Sarkis* peuvent théoriquement choisir leurs éléments clefs qui désigneront ensuite leurs subordonnés. Néanmoins, l'administration peut remettre en question cette désignation. Un élément de la GNN indiquait : « *Je donne [au* Sarki*] la latitude pour choisir de prendre ses éléments. Il va voir celui qu'il pense qui peut faire l'affaire. Je lui laisse la latitude pour trouver un adjoint. "Tu me donnes le registre". Et je me renseigne. Si je vois qu'il n'y a pas de problème, je concilie avec la liste. Voir si quelqu'un déconne* »[460].

Cette *autonomie contrainte* dans le processus de désignation se traduit aussi par la nomination directe de certains éléments par l'autorité étatique, que le *Sarki* ne peut déplacer[461]. Ces modalités de nomination démontrent ainsi que l'administration contrôle le processus de désignation des super-détenus.

b. Un contrôle sur la suspension et la destitution des super-détenus

L'administration étatique a le pouvoir de révoquer les femmes et hommes super-détenus si elle estime que les limites implicites du transfert de compétence opéré ont été outrepassées : il y a une ligne rouge à ne pas franchir. Comme l'indique un élément de la GNN, « *quand on constate chemin faisant que le* Sarki *ne fait pas son boulot, à tout moment, on peut le changer* »[462]. Des détenus de plusieurs prisons ont confirmé que des *Sarkis* avaient été destitués ou suspendus. À la prison de Matamey, un ancien détenu indiquait que le *Sarki* avait été suspendu plus d'une semaine après un conflit avec l'administration — les causes de cette altercation ne sont pas connues[463]. Plus évocateur encore est le cas du *Sarki* de Niamey, destitué en mai 2019 après s'être évadé lors d'une permission. Retrouvé à la frontière avec le Burkina Faso voisin, il a été réincarcéré à la prison de Niamey et placé dans l'une des chambres aux conditions les plus précaires, comme un badaud, avant d'être transféré à l'intérieur du pays. Outre la destitution, les conditions de détention de l'ancien *Sarki* ont été jugées honteuses pour lui : « *On l'a mis dans la grande chambre. Vous imaginez la*

[460] Entretien avec un élément de la GNN, 3 février 2021.
[461] Voir *infra*, Partie 2, Chapitre 1.
[462] Entretien avec un élément de la GNN, 14 juin 2022.
[463] Entretien avec un ancien détenu, 14 novembre 2021.

bassesse ? [Il y a] des gens que tu as insultés, le destin t'a ramené… »[464].

Au-delà du *Sarki,* plusieurs super-détenus ont été révoqués par l'administration étatique, sans l'assentiment du *Sarki* pour avoir outrepassaient leurs prérogatives. À la prison de Niamey par exemple, des hommes super-détenus, dont un chef de cour, ont été destitués par la GNN pour avoir « *abusé de leur pouvoir* », notamment en ayant frappé très violemment leurs codétenus[465]. Bien qu'un certain niveau de violence quotidienne des super-détenus soit jugé acceptable par l'administration étatique[466], les super-détenus n'ont pas un droit inconditionnel d'exercer des violences sur leurs codétenus : ce droit leur est implicitement confié par la GNN, sous réserve de respecter ses limites. Leur révocation pour faits de violence est donc la réaffirmation du monopole étatique sur la violence légitime : le niveau de violence des super-détenus, exercé hors du périmètre du cadre, l'avait transformée en violence illégitime.

Par ailleurs, des cas de révocation de super-détenus par les éléments de la GNN à la demande des *Sarkis* ont été évoqués dans les prisons où les agents étatiques désignent directement des éléments clefs, traduisant un *continuum* entre administration et *Sarki.* Un ancien détenu de Kollo expliquait que le *Sarki* avait demandé à l'administration de destituer un chef de quartier qui ne lui obéissait pas :

> « *En 2018, il y avait un ancien militaire qui était chef d'un quartier. Le* Sarki *est un civil. Naturellement [le chef de quartier] n'était pas disposé à collaborer comme* Sarki *le souhaite. Ils en sont arrivés aux mains. […] Huit jours après, on a déposé le chef de quartier. On l'a remplacé. On l'a déchargé de ses fonctions de chef de quartier. Il faut le sanctionner ; c'est son autorité qui tombe. L'administration vient au secours du* Sarki. *On l'a destitué. C'est l'administration qui a pris la décision. Le* Sarki *était allé se plaindre. Il n'a pas le pouvoir* »[467].

Dans cette situation, le *Sarki* et l'administration étatique s'entremêlent pour assurer le contrôle de la prison, révélant l'interdépendance des positions : chacun participe de manière

---

464 Entretien avec un ancien super-détenu, 14 novembre 2021.

465 Entretien avec un élément de la GNN, 3 février 2021. Entretien avec un élément de la GNN, 28 octobre 2021.

466 Voir *supra,* Partie 1, Chapitre 2.

467 Entretien avec un ancien détenu, 14 novembre 2021.

essentielle au fonctionnement de la prison. Toutefois, il ne faut pas considérer les acteurs au même niveau. Dans ce cas précis, l'administration étatique n'est intervenue que parce que l'autorité du *Sarki* était constamment contestée par un autre acteur, ce qui affectait l'efficacité du contrôle de la prison. Le *Sarki* est l'un des rouages mis en place par l'administration pour faire fonctionner les prisons : il ne doit pas être empêché de mener ses activités[468]. Pour le dire autrement, la GNN se doit de protéger l'intervention du *Sarki* tant que celui-ci participe au contrôle de la prison. Ceci dévoile une pluralité de modalités d'exercice du contrôle de la prison par la GNN.

B. Le contrôle de l'évolution des carrières carcérales

Outre la désignation et la révocation, la GNN contrôle l'évolution des carrières du chef de chambre au *Sarki* : devenir membre de l'équipe du *Sarki* (a) et évoluer dans la hiérarchie au plus haut niveau (b) nécessitent d'accepter d'être un instrument du système de contrôle de la prison[469].

a. Devenir membre de l'équipe du Sarki

Les super-détenus sont instrumentalisés à des fins de contrôle et de surveillance. Devenir membre de l'équipe du *Sarki* signifie en effet consentir à partager des informations sur ses codétenus, et aussi, pour certains, à accepter d'inspirer la crainte chez les badauds.

<u>Devenir informateur de l'administration</u>

Devenir un super-détenu se mérite. Si au Niger, les liens de confiance antérieurs à la détention peuvent favoriser l'accès à des conditions de vie plus confortables, ceux-ci ne sont en aucun cas

---

[468] Cette situation diffère de celle où la GNN remet elle-même en cause l'autorité du *Sarki*, qui est une autre modalité de contrôle. Voir *infra*, Partie 2, Chapitre 1.

[469] Une partie de cette section a fait l'objet d'une publication : C. Berrih, « "On ne peut pas gérer une prison sans information à l'intérieur". Le renseignement "low-tech" dans les prisons du Niger », *Politique africaine*, n° 170, 2023, pp. 123-139.

nécessaires pour devenir membres de l'équipe du *Sarki*[470]. La plupart des super-détenus ne se connaissaient pas avant leur incarcération.

Pour les détenus sans capital économique ou relationnel, seule la participation au système de contrôle et de surveillance permet de gravir les échelons de la hiérarchie carcérale en obtenant la confiance du *Sarki* et de l'administration, qui peuvent les révoquer à tout moment. Ceux qui souhaitent rejoindre l'équipe du *Sarki* doivent savoir négocier, et attendre qu'une place se libère, à la faveur de la libération d'un détenu, de la destitution ou de la promotion d'un autre. C'est un apprentissage qui commence dans les chambres : un détenu qui désire faire partie de l'équipe du *Sarki* doit d'abord occuper les premiers échelons, comme devenir adjoint au chef de chambre, et « *bien se comporter* »[471].

La notion de « *bon comportement* » signifie respecter l'autorité — se conformer au règlement, notamment ne pas provoquer de bagarre ou être accusé de vol[472] et écouter le chef[473] —, et surtout, rapporter des informations sur ses codétenus. Un détenu de la prison de Niamey déclarait : « *il faut savoir comment comploter, c'est-à-dire informer l'autorité de ce qui se passe dedans. Être les yeux des autorités dedans. C'est connu. Tous ceux qui ont des responsabilités rendent des comptes aux gardes* »[474]. Un super-détenu confirmait : « *C'est le bon comportement et la vigilance de certains qui vraiment arrivent à informer le* Sarki *ou les éléments du* Sarki, *puisqu'il y a d'autres qui essaient de rentrer avec des portables, ou qui rentrent avec de la drogue, donc ils informent le* Sarki *ou les éléments du* Sarki »[475].

Les *Sarkis* sont, avant tout, des outils de renseignement pénitentiaire — le renseignement étant entendu ici comme le recueil, le traitement et la diffusion d'informations au quotidien au sein des prisons. Les super-détenus recueillent des informations et « *rendent compte* »[476]. Dans un

---

470 Dans certains pays, les liens avant la détention facilitent l'accès à ces postes à responsabilité : L. T. Schneider, 2020, art. cité, p. 91. F. Le Marcis, 2017, art. cité, pp. 88-90.

471 Discussion de groupe avec des hommes détenus, 10 novembre 2023.

472 Entretien avec un super-détenu, 3 février 2021. Entretien avec un super-détenu, 28 octobre 2021. Entretien avec un ancien super-détenu, 5 janvier 2023.

473 Entretien avec un super-détenu, 2 novembre 2021.

474 Entretien avec un détenu, 9 novembre 2021.

475 Entretien avec un ancien super-détenu, 31 août 2022.

476 Entretien avec un ancien détenu, 29 janvier 2021. Rapport interne sur la prison Dakoro, 2021, p. 11. Voir *infra*, Partie 2, Chapitre 1.

contexte d'absence de matériel de surveillance[477], ils exercent des activités de renseignement *low-tech*[478], qui s'inscrivent dans une stratégie étatique de surveillance étendue.

Les acteurs pénitentiaires interrogés sur les responsabilités des *Sarkis* emploient un champ lexical se rapportant à la notion de renseignement : le *Sarki* est « *œil* » et « *oreille* » du régisseur, il a pour rôle de « *collecter des renseignements à l'intérieur des cellules sur les éventuelles évasions, émeutes et bagarres* », il « *informe le chef de l'établissement en cas de complot* » ou « *de mouvement d'humeur ou de mauvaises pratiques* », il « *rend compte au régisseur de toute situation qui entache l'ordre et la discipline* », il est « *l'agent principal de renseignement dans l'enceinte de la prison* »[479]. Celui qui ne veut pas « *rapporter* » ne peut pas intégrer l'équipe du *Sarki*[480].

Loin d'être imposé par l'administration, le dispositif de renseignement repose sur une soumission volontaire et une obéissance subtilement suscitée, intériorisée, motivée par la volonté des super-détenus de réduire les conséquences négatives de la prison[481], mais aussi sur des stratégies mises en place par la GNN pour garantir la qualité de l'information fournie. La GNN est en effet dépendante de l'information et les super-détenus sont seuls maîtres de la nature et du nombre d'informations qu'ils partagent[482] : ils exercent donc un certain pouvoir sur l'administration. Cependant, pour garantir le bon fonctionnement du système et favoriser la délation, la GNN a instauré des mécanismes parallèles, tels que la multiplication des sources de renseignement ou la division des détenus, comme cela sera analysé

---

[477] Entretien avec un personnel du ministère de la Justice, 4 février 2021. Entretien avec un élément de la GNN, 14 juin 2022.

[478] Le terme *low-tech* désigne ici une méthode de renseignement reposant sur une pluralité d'informateurs, qui, en espionnant des conversations (M. Göpfert, 2020, *op. cit.,* p. 64), en dressant des listes ou en contrôlant des mouvements (J. McGregor, « Surveillance and the City : Patronage, Power-Sharing and the Politics of Urban Control in Zimbabwe », *Journal of Southern African Studies*, vol. 39, n° 4, 2013, p. 786), contribuent à générer une méfiance dans les espaces où elle s'exerce.

[479] Données collectées auprès d'éléments de la GNN déployés dans les régions d'Agadez, de Dosso, de Tahoua et de Tillabéri, juin et juillet 2022. Rapport interne sur la prison de Dakoro, 2021, 2021, p. 11. Voir également T. M. Martin et A. M. Jefferson, 2024, p. 130.

[480] Entretien avec un membre d'ONG, 15 juin 2022.

[481] Voir *supra*, Partie 1, Chapitre 2.

[482] J. G. March et H. A. Simon, *Organizations*, New York, John Willey, 1958.

infra. Bien que ces dispositifs ne leur assurent pas une obéissance absolue[483], ils fragilisent les velléités de contrôle des super-détenus.

L'encadrement des personnes détenues est donc à la fois vertical (tous les super-détenus sont des sources potentielles d'information) et global (tous les détenus peuvent devenir des sources d'information). Par exemple, un adjoint de chef de chambre a désigné à ce poste après avoir fourni des informations au chef de cour :

« *[Depuis que je suis arrivé], quand je constate un problème ou une mésentente, j'informe le chef de cour, j'informe mon supérieur. Moi, j'aide, j'informe et je suis discipliné. Un jour le chef de cour m'a dit que j'assiste le chef de chambre. [...] C'est bien que des gens informent, contrôlent pour dire ce qui se passe* »[484].

Si la personne détenue continue à *bien se comporter*, l'adjoint pourra devenir chef de chambre lorsque l'ancien quittera son poste, puis adjoint au chef de cour, chef de cour, etc. Ces mécanismes de mobilité et de promotion interne, favorisés par les flux de sorties et d'arrivées, renforcent le sentiment de légitimité des super-détenus et érigent leur participation aux pratiques de renseignement comme un modèle valorisé, tout en contribuant à la reproduction constante du dispositif.

Le degré de confiance étant corrélé à la volonté de participer à la collecte et au partage d'informations, les détenus qui n'en fournissent pas sont perçus comme déloyaux et s'exposent à des conditions de détention moins favorables. Un ancien détenu de Kollo expliquait ainsi qu'un détenu avait été puni par le *Sarki* car il avait cessé de rendre compte. Ce détenu, qui faisait la lessive et préparait le thé pour les responsables contre de l'argent, a été transféré dans une chambre ne lui permettant plus d'accéder au quartier des responsables, car il n'était plus « *suffisamment docile* »[485]. Un autre détenu, incarcéré dans plusieurs prisons du Nord du pays, relevait : « *C'est un système d'allégeance qui est établi. L'administration ne veut pas laisser à quiconque une marge de manœuvre de manière à lui échapper. Il faut être un serviteur loyal. Il faut rapporter des choses sur les gens, c'est un système organisé. Ceux qui rapportent moins, on considère que ce*

---

483 Voir *infra*, Partie 2, Chapitre 1.

484 Entretien avec un super-détenu, 28 octobre 2021.

485 Entretien avec un ancien détenu, 14 novembre 2021.

n'est pas parce qu'ils ne savent pas, mais c'est qu'ils cachent. Ce ne sont pas des bons serviteurs. Les autres ont une promotion »[486].

Dès lors, si un détenu ordinaire peut devenir membre de l'équipe du *Sarki,* la trajectoire inverse est aussi possible si le super-détenu ne remplit pas son rôle d'informateur. Un ancien adjoint d'un chef de chambre expliquait avoir été destitué pour n'avoir pas rapporté que son supérieur avait des rapports sexuels avec un autre détenu : « *Un détenu a informé [que le chef de chambre] dormait avec un autre, alors il a été destitué. Et moi, on a dit que je savais et que je n'avais rien dit. Je me suis tu. Alors on a été tous les deux destitués* »[487].

Le partage d'informations est ainsi indispensable pour rester dans l'équipe des super-détenus et évoluer dans la hiérarchie[488]. Cette technique de manipulation des détenus n'est pas la seule : l'administration instrumentalise aussi la peur que les super-détenus inspirent aux badauds.

Instiller la crainte chez les badauds

La plupart des super-détenus inspirent de la crainte aux hommes et enfants badauds. Celle-ci se fonde sur leur dangerosité réelle ou présumée, liée à la sévérité de l'infraction qu'ils auraient commise et/ou à leur carrure physique. La majorité des détenus qui atteignent de hautes fonctions sont incarcérés depuis des années : ce sont des détenus condamnés à de longues peines ou des prévenus incarcérés pour crimes. La détention préventive prolongée de ces derniers s'explique en effet par le faible nombre de sessions criminelles dans le pays, qui entraînent des délais d'attente jusqu'à dix ans pour être jugé[489]. Bien que les super-détenus n'aient pas été questionnés sur les infractions qui les avaient conduits en prison (pour des raisons de mise en confiance lors des entretiens), plusieurs ont dévoilé être incarcérés pour des infractions communément considérées comme graves, telles que des crimes ayant

[486] Entretien avec un ancien détenu, 14 novembre 2021.
[487] Entretien avec un ancien super-détenu, 10 novembre 2021.
[488] La confiance doit aussi être entretenue. Voir *infra*, Partie 2, Chapitre 1.
[489] En novembre 2021, le plus ancien prévenu de Niamey avait été incarcéré en 2011. Ces délais excèdent les délais légaux de détention préventive en matière criminelle (30 mois en droit commun, quatre ans pour les infractions liées au terrorisme, Articles 132 et 650-8 du Code de procédure pénale). Pour les délits, la moyenne est de deux ans de détention préventive (étude menée dans 34 prisons) : Institut danois des droits de l'Homme, *Le programme de développement durable à l'horizon 2030 et les droits humains à travers l'accès à la justice*, 2022, p. 32.

entraîné la mort ou susceptibles de l'avoir entraînée : des meurtres ou complicités de meurtres ou des infractions liées au trafic d'armes[490]. Par ailleurs, plusieurs super-détenus élevés dans la hiérarchie carcérale avaient été condamnés à des peines de 30 ans, sans précision toutefois sur l'infraction commise[491].

Les infractions pour lesquelles les super-détenus sont incarcérés ne sont pas précisément connues de la population carcérale, mais plusieurs personnes interrogées savent qu'elles sont sérieuses : « *On ne sait pas véritablement quelle infraction ils ont commise, mais la plupart des chefs sont ici car ils ont fait des choses graves* »[492] ; « *Ils sont là à cause de problèmes qu'ils ont causés. Et même les mobiles sont plus graves qu'un autre. Ce sont des actes graves qu'ils ont commis* »[493] ; « *Il faut soi-même être un délinquant. Ce sont des gens à qui on reproche des crimes, des meurtres. Selon l'infraction, ils intimident les autres, ils ne s'en cachent pas. La source de leur pouvoir, c'est ça* »[494].

La présence de détenus perçus comme dangereux dans la hiérarchie renforce la peur des badauds à l'égard de ceux qui les surveillent. La sélection de super-détenus sur la base de la crainte suscitée est d'ailleurs revendiquée par des éléments de la GNN, comme l'exprimait un élément de la prison de Daïkaina : « *Parmi ceux qui sont craints des badauds, c'est eux qu'on désigne* »[495].

De même, la carrure physique est un élément indispensable à certains postes de l'équipe du *Sarki*. L'observation à la prison de Niamey le confirme : tous les chefs de cours et plusieurs chefs de chambre étaient de forte carrure. Plusieurs super-détenus notaient ainsi : « *Le chef de chambre il faut un dur. [...] si le gars n'est pas fort, cela ne peut pas aller* »[496] ; « *Il faut quelqu'un de costaud quand il y a une bagarre. Mon adjoint, il est plus costaud que moi* »[497]. Un ancien détenu, qui avait incarcéré dans trois prisons, indiquait également :

[490] Entretien avec un ancien super-détenu, 12 novembre 2021. Entretien avec un personnel d'ONG, 2 novembre 2022. Entretien avec un super-détenu, 9 novembre 2021. Entretien avec un super-détenu, 10 novembre 2021.

[491] Entretien avec un ancien super-détenu, 5 février 2021. Entretien avec un ancien super-détenu, 26 octobre 2021. Entretien avec un personnel d'ONG, 15 juin 2022. Entretien avec un ancien détenu, 29 janvier 2021.

[492] Discussion de groupe avec des hommes détenus, 2 novembre 2021.

[493] Discussion de groupe avec des hommes détenus, 2 novembre 2021.

[494] Entretien avec un ancien détenu, 14 novembre 2021.

[495] Entretien avec un élément de la GNN, 14 novembre 2022.

[496] Entretien avec un ancien super-détenu, 5 février 2021.

[497] Entretien avec un super-détenu, 9 novembre 2021.

« *Physiquement, je n'ai jamais vu un* Sarki *maigrichon, ils ont les bras un peu lourds* »[498]. En 2021, le *Sarki* du quartier des enfants à Niamey était un jeune adulte, qui inquiétait les enfants : « *Il est plus fort et plus âgé que nous. Tous les gardes lui font confiance. On pense qu'il a plus de 22 ans. Il a fait au moins un an ici* »[499]. Ce jeune adulte dormait dans les mêmes chambres que les enfants.

Certains super-détenus sont conscients de la crainte qu'ils inspirent et de leur instrumentalisation. À la question ouverte « *de quelle manière avez-vous atteint cette position ?* », un super-détenu de forte corpulence a déclaré avoir été choisi pour son respect du règlement, avant de prononcer des paroles impromptues et défensives, révélatrices de la conscience de la perception que son physique peut induire : « *Moi, je connais le règlement. C'est pas le gabarit qui a fait que j'ai été choisi* »[500].

b. Devenir membre de l'élite carcérale : entretenir la confiance de l'administration

Gravir les échelons jusqu'à la position de *Sarki*, adjoint de *Sarki* ou chef de cour prend en général du temps : il faut « *avoir duré* »[501]. La plupart des femmes et hommes super-détenus interrogés ont indiqué avoir été incarcérés depuis plus de cinq ans. À Niamey, le *Sarki* du quartier des hommes était détenu depuis dix ans, la *Sarki* des femmes depuis sept ans, et les chefs de cour, chef de fouille, chef de cuisine, chef de bois ou chef de tamis pour des périodes de cinq à dix ans. Cette longue période de détention permet en effet aux détenus de tester et de maîtriser les règles de l'univers carcéral. Un ancien super-détenu relevait : « *En prison, il y a un réseau : c'est les anciens détenus. Ceux qui ont duré. Quand il dure, il a beaucoup d'expérience. Il sait comment faire pour s'approcher du staff du Sarki pour être dans le circuit* »[502]. Un autre ajoute : « *Ce qui compte [pour devenir super-détenu], c'est qu'ils ont duré, et qu'ils connaissent le règlement. Par exemple, quoi faire en cas de bagarre ? Comment donner une place ? Que faire en cas de dispute ? On change de chambre celui qui n'a pas raison, par*

---

498 Entretien avec un ancien détenu, 14 novembre 2021.

499 Discussion de groupe avec des enfants détenus, 4 novembre 2021.

500 Entretien avec un super-détenu, 28 octobre 2022.

501 Entretien avec un super-détenu, 28 octobre 2021. Entretien avec une ancienne femme détenue, 7 janvier 2023. Entretien avec un détenu, 9 novembre 2021.

502 Entretien avec un ancien super-détenu, 26 octobre 2021.

exemple dans la Chambre 3, c'est en fonction du comportement. [...] On peut voir si tu ne te maîtrises pas. On le sait »[503].

La longue détention permet aussi, parallèlement, à l'administration de connaître les comportements des personnes avec lesquelles elle envisage de collaborer. Un élément de la GNN expliquait ainsi : « *Le régisseur, en dehors de sa fonction, c'est aussi un psychologue. On étudie les comportements des uns et des autres. On entre, on cause avec eux, on les appelle. [...] Cela permet d'avoir une mainmise sur eux, de les connaître à travers ces contacts. Chaque fois qu'il y a une situation, on sait qui est qui, et on peut décider* »[504].

La confiance est déterminante dans le choix du *Sarki*. Les éléments de la GNN expliquent qu'ils désignent des personnes qui « *savent comment ça marche* », généralement des adjoints de *Sarki* qui ont gravi les échelons[505]. Il peut arriver que l'administration choisisse comme *Sarki* un détenu qui n'aurait pas évolué dans la prison, mais en qui ils auraient eu confiance tout au long de sa carrière carcérale. En 2017, un régisseur muté à Niamey a transféré vers cet établissement le *Sarki* et plusieurs de ses éléments de Daïkaina, où il était auparavant déployé. Le *Sarki* lui avait en effet fourni des renseignements sur ce qui se passait à Niamey alors qu'il n'y était pas encore détenu, ce qui lui a permis d'entretenir une relation de confiance au-delà des murs. Ce super-détenu était un « *élément de confiance* » du régisseur jusqu'à ce qu'il s'évade de la prison[506].

De même, si la plupart des membres de l'élite carcérale ont gravi les échelons au sein de la prison, il peut arriver que des éléments soient nommés par l'administration en sautant des étapes. À Niamey, le *Sarki* qui a remplacé celui qui s'est évadé a ainsi été désigné par la GNN après seulement deux semaines d'ancienneté en tant qu'adjoint de *Sarki*[507]. Ancien militaire détenu depuis quelques années, il était reconnu pour son sens de la discipline et de l'autorité, et bénéficiait de la confiance des éléments de la GNN.

Ces mécanismes montrent clairement que l'obéissance est récompensée, et la désobéissance sanctionnée : la prison est un lieu d'apprentissage de l'ordre et du respect de la hiérarchie. C'est aussi un

---

503 Entretien avec un super-détenu, 28 octobre 2021.
504 Entretien avec un élément de la GNN, 14 juin 2022.
505 Entretien avec un élément de la GNN, 3 février 2021.
506 Voir *supra*, Partie 2, Chapitre 1.
507 Entretien avec un ancien super-détenu, 5 février 2021.

lieu de lutte symbolique entre détenus, dont l'administration orchestre en partie les dynamiques afin de maintenir son contrôle.

§3. L'instabilité du pouvoir du *Sarki* orchestrée par l'administration

Le recueil et la transmission d'informations sont au cœur du dispositif mis en place par l'administration : informer sur les codétenus permet de gravir les échelons, ne pas informer maintient un détenu en bas de l'échelle. Bien que le *Sarki* soit un informateur clef, il n'est pas le seul : l'administration utilise des informateurs parallèles pour multiplier les sources de renseignement (A) et brouiller l'autorité du *Sarki* (B).

A. La démultiplication des sources de renseignement

Les relations asymétriques entre régisseurs et *Sarkis* sont marquées par une constante recherche d'équilibre entre confiance et suspicion[508]. Comme le notaient des éléments de la GNN, « *un détenu reste un détenu* »[509] ; ou « *il faut toujours avoir à l'œil le détenu, sinon il va abuser de sa mission* »[510]. Le pouvoir du *Sarki* sur l'administration est, en effet, considérable : c'est sur lui que repose, au quotidien, la gestion de la prison, sa discipline, et son renseignement. Le régisseur, ne pouvant lui faire totalement confiance, recourt à d'autres dispositifs pour assurer la surveillance de la prison et pour orienter les actions du *Sarki* vers une obéissance à l'administration. L'un des moyens pour atteindre ces résultats est de diversifier les sources de renseignement[511].

Les régisseurs mobilisent ainsi d'autres informateurs individuels. « *Multiplier les yeux et les oreilles* »[512] permet d'obtenir davantage d'informations pertinentes en vue d'assurer l'ordre dans leurs établissements. Les potentiels informateurs sont nombreux : tabliers (petits vendeurs), boutiquiers, cuisiniers, jardiniers, anciens membres des FDS incarcérés ou simples détenus ayant des liens avec un membre de l'administration. Un élément de la GNN évoquait ainsi :

---

[508] M. Göpfert, « Surveillance in Niger : Gendarmes and the Problem of "Seeing Things" », *African Studies Review,* vol. 59, n° 2, 2016, p. 45.

[509] Entretien avec un élément de la GNN, 26 octobre 2021.

[510] Entretien avec un élément de la GNN, 16 novembre 2021.

[511] Un autre est de diviser les détenus, voir *infra,* Partie 2, Chapitre 1.

[512] M. Göpfert, 2016, art. cité, p. 52.

« *Effectivement, c'est pas le* Sarki *seulement qui va essayer de donner des informations au chef d'établissement. En tant que chef d'établissement, il faut placer pas mal de détenus en qui tu as confiance et créer toi-même ton système de recueil d'informations. Il est très important en dehors du* Sarki. *Il y a des policiers ou des détenus qui sont utilisés dans des travaux de jardinage, ou certaines corvées, ou au niveau de la cuisine. À l'intérieur-même, il y a des détenus en qui vraiment nous avons confiance, et nous causons avec eux un peu discrètement. Ils nous informent par rapport à toute situation, même le* Sarki *n'est pas au courant. [...] Notre chaîne est vaste pour gagner les informations à temps au sein de l'établissement pénitentiaire* »[513].

Faire participer d'autres détenus au système de surveillance permet au régisseur de renforcer son pouvoir et de conserver la maîtrise de la prison, en remettant en cause celui du *Sarki*. Un élément de la GNN déclarait : « *Des gens viennent dire des choses sur ce qui n'est pas normal. Il a des concurrents à lui qui viennent me voir* »[514]. Les régisseurs encouragent les « *concurrents* » du *Sarki* à leur fournir des renseignements, et n'hésitent pas à évoquer qu'ils pratiquent le « *contre-espionnage* »[515]. Dans ce marché concurrentiel de l'information[516], les *Sarkis* se savent espionnés par d'autres détenus qui « *ne sont pas connus, qui sont cachés* »[517]. Cette stratégie les pousse à rendre compte à l'administration de toute situation, par crainte d'être eux-mêmes dénoncés et de perdre leur marge de liberté — une technique classiquement illustrée par la sociologie des organisations[518]. Un ancien super-détenu l'expliquait ainsi : « *Tu vas avoir des gens qui ne vont pas aimer ta manière de faire. Ils vont chercher à te saboter. [...] Je rends compte au surveillant-chef. Après, sinon d'autres personnes vont voir le surveillant-chef pour raconter n'importe quoi* »[519].

Néanmoins, cet encouragement à « *rendre compte* » ne garantit pas toujours par une transparence totale du *Sarki* envers l'administration. Il est en effet parfois nécessaire au *Sarki* de dissimuler certaines informations, comme détourner le regard de certaines pratiques de ses codétenus (par exemple l'homosexualité ou l'usage de drogue), pour

---

513 Entretien avec un élément de la GNN, 12 avril 2022.
514 Entretien avec un élément de la GNN, 16 novembre 2021.
515 Entretien avec un élément de la GNN, 12 avril 2022.
516 Je remercie Jean-Charles Froment de m'avoir soufflé cette formulation.
517 Entretien avec un ancien super-détenu, 26 octobre 2021.
518 M. Crozier et E. Friedberg, 1977, *op. cit.*, p. 56.
519 Entretien avec un ancien super-détenu, 26 octobre 2021.

gagner la confiance de détenus influents, et ainsi renforcer son pouvoir au sein de la prison. Un ancien détenu soulignait : « *L'homosexualité est très développée. On ferme les yeux. Et l'abus de drogue aussi. [...] Pour ces deux cas d'actes [le chef] peut être exposé à des sanctions graves. La gravité de l'acte dépend des relations que vous avez avec le [*Sarki*]. Si vous êtes en bons termes, quel que soit ce que vous allez faire, il va vous protéger* »[520].

Cette posture, toutefois, place le Sarki dans une situation de double contrainte extrêmement inconfortable : le *Sarki* est coincé entre la nécessité de renforcer son autorité sur ses codétenus et son devoir d'obéissance à la GNN qui peut le révoquer à tout moment. Si l'on ne peut parler d'un contrôle et d'une prévisibilité absolue des pratiques du *Sarki* – de nombreux travaux ayant démontré le caractère illusoire d'une telle conception[521] — ces contraintes réduisent ainsi considérablement ses marges de liberté.

La limitation de l'autorité du *Sarki* apparaît ainsi comme une stratégie élaborée par la GNN pour réduire les risques de contestations et, donc, conserver le contrôle. Le brouillage de l'autorité du *Sarki* s'inscrit dans cette même logique.

B. Le brouillage de l'autorité du *Sarki*

La stratégie assumée de l'administration d'encourager la dénonciation entre détenus perturbe la hiérarchie interne et place les *Sarkis* dans une situation de déséquilibre constant, affaiblissant son autorité. La déstabilisation du *Sarki* est d'autant plus grande lorsque le régisseur place des informateurs au sein de son équipe de super-détenus. Dans ces conditions, le *Sarki* entre en situation de rivalité avec ses propres subordonnés et ne peut exercer aucun contrôle sur eux.

Un ancien super-détenu racontait ainsi que le *Sarki* de la prison où il avait incarcéré était impuissant face à des super-détenus protégés par le régisseur, malgré des pratiques contraires aux normes carcérales, notamment une extorsion jugée excessive des nouveaux détenus (de l'ordre de 150 000 à 200 000 FCFA, soit environ de 230 à 300 €) et l'introduction de téléphones dans le quartier. Le régisseur aurait refusé de prendre la moindre mesure à leur encontre. *In fine,* comme le soulignait ce super-détenu, le *Sarki* ne dispose pas réellement du

---

520 Entretien avec un ancien détenu, 14 novembre 2021.

521 Sur l'importance du « facteur humain » dans les organisations, voir les travaux de l'Ecole des relations humaines née dans les années 1930 aux Etats-Unis.

pouvoir : « *C'est le régisseur qui les a imposés. Ils ont duré là-bas. Le problème même de la prison, c'est eux. C'est eux qui gèrent. Le Sarki, il est juste là* »[522].

Sachant qu'« *il y a tout un complot au sein de la hiérarchie carcérale, chacun veut se montrer plus important que l'autre aux yeux des patrons* »[523], le *Sarki* n'a d'autre choix que de *bien se comporter*, sous peine de perdre sa place. Les régisseurs préfèrent les difficultés que cette situation engendre plutôt qu'un *Sarki* trop puissant. Les détenus eux-mêmes ne sont pas dupes : « *Certains sont en concurrence avec le* Sarki*, essaient de prendre la place. C'est le régisseur qui organise. C'est le régisseur qui organise pour diviser. Si on met des personnes pareilles, ça peut faire des problèmes. C'est une forme d'exploitation. C'est diviser pour mieux régner. […] En tous cas tout le monde sait comment ça marche* »[524].

En conséquence, l'administration étatique contrôle les carrières carcérales des super-détenus. Elle les instrumentalise pour maintenir l'ordre et contribue à les réifier en insistant sur la crainte qu'ils peuvent susciter. Dans le même temps, les super-détenus participent à leur propre assujettissement, et ne sont protégés par la GNN que s'ils respectent les limites des prérogatives qui leur ont été accordées. Les liens de confiance sont fragiles. Ils peuvent être menacés, voire rompus, y compris au sommet de la hiérarchie carcérale. Si l'on ne peut parler de totale prévisibilité du comportement des *Sarkis,* la GNN parvient à restreindre considérablement leurs marges de liberté et organise leur instabilité pour éviter qu'ils ne deviennent trop puissants[525]. Ces dispositifs de contrôle étroit de la part de l'administration se reflètent également dans l'exercice du pouvoir disciplinaire.

---

522 Entretien avec un ancien super-détenu, 5 février 2021.
523 Entretien avec un ancien détenu, 14 novembre 2021.
524 Entretien avec un ancien détenu, 14 novembre 2021.
525 M. Crozier et E. Friedberg, 1977, *op. cit.,* p. 72.

Section 2. L'exercice du pouvoir disciplinaire, révélateur d'un contrôle étroit de l'administration

Les super-détenus sont les garants de la mise en œuvre des normes de la prison : ils veillent à leur bonne exécution et sanctionnent les manquements. C'est ce que les acteurs de la prison appellent « *gérer* » les problèmes. La « *gestion* » renvoie ici à la capacité de maintenir l'ordre dans les chambres et dans les cours, c'est-à-dire, dans une approche émique, de « *maintenir la sérénité* »[526]. Bien que le maintien de l'ordre carcéral ne se limite pas à l'imposition de sanctions et doive s'envisager, comme nous l'avons vu *supra*, de manière beaucoup plus complexe, le pouvoir disciplinaire en est une composante indispensable. Les pratiques disciplinaires sont des points d'entrée pertinents à partir desquels penser l'articulation entre la GNN et les détenus.

L'analyse croisée des conditions et des modalités d'exercice du pouvoir disciplinaire montre la collaboration entre super-détenus et éléments de la GNN, tout en révélant les frontières de ces deux groupes d'acteurs. Car si le pouvoir disciplinaire est exercé en première ligne par les super-détenus, l'autorité étatique l'exerce également. Les frontières entre les super-détenus et l'administration étatique ne sont pas floues. La recherche des contours du pouvoir de chacun de ces acteurs révèle que les super-détenus n'ont qu'un pouvoir *marginal* face à l'administration et sont contraints et contrôlés par la GNN. Se dessine une division classique du travail entre chefs et subordonnés, similaire à celle observée par Paul Grassin au sujet des groupes *vigilantes* au Malawi[527], qui se traduit dans la typologie des fautes (§1), la chaîne hiérarchique (§2) et les sanctions prononcées (§3).

§1. Des fautes traitées par différents acteurs selon la perception de leur niveau de gravité

Le croisement entre l'identification des fautes et l'autorité en charge de les « *gérer* » montre une division de l'autorité basée sur la gravité perçue de la faute (C). Avant d'expliciter cette distinction, il est nécessaire de définir ce qui constitue une faute disciplinaire (A) et de

---

[526] Entretien avec un super-détenu, 7 février 2021.

[527] P. Grassin, 2021, art. cité, p. 179. Voir également *infra*, Partie 2, Chapitre 1.

comprendre comment le degré de confiance influe sur le déclenchement de la procédure (B).

A. L'identification des fautes disciplinaires

Les normes carcérales effectives sont rarement explicitées, mais sont censées être connues de tous les détenus. Chaque prison ayant ses spécificités, les modalités d'exercice du pouvoir disciplinaire ne peuvent être réduites à un cadre unique qui s'appliquerait partout de manière homogène. Les régisseurs disposent d'une grande marge de manœuvre sur le fonctionnement de la prison dont ils ont la charge. La violation de ces normes constitue une *faute* disciplinaire.

Si certaines fautes — comme l'évasion, le vol, ou les violences, les rapports sexuels entre détenus, ou encore la désobéissance aux ordres — sont communes à toutes les prisons dans lesquelles des détenus ont été interrogés, des disparités territoriales existent, y compris au sein d'une même prison : l'interdiction de fumer peut par exemple s'appliquer aux enfants, mais non aux adultes.

Des disparités sont également observées entre prisons. Ainsi, la drogue (alcool et stupéfiants, en particulier le « chanvre »[528] et le *Tramadol*) est interdite et strictement contrôlée à Niamey, alors qu'elle circule facilement dans d'autres prisons. Cette circulation ne signifie pas une insuffisance de surveillance ; l'administration est souvent consciente du trafic — voire l'encourage —, mais choisit de ne pas intervenir. En effet, « *aucun trafic ne peut être entretenu sans que la hiérarchie ne soit informée* »[529] — la limite étant que le trafic reste contrôlé par les super-détenus.

B. Le rôle de la confiance dans le déclenchement de la procédure

Le déclenchement de la procédure disciplinaire dépend du niveau de confiance accordé aux détenus concernés. Nombre de détenus interrogés ont dénoncé les comportements clientélistes des super-détenus, qui ignorent les fautes des détenus en qui ils ont confiance. Un ancien détenu de Zinder relevait l'impact de la personnalisation des relations carcérales pour éviter les punitions :

---

[528] Terminologie employée par un élément de la GNN, 12 novembre 2021.
[529] Entretien avec un ancien détenu, 14 novembre 2021.

« *Ça dépend de tes relations avec la hiérarchie interne. Si tu as de bonnes relations avec eux, tu peux commettre de grosses erreurs. J'ai vu des gens qui ont commis..., qui abusent des petits jeunes hommes, qui sont protégés par cette hiérarchie interne, qui n'ont jamais été inquiétés. [...] La gravité de l'acte dépend des relations que vous avez avec le* Sarkin Kassou »[530].

À l'inverse, les personnes détenues sans relations personnalisées avec le *Sarki* sont plus susceptibles d'être reconnues coupables et punies. Plusieurs détenus de la prison de Niamey en témoignaient : « *Ça m'est déjà arrivé d'être devant le* Sarki. *Mais les gens qui ont de l'argent les connaissent pour avoir un jugement en leur faveur* »[531] ; ou encore « *Ici, il n'y a pas de respect entre les prisonniers. Les chefs ne vous respectent pas. Tu n'es pas chef pour rien. C'est les gens qui sont d'accord avec toi. [...] Si tu as un souci, toi, tu ne représentes rien, alors que l'autre [...] il ne va pas t'écouter* »[532]. Ces paroles suggèrent un *continuum* entre le statut de badaud et déclenchement du processus disciplinaire.

C. Une division de l'autorité basée sur le niveau de gravité des fautes

Selon la gravité perçue des fautes, les super-détenus vont *gérer* eux-mêmes le problème ou vont *rendre compte*, c'est-à-dire transmettre l'information à la GNN : « *Certains cas, je n'arrive pas à gérer, je vais voir le* Sarki. *Si ça le dépasse, il va voir le surveillant-chef* »[533]. Seuls quelques comportements répréhensibles sont traités par les super-détenus, leur pouvoir de punir étant limité à quelques fautes de faible gravité : les insultes entre détenus, signalées en particulier entre les femmes ; les vols entre détenus, surtout mentionnés par les femmes et les enfants ; la désobéissance au pouvoir des super-détenus ou les violences physiques entre détenus, fréquemment signalées chez les hommes.

Dans les grandes chambres surpeuplées de certaines prisons, l'espace est une ressource rare, et l'occupation de la place d'un autre détenu peut rapidement engendrer des violences, de jour comme de

[530] Entretien avec un ancien détenu, 14 novembre 2021.
[531] Discussion de groupe avec des hommes détenus, 29 octobre 2021.
[532] Discussion de groupe avec des hommes détenus, 5 février 2021.
[533] Entretien avec un super-détenu, 7 février 2021.

nuit. Les exemples abondent : « *Pour la moindre chose, ils se bagarrent. Deux personnes se sont disputées parce que l'un a demandé une place pour s'allonger et que l'autre a refusé* »[534] ; « *Il y a trop de monde. Il y a des bagarres, toujours. Chacun a quelque chose qui le dérange. Pour la moindre des choses, on ne tolère pas, il va y avoir une bagarre* »[535] ; ou encore : « *Il y a beaucoup de problèmes, surtout des bagarres. La dernière fois, il y avait un problème de bagarre dans la chambre 3. Un s'est couché à la place d'un autre. Il est venu et il a demandé à ce qu'il parte, mais l'autre a refusé* »[536]. Comme remarqué *supra*, il arrive que les détenus piétinent leurs codétenus accroupis au sol lorsqu'ils se lèvent pour faire leurs besoins, ce qui entraîne également des bagarres[537]. Les détenus attribuent cette violence fréquente à la fatigue causée par les conditions de détention, précisant qu'un simple frôlement peut déclencher des bagarres : « *Ici, c'est toujours la bagarre, parfois ils sont fatigués, tu les touches un peu et c'est la bagarre* »[538].

Les super-détenus gèrent ce type de difficultés à leur niveau, tandis que l'administration étatique est, en théorie[539], immédiatement saisie des comportements jugés sérieux par les super-détenus. Ces cas sont moins fréquents : c'est le cas par exemple de la planification d'une évasion, qui constitue une menace directe à la mission de contrôle de l'administration ; les relations sexuelles entre hommes, perçues comme des atteintes au bon ordre moral ; ou de manière plus globale, ce qui est considéré comme une remise en cause importante de l'autorité, qu'il s'agisse de refus de se soumettre aux décisions des super-détenus ou de plaintes répétées de détenus. L'administration est aussi saisie immédiatement en cas de violences graves — lorsque « *le sang coule* »[540]. Un enfant détenu notait par exemple : « *Moi, j'ai été [à la cellule]. J'avais blessé quelqu'un il y a un mois. Je suis resté une semaine. On me donne à manger et à boire, mais là-bas, on ne peut pas*

[534] Entretien avec un super-détenu, 28 octobre 2021.
[535] Discussion de groupe avec des hommes détenus, 10 novembre 2021.
[536] Entretien avec un super-détenu, 12 novembre 2021.
[537] Entretien avec un détenu, 7 février 2021.
[538] Entretien avec un super-détenu, 5 février 2021.
[539] Il peut arriver que des *Sarkis* dissimulent des informations pour s'assurer de l'allégeance des détenus, mais ces situations peuvent mener à leur révocation. Voir *supra*, Partie 2, Chapitre 1.
[540] Entretien avec un super-détenu, février 2021.

s'allonger. Le surveillant, c'est lui qui décide. Même le Sarki *n'a rien à dire. Mais c'est très rare, c'est quand il y a du sang* »[541].

Les modalités d'exercice du pouvoir disciplinaire reflètent donc une division du travail entre les échelons d'autorité : lorsque la gravité des fautes dépasse un certain seuil, l'administration, saisie par les super-détenus, (re)prend le contrôle, affirme son pouvoir par une intervention directe[542]. Cette distinction, observée dans toutes les prisons, varie cependant selon les prisons et les quartiers. Dans les quartiers des enfants, par exemple, l'administration intervient davantage pour des fautes de faible ampleur, limitant ainsi le rôle des super-détenus à une transmission de l'information. En revanche, dans d'autres quartiers, l'administration intervient rarement de manière directe. Ces variations n'affaiblissent pas le pouvoir de l'administration, mais illustrent diverses modalités de son contrôle.

§2. Un échelonnage du chef de chambre à l'administration

Lorsque les super-détenus n'arrivent pas à *gérer* une situation, ou lorsqu'un certain seuil de gravité est atteint, l'équipe du *Sarki* saisit la GNN. L'exercice du pouvoir disciplinaire suit une chaîne hiérarchique, qui remonte du chef de chambre au *Sarki* (A), puis du *Sarki* à l'administration (B).

A. Du chef de chambre au *Sarki*

L'autorité disposant du pouvoir disciplinaire est déterminée selon la structuration hiérarchique précédemment décrite[543]. Quel que soit le niveau de segmentation, le pouvoir est exercé à chaque niveau de la chaîne. Dans les prisons n'ayant que des chefs de chambre et un *Sarki,* les conflits remontent directement au niveau du *Sarki*, avant d'atteindre l'administration. Dans d'autres prisons, la chaîne est chef de chambre – chef de cour – *Sarki* – administration.

Les chefs de chambre ne peuvent sanctionner que les détenus de leur chambre, et les sanctions sont exclusivement individuelles. Si une infraction se répète ou si un détenu puni refuse sa sanction — selon la terminologie employée en prison, si « *la situation dépasse* » le chef de

---

[541] Entretien avec un enfant détenu, 4 novembre 2021.

[542] P. Grassin, 2021, art. cité, p. 160 et pp. 179-181.

[543] Voir *supra,* Partie 1, Chapitre 1.

chambre —, ce dernier doit saisir l'échelon supérieur. Notons que le chef de cour peut sanctionner un détenu sans informer le chef de chambre : étant plus élevés dans la hiérarchie, ces super-détenus ont une marge de manœuvre plus étendue[544]. À ce niveau, si le détenu refuse encore la sanction prononcée, le chef de cour saisira le *Sarki* ou son adjoint, qui contactera à son tour l'administration étatique. Ainsi, la chaîne hiérarchique est gravie jusqu'à ce que les sanctions soient respectées.

Aux échelons inférieurs, la procédure disciplinaire n'est pas particulièrement mise en scène, contrairement aux audiences observées à Niamey au niveau du *Sarki* ou de son adjoint. Nous avons observé le déroulement de deux audiences pour des faits de violence, l'une devant le *Sarki,* l'autre devant son adjoint. Dans les deux cas, la scène se joue hors du quartier, au niveau du bloc administratif, sans qu'aucun élément de la GNN soit présent. Chacune des personnes détenues concernées — victime, accusé, témoin, chef de chambre — présente sa situation au *Sarki* ou à son adjoint. Ce dernier, assis sur une chaise face aux détenus accroupis, écoute puis prononce la sanction qui lui semble adéquate[545]. Ce positionnement dans l'espace marque le statut social de ces super-détenus et illustre leur pouvoir sur les autres détenus.

La chaîne ne s'arrête cependant pas au niveau du *Sarki* : ce dernier recourt aux agents étatiques si sa décision n'est pas respectée.

B. Du *Sarki* au chef d'établissement

Lorsqu'un conflit n'est pas résorbé au niveau du *Sarki,* ou dans le cas de fautes jugées sérieuses, le *Sarki* saisit l'administration étatique. Ce mécanisme graduel est clairement exprimé par les *Sarkis* : « *Moi, s'il y a un problème, je peux rentrer de dehors et m'en occuper. Quand il y a une bagarre, je sépare. Si [le détenu] refuse, je vais voir les gardes* »[546] ; ou encore :

« *Si le chef de cour arrive à résoudre des bagarres, il vient faire un compte-rendu et explique. S'il y a une nouvelle bagarre, il va vers moi. Comme punition, je dis de balayer la cour, de faire la vaisselle ou de vider les latrines. Je vais voir s'il répète. J'appelle le surveillant-chef s'il continue. Si*

[544] Sur ces différences d'échelles, voir M. Morelle, 2013, art. cité, p. 349.

[545] Observation d'audiences de « règlement des conflits » à la prison de Niamey, 29 octobre 2021. Sur la chaise du *Sarki*, voir *supra*, Partie 1, Chapitre 1.

[546] Entretien avec un enfant super-détenu, 4 novembre 2021.

on arrive au surveillant-chef, le surveillant-chef va lui dire de refaire le même travail. S'il refuse, il va en cellule »[547].

Il convient de relever que la relation d'autorité ne concerne pas les interactions entre les *Sarkis* et n'importe quel élément de la GNN. En dehors des quartiers des femmes et des enfants, les *Sarkis* interagissent directement avec le surveillant-chef ou le régisseur, et non avec les surveillants peu gradés. Les *Sarkis* revendiquent ces relations, qui contribuent à les valoriser[548].

Qu'il s'agisse d'une saisine directe pour faute grave ou d'un refus d'obtempérer, l'administration traite des cas individuels sans nécessairement impliquer le *Sarki,* bien qu'il puisse donner une opinion consultative. Dans les cas de refus d'obtempérer, la saisine de l'administration révèle que ce n'est pas la faute initiale qui est sanctionnée, mais bien le non-respect de la sanction prononcée par les super-détenus. Ainsi, faire appel à l'administration n'est pas un recours pour contester une décision perçue comme injustice, mais une sanction du non-respect de l'autorité du *Sarki.* Il n'est en effet pas acceptable de contester l'autorité du *Sarki*, dans la mesure où cela remet en question, au moins partiellement, le dispositif de contrôle de la prison[549].

§3. Des sanctions disciplinaires distinctes selon l'autorité qui les prononce

Les règles de division du travail sont claires entre les super-détenus et l'administration étatique[550]. Les super-détenus ont un pouvoir disciplinaire limité à des sanctions que l'on peut qualifier de « *low-cost* » (A), tandis que la GNN dispose d'une gamme de sanctions très étendue (B).

A. Les sanctions *low-cost* prononcées par les super-détenus

Les sanctions que les super-détenus peuvent prononcer sans contrôle sont circonscrites à l'espace des quartiers, sont facilement accessibles et ne nécessitent aucune ressource financière — ce que l'on qualifie de

547 Entretien avec un super-détenu, 5 février 2021.
548 Dans le même sens en France : G. Chantraine, 2004, art. cité, p 210.
549 Pour un autre exemple de protection du *Sarki* par l'administration, voir *supra* Partie 2, Chapitre 1.
550 P. Grassin, 2021, art. cité, p. 181.

sanctions « *low-cost* ». Ces sanctions varient selon les prisons, et selon les quartiers des prisons : les super-détenus auront recours (b), ou non (a), à la violence pour sanctionner leurs codétenus. L'emploi de la force, ou sa menace, restent une modalité de la participation à l'ordre qu'il ne faut pas occulter.

a. Les sanctions sans recours à la contrainte physique

Dans de nombreuses prisons, le recours à la contrainte physique n'est pas le principal outil de répression des super-détenus. Par exemple, dans le quartier des enfants de la prison de Maradi ou le quartier des hommes et des femmes de la prison de Niamey, le recours à la violence comme sanction est rare[551]. Les sanctions les plus courantes sont la réprimande, l'imposition de corvées de nettoyage, et le changement de chambre.

La réprimande est le premier échelon de sanction et vise à corriger de petites fautes, telles que des insultes. Ce sont des « *discours moralisateurs* »[552] ou des « *conseils* »[553].

L'imposition de corvées est une sanction plus sévère, par exemple prononcée pour des vols ou des bagarres. Il s'agit par exemple de corvées de pilage à la main de céréales ou des corvées de nettoyage (balayer les quartiers toute une journée, curer les fosses, ou laver de grandes marmites dans les cuisines). Ces corvées-sanctions participent au bon fonctionnement de l'institution et s'apparentent à des sanctions « *palliatives* »[554]. Comme relevé *infra*, les corvées de nettoyage sont perçues comme sources de maladies en raison des conditions, parfois, par exemple, sans protection pour le curage des fosses septiques[555]. De plus, ces tâches sont jugées « *honteuses* », car généralement exercées par des femmes. Un chef de chambre expliquait : « *Les gens ne veulent pas laver les marmites parce que ça n'est pas le travail des hommes, mais celui des femmes. Du coup, si on me sanctionne, c'est une forme de honte. Pour le balayage, c'est la même chose* »[556]. Ces corvées ne

---

[551] Contrairement à la violence quotidienne. Voir *supra*, Partie 1, Chapitre 2.

[552] Entretien avec un personnel d'ONG, 2 novembre 2022.

[553] Entretien avec une super-détenue, 6 février 2021.

[554] Voir *supra*, Partie 1, Chapitre 2.

[555] Entretien avec un super-détenu, 5 février 2021. Entretien avec un super-détenu, 5 février 2021. Entretien avec un ancien super-détenu, 5 février 2021. Voir également *supra*, Partie 1, Chapitre 2.

[556] Entretien avec un super-détenu, 5 février 2021.

représentent pas une contrainte physique directe, mais sont perçues comme un « *travail qui fait mal* »[557]. Certains préfèrent être placés en cellule disciplinaire plutôt que nettoyer. Un ancien super-détenu en témoigne : « *J'ai l'habitude de voir [un détenu], on lui a tout fait, il ne veut pas laver. Il a été en cellule, il a fait deux semaines, on le ramène. Il veut tout faire, mais pas laver les marmites* »[558].

Le changement de chambre, observé à la prison de Niamey, peut être prononcé pour divers comportements fautifs, soit comme sanction seule, soit en complément d'une autre. Un détenu autorisé à dormir à l'air libre ou disposant d'un espace dédié sur une dalle peut ainsi être transféré dans une chambre surpeuplée et mal aérée, sans place disponible : il dormira accroupi au sol. Cette sanction vise à réaffirmer sa position de dominé dans l'espace et à le placer dans une situation inconfortable. Il devra recréer des liens avec des personnes qu'il ne connaît pas, ce qui peut affecter sa quantité de nourriture s'il dépendait de réseaux de solidarité pour s'alimenter[559].

Plus encore, certaines chambres sont connues pour leurs conditions difficiles, comme à Niamey la « *petite chambre* », la « *grande chambre* », mais surtout la « *chambre 3* », pour « *punir le plus* »[560]. Cette chambre est perçue comme une « *chambre-punition* »[561]. Elle reçoit des détenus sanctionnés par les super-détenus, ainsi que les détenus les plus démunis à leur arrivée en prison[562]. La chambre 3 est réputée pour la chaleur excessive et la promiscuité, ainsi que les problèmes de santé qu'elles engendrent : *« On peut t'amener à la 3e. C'est une chambre très chaude. La chaleur peut faire des problèmes de santé. Maintenant c'est la bonne saison. Mais à la saison chaude, tu peux avoir des furoncles, des poux, même sur tes habits. C'est une chambre où il n'y a pas d'espace »*[563]. La durée de punition dans cette chambre varie de quelques jours à plusieurs semaines. Un détenu expliquait : « *Avant, j'étais ailleurs, c'était plus confortable. J'ai été amené ici parce que je me suis bagarré. On m'a transféré. C'est le chef de la petite chambre qui m'a transféré, ça fait un mois* »[564].

---

557 Entretien avec un super-détenu, 4 novembre 2021.
558 Entretien avec un ancien super-détenu, 5 février 2021.
559 Entretien avec un super-détenu, 28 octobre 2021.
560 Entretien avec un super-détenu, 3 février 2021.
561 Entretien avec un super-détenu, 5 février 2021.
562 Voir *supra,* Partie 1, Chapitre 2.
563 Discussion de groupe avec des hommes détenus, 5 février 2021.
564 Discussion de groupe avec des hommes détenus, 2 novembre 2021.

b. Les sanctions avec recours à la contrainte physique[565]

Dans certains quartiers, l'administration tolère la violence des super-détenus pour sanctionner leurs codétenus. La coercition s'inscrit alors directement dans les corps. Si la violence physique comme sanction est interdite dans des prisons, comme celle de Daïkaina, elle est fréquente dans le quartier homme de la prison d'Agadez ou de Kollo et dans le quartier des enfants de la prison de Niamey, notamment en cas de bagarre. Ce recours à la violence est parfois connu des éléments de la GNN, mais n'est pas sanctionné pour autant. Un enfant évoquait : « *C'est le* Sarki *qui dérange les gens. [...] Mais même on a essayé de voir les gardes et ils n'ont rien dit. Des fois, celui qu'on frappe va voir les gardes et eux, ils ne disent rien* »[566].

Dans certains cas, la violence est utilisée non pas selon la gravité de la faute, mais en réponse au refus de la reconnaître, qui est considéré comme un manque de respect et une remise en cause de l'autorité des super-détenus. Un ancien super-détenu d'une prison de la région d'Agadez expliquait qu'il frappait les détenus qui ne s'excusaient pas de leur comportement, avant de les amener devant la GNN. Dans ces cas, la violence complète les sanctions qui seront imposées par l'administration étatique. En revanche, il ne frappait pas ceux qui demandaient des excuses, car cette soumission explicite à son autorité atténue la gravité de sa faute. Il n'est alors pas question d'aller devant les gardes : le détenu sera sanctionné par l'imposition de corvées. Cet ancien super-détenu expliquait ainsi la manière dont il gérait les vols :

> « *S'il y a des gens qui sont mauvais de tête, il faut parler. Si tu dis "non", tu n'as pas pris [l'objet que tu es accusé d'avoir volé], tu as refusé de négocier : on t'amène chez les gardes. C'est pour ça. Ils ne respectaient pas l'autorité. Mais s'il dit "s'il te plait", et tu dis où tu as caché les choses, alors je négocie. Je vais tout faire pour arranger. Sinon je te frappe avant même que je t'emmène chez les gardes, [car] tu te moques de moi* »[567].

Le niveau de violence physique doit toutefois rester à un niveau acceptable, c'est-à-dire inférieur à celui de l'administration étatique. Si la GNN laisse les éléments du *Sarki* gérer les petites infractions, c'est

---

[565] Le recours à la violence n'a pas été signalé dans les quartiers de femmes.
[566] Discussion de groupe avec des enfants détenus, 4 novembre 2021.
[567] Entretien avec un ancien super-détenu, 5 janvier 2023.

en effet bien elle qui conserve le contrôle, comme en témoignent les sanctions qu'elle impose.

B. La pluralité des sanctions disciplinaires imposées par l'administration étatique

L'administration impose des sanctions qui diffèrent nettement de celles prononcées par les super-détenus. Alors que ces derniers se limitent à des sanctions *low-cost* restreintes à l'espace des quartiers, la GNN prononce des sanctions étendues. Elles peuvent être peu coûteuses (par exemple des corvées ou des suspensions de droit de visite) ou nécessiter d'importantes ressources logistiques ou financières (des transfèrements vers d'autres prisons) ; elles peuvent être individuelles (un placement en cellule disciplinaire), ou collectives (des restrictions d'accès aux repas fournis par les ONG[568]) ; elles peuvent ou non inclure des contraintes physiques. Au regard de la pluralité des sanctions signalées, seules les sanctions les plus fréquemment mentionnées seront étudiées : la cellule disciplinaire, le confinement individuel ou collectif dans les chambres, les peines corporelles, et le transfèrement vers d'autres établissements.

a. La cellule disciplinaire[569]

Le placement en cellule disciplinaire, de même que le confinement dans les chambres qui sera vu ensuite, s'apparente à une « *prison au carré* »[570] : les personnes sanctionnées sont confinées dans un espace encore plus exigu que leur quartier. Ce placement en cellule est la punition infligée par la GNN la plus fréquemment signalée, avec des durées variant de quelques heures à quelques semaines selon la gravité

[568] En novembre 2021, le régisseur de la prison de Niamey a suspendu l'accès des enfants aux repas qui leur étaient fournis par les ONG après une bagarre dans le quartier. Cette punition collective a duré plus de deux semaines. Discussion de groupe avec des enfants détenus, 4 novembre 2021. Entretien avec un personnel d'ONG, 15 juin 2022.

[569] La cellule comme sanction disciplinaire, qui dure quelques jours, diffère de l'isolement pour des raisons de « sécurité », qui peut durer plusieurs mois (cela a été le cas à la prison de Daïkana d'un militant associatif et d'un détenu accusé de faits de terrorisme).

[570] O. Milhaud, *Séparer et punir. Les prisons françaises : mise à distance et punition par l'espace*, Bordeaux, Thèse de géographie, Université Bordeaux III, 2009 p. 285.

de la faute et le genre de la personne punie[571]. Le temps maximal évoqué dans les entretiens est de trois mois à la prison de Zinder[572]. Seule l'administration étatique dispose du pouvoir de placer des détenus dans ces cellules.

À Niamey, cette sanction est généralement prononcée à l'encontre des personnes accusées de relations homosexuelles, d'insubordination à l'autorité (qu'elle soit étatique ou non étatique), ou de trafic de cigarettes. Le *Sarki* contrôle en effet la vente de cigarettes ; la vente par tout autre circuit est strictement interdite et quiconque enfreint cette interdiction est susceptible d'être placé en cellule disciplinaire. Le détenu suivant, puni après avoir tenté de contourner le dispositif de vente de cigarettes, expliquait : « *Le* Sarki *vend des cigarettes. [...] Le paquet [de 20 cigarettes] c'est 500 FCFA. Alors j'achète le paquet dehors [auprès du* Sarki*] et je vends 50 FCFA la cigarette. On m'a pris. C'est le* Sarki *en personne qui m'a attrapé. Ce sont les gardes qui m'ont donné la punition. J'ai fait 4 jours de cellule* »[573]. Ce cas illustre le *continuum* entre les super-détenus et l'administration : la punition a été infligée par la GNN pour ne pas avoir respecté le *Sarki.* Le devoir d'obéissance des détenus ordinaires s'étend à l'ensemble du système. Ce faisant, la GNN conforte l'autorité du *Sarki,* ce qui lui permet de le rassurer et de consolider les liens d'allégeance.

Ces cellules obscures et exiguës ont des conditions de détention encore plus précaires que celles de chambres, ne comportent qu'un bidon pour faire ses besoins. Les conditions matérielles sont aggravées par les situations dans lesquelles sont placées les personnes qui y sont incarcérées. À la prison de Niamey, des enfants expliquent avoir été aspergés d'eau, puis forcés à se rouler dans le sable avant le placement en cellule, pour rendre la punition encore plus inconfortable. Dans d'autres quartiers, les personnes placées en cellule ne conservent qu'un sous-vêtement et ne reçoivent chaque jour qu'un léger repas avec un peu d'eau. Une détenue racontait : « *Moi [j'ai été] une semaine, pour une bagarre. Après une semaine, je suis retournée pour 5 jours encore.*

---

[571] À la prison de Niamey, les femmes ne sont placées en cellule qu'entre 6 h et 22 h, et regagnent leur chambre le soir, contrairement aux hommes ou aux enfants, qui y restent la nuit.

[572] Entretien avec un ancien détenu, 14 novembre 2021.

[573] Entretien avec un détenu, 5 février 2021. Dormir *dehors* renvoie au fait de dormir à l'air libre dans les cours de la prison, non à l'extérieur de celle-ci.

[...] Ça sent beaucoup, on fait ses besoins là-bas. On m'a déshabillée complètement, juste avec un slip pendant une semaine »[574].

Les restrictions imposées aux personnes détenues sanctionnées peuvent avoir des conséquences tragiques. Plusieurs personnes, à l'intérieur et à l'extérieur de la prison, ont confirmé le décès d'un jeune homme à la suite de son placement en cellule à la prison de Niamey en 2021. Les témoignages divergent quant aux raisons du placement et aux causes de son décès : certaines évoquent une dispute avec un super-détenu, d'autres des rapports sexuels ; certains expliquent qu'il n'avait pas reçu d'eau, d'autres qu'il n'avait pas reçu ses médicaments alors qu'il était souffrant. Tous s'accordent cependant à dire qu'il est décédé en cellule.

b. *Le confinement individuel ou collectif dans les chambres*

Une autre forme d'enfermement au sein de la prison est le confinement dans les chambres. Cette forme d'enfermement n'a été évoquée qu'à la prison de Niamey lors des conflits dans les quartiers des enfants et des femmes. Ces sanctions sont prononcées par les gardes, mais peuvent être exécutées par eux ou par les *Sarkis*, traduisant, à nouveau, un *continuum* de répression entre super-détenus et GNN. Un super-détenu du quartier des enfants expliquait qu'il ne faisait qu'exécuter la sanction prononcée par les gardes : « *Pour punir, parfois, j'enferme pendant 1 h 30. On m'ordonne d'enfermer, je dois prendre les clefs* »[575].

S'il arrive que l'enfermement dans les chambres soit individuel[576], cette punition peut également être collective, touchant des groupes de personnes détenues, qu'elles soient ou non impliquées dans le comportement fautif en question. Les super-détenus sont cependant exclus de ces sanctions. Un enfant donnait l'exemple suivant : « *Quand il y a une bagarre, on nous enferme tous dans la chambre. Avant-hier, c'est arrivé. Deux enfants se sont bagarrés à cause de la nourriture, un a pris la nourriture de l'autre. Le chef de poste a décidé d'enfermer tout le monde à 16 h. Ils ont ouvert la porte à 8 h le lendemain. On a juste bu de l'eau, on n'a pas mangé ce jour-là* »[577]. Une femme

---

574 Entretien avec une femme détenue, 6 février 2021.

575 Entretien avec un enfant super-détenu, 4 novembre 2021.

576 Lors de notre passage en février 2021, un enfant avait été enfermé seul dans une chambre par la GNN pour avoir fumé une cigarette.

577 Entretien avec un enfant détenu, 4 novembre 2021.

interrogée confirmait l'existence de ces punitions collectives : « *Même si ce sont celles qui sont uniquement dehors qui font des histoires, ce sont celles qui dorment dans les chambres qui sont enfermées* »[578].

c. *Les peines corporelles*

La violence physique employée par l'administration étatique pour sanctionner les personnes détenues n'est pas arbitraire. Contrairement à celle exercée par certains super-détenus, qui utilisent des chicottes de diverses formes (tuyaux de plastique, cordes ou fouets) sur les badauds[579], les peines corporelles infligées par les éléments de la GNN varient selon les prisons et nécessitent souvent la maîtrise d'une certaine technicité dans leur exécution.

Tout d'abord, l'utilisation des chicottes par les éléments de la GNN à des fins de sanctions a été signalée dans plusieurs prisons, notamment à Agadez, Daïkaina, Niamey, et Zinder. Dans le quartier des enfants de Niamey, ces violences physiques sont fréquentes, et nous avons observé des blessures non cicatrisées sur les avant-bras des enfants. Plusieurs d'entre eux ont relaté des faits de violence : « *Même les gardes nous frappent avec des tuyaux. Regardez ces traces sur mes bras, c'est les gardes qui m'ont frappé. On m'a accusé. J'avais allumé du feu pour la nourriture. Et quelqu'un a utilisé mon feu pour allumer une cigarette et c'est interdit. C'était il y a 5 jours* »[580]. Ou encore : « *Une fois un enfant a été blessé par le garde. Un enfant manquait au moment du comptage. Le garde a tabassé tout le monde avec un tuyau très dur et a blessé un. On a lavé la blessure chaque matin pendant 3 mois* »[581]. Ceci a été confirmé par l'un des super-détenus du quartier des enfants : « *les gardes, parfois, frappent les enfants* »[582].

Les entretiens ont révélé que les enfants étaient parfois aspergés d'eau avant d'être frappés[583], car, selon un enfant rencontré, « *ça fait plus mal* »[584]. La volonté de soumettre les corps se traduit également par les positions des enfants punis, comme la position « *mis aux oreilles* »,

---

[578] Entretien avec une femme détenue, 3 novembre 2021.

[579] Voir *supra*, Partie 1, Chapitre 2.

[580] Entretien avec un enfant détenu, 4 novembre 2021.

[581] Discussion de groupe avec des enfants détenus, 6 février 2021.

[582] Entretien avec un enfant super-détenu, 4 novembre 2021.

[583] Discussion de groupe avec des enfants détenus, 6 février 2021. Discussion de groupe avec des enfants détenus, 4 novembre 2021.

[584] Discussion de groupe avec des enfants détenus, 4 novembre 2021.

où ils doivent rester pliés au sol, mains attrapant leurs oreilles, sans bouger pendant des durées d'une minute à plus de dix minutes. Dans cette position, il leur arrive d'être frappés dans le dos par les gardes.

Si l'on peut ainsi confirmer que « *la flagellation est aujourd'hui une technique banale de contrôle social et de répression de la population par les "corps habillés"* »[585], y compris dans le milieu carcéral, le rapport d'autorité en prison ne passe pas uniquement par la chicotte. Il s'inscrit aussi dans des techniques de contrainte physique plus élaborées. À la prison d'Agadez, des violences encore plus sérieuses ont ainsi été rapportées. Un ancien super-détenu évoquait des scènes de cruauté, s'apparentant à des actes de torture[586], au cours desquelles les pieds des détenus punis étaient écrasés avec un pilon, causant une souffrance aiguë : « *On va te menotter les deux bras. On te monte sur des tonneaux. [...] [On prend] le matériel pour piler le maïs. On va te mettre ça au milieu de ton pied. Et ça, tu ne peux pas faire une seconde sans pleurer. C'est une mauvaise punition* »[587].

Ces peines corporelles, bien que non généralisées, sont, comme les autres sanctions, des manifestations du système de contraintes et de répression mis en place par la GNN.

d. Le transfèrement vers d'autres prisons

La GNN dispose du pouvoir de transférer les personnes détenues jugées les plus récalcitrantes vers d'autres prisons. Cette sanction est généralement employée pour punir ceux qui causent le plus de difficultés dans l'établissement, qu'il s'agisse de personnes accusées de trafic de drogue, de bagarres avec un haut degré de violences, ou de personnes qui auraient formulé une plainte sur leurs conditions de détention : « *Si tu montres que tu n'es pas d'accord, on te vire* »[588]. Un détenu de Niamey évoquait en ces termes le transfèrement de trente personnes en attente de jugement en 2021 — qui en réalité concernait dix-sept personnes :

---

585 J.-F. Bayart, 2008, art. cité, p. 131.

586 Au sens de la Convention des Nations Unies contre la torture et autres peines ou traitements cruels, inhumains ou dégradants. Les trois principaux éléments cumulatifs (infliger intentionnellement des souffrances aigües ; l'agent de la fonction publique ; le but précis) semblent ici réunis.

587 Entretien avec un ancien super-détenu, 5 janvier 2023.

588 Discussion de groupe avec des hommes détenus, 29 octobre 2021.

« *Il y a huit ou neuf mois, quelqu'un s'est plaint. Il y a deux mois, il a été transféré. Il y avait même trente personnes. Ils sont allés dans différentes prisons. Et c'est parce qu'ils se plaignaient. Ils disaient la vérité. Ce sont les chefs qui désignent les gens qui se plaignent. Il y en avait certains de cette chambre, de la cour, de la chambre 5. Individuellement, ils se sont plaints auprès du chef de cour ou de chambre et le chef a noté leur nom* »[589].

Contrairement à la plupart des autres sanctions, le transfèrement peut concerner toutes les personnes détenues : détenus ordinaires comme membres de l'équipe du *Sarki* (du chef de chambre au *Sarki*)[590], badauds comme responsables. Un ancien responsable de la prison de Niamey relatait ainsi qu'un avocat, incarcéré dans sa chambre, avait été transféré après s'être plaint du manque d'espace du fait de la corruption :

« *Dès qu'ils sentent que toi tu es en train de manigancer quelque chose, leur moyen c'est de faire décongestionner, on t'affecte ailleurs. [Avec cet avocat], on était dans la même chambre à Pretoria. Là [...] chaque fois on amène des gens. Et ils ne tiennent pas compte de l'espace. Il tient compte de l'argent que le gars peut donner. Donc, on a envoyé, on a envoyé, jusqu'à il y a eu une nuit où on ne pouvait même pas dormir. Il n'y avait pas de la place. Avec [l'avocat], vraiment ça nous... cette affaire-là on ne peut pas continuer. Vraiment, il faut qu'on tienne compte [du manque de place]. Donc on a créé une réunion à laquelle il était l'instigateur. [...] Ça a remonté du chef de chambre au* Sarki *et ça a remonté du* Sarki *[à l'administration]. Le deuxième jour [...] on l'a fait quitter de la prison, parce qu'on estime qu'il peut continuer à mobiliser les gens, à dénoncer certaines choses. C'est un cas palpable. Il a créé la réunion à laquelle presque tous les membres de la chambre ont participé. On a dénoncé la chose. Mais puisque c'est lui qui a initié la réunion, donc il faut l'abattre. Le lendemain, je dormais, lui-même ne savait pas [qu'il allait être transféré]. Et surtout, quand on te fait quitter, on vient à 6 h et on te dit "il faut venir, tu vas aller ailleurs". Souvent on ne te dit même pas où. Il faut à l'arrivée pour comprendre dans quelle prison même... Nous, quand il a quitté, il a fallu deux ou trois jours pour savoir là où il a même été. C'est ça. Voilà souvent ce qu'ils font pour que les gens se calment, quoi* »[591].

---

[589] Discussion de groupe avec des hommes détenus, 29 octobre 2021.
[590] Le *Sarki* qui s'était évadé de la prison de Niamey a par exemple a été transféré dans une autre prison.
[591] Entretien avec un ancien responsable, 19 novembre 2021.

La GNN ne s'en cache pas. Pour un régisseur interrogé, ce type de punition s'apparente simplement à une sanction disciplinaire comme on peut en trouver en Europe, à la différence qu'elle ne s'appuie pas sur des normes écrites et prévisibles : « *En Europe, vous avez la classification formelle, sauf que nous, on n'a pas la classification formelle, mais on les envoie d'une prison à l'autre* »[592].

Le transfèrement est considéré comme l'une des sanctions les plus sérieuses, car un déplacement vers une prison éloignée complique les visites des familles aux détenus, voire les empêche lorsque les familles n'ont pas les ressources financières pour effectuer le voyage[593]. Or, pour nombre de détenus, ces visites sont essentielles : elles leur apportent une nourriture décente ou de l'argent pour éviter de se retrouver dans une situation d'humiliation ou de violence — sans compter le soutien psychologique. La perspective de ne plus y avoir accès génère une grande inquiétude : « *On a entendu parler de gens il y a un mois qui ont été transférés vers une autre prison parce qu'ils sont mécontents. Ça inquiète le transfert, surtout pour les détenus qui ont une famille, car après ils ne reçoivent plus* »[594]. Un ancien super-détenu, transféré après avoir eu un conflit avec le *Sarki*, confirmait ainsi : « *On avait commencé à avoir des conflits entre moi et le* Sarki. *[Une fois transféré], le seul problème c'est la bouffe, parce que c'est loin, tu n'as pas tes parents, tu es obligé de faire avec la nourriture de la cuisine, moins en quantité et qualité* »[595].

Par ailleurs, lorsqu'il s'agit d'un prévenu, un transfèrement vers une prison située hors du ressort du tribunal traitant son dossier peut considérablement allonger sa détention[596]. L'absence aux audiences ralentit le traitement des affaires, et il est fréquent que les prisons ne disposent pas du véhicule disponible pour amener les détenus aux audiences en dehors de leur localité. Comme l'indique un détenu :

---

592 Entretien avec un élément de la GNN, 12 novembre 2021. Voir par exemple sur le Canada : M. Vacheret, 2006, art. cité, p. 296.

593 Des pratiques similaires ont été évoquées au Burundi : C. Deslaurier, F. Le Marcis et M. Morelle, « Contestation, mutineries et évasions. Les registres de mobilisation dans les prisons (Burundi, Cameroun, Côte d'Ivoire) », *Champ pénal/Penal field*, nº 21, 2020, p. 103.

594 Discussion de groupe avec des hommes détenus, 2 novembre 2021.

595 Entretien avec un ancien détenu, 14 novembre 2021

596 Rappelons que les périodes de détention préventive peuvent atteindre dix ans. Voir *supra*, Partie 2, Chapitre 1.

« *Transférer sans jugement, c'est un problème. Les prisons où ils ont été transférés, c'est des prisons où on oublie les gens* »[597].

De plus, le transfèrement vers les autres prisons suscite des inquiétudes parmi les personnes détenues, car des rumeurs évoquent des transfèrements vers des prisons aux conditions encore plus difficiles ou qui détiennent des personnes accusées de terrorisme, comme la prison de haute sécurité de Koutoukalé ou celle de Kollo. Plusieurs détenus de la prison de Niamey relataient : « *Il y a moins d'un mois, quelqu'un a manifesté son mécontentement sur les conditions de vie. Il a été transféré à Koutoukale. Et ça fait peur là-bas. Du coup, on est obligé de se taire* »[598] ; « *Si on va ailleurs, il y a des endroits où on n'aura pas de visite. Ici, on n'a pas de travaux forcés. Ailleurs, il y a Kollo, Koutoukale, Say. À Koutoukale, il y a les terroristes* »[599].

Conclusion du Chapitre 1

Le fonctionnement des prisons est tout à la fois négocié et violent, segmenté et centralisé, direct et diffus, porté par des acteurs étatiques et non étatiques. L'analyse de l'organisation hiérarchique, du pouvoir disciplinaire et des dispositifs de limitation du pouvoir du *Sarki* permet d'affiner la compréhension des rapports de pouvoir et montre que l'autorité des super-détenus n'est pas une modalité séparée de l'exercice du pouvoir. Au contraire, nos travaux permettent de décrire une continuité : si elles conservent des marges d'autonomie — bien que contraintes — les personnes détenues sont subordonnées à l'administration.

En envisageant le fonctionnement dans sa globalité[600], les prisons nigériennes révèlent une véritable chaîne de commandement entre la GNN et les super-détenus. L'« *institutionnalisation de l'informel* »[601] en matière carcérale ne signifie pas que l'État se déleste de ses prérogatives : le champ étatique reste l'« *espace central de*

---

[597] Entretien avec un détenu, 9 novembre 2021.
[598] Entretien avec un détenu, 29 octobre 2021.
[599] Entretien avec un détenu, 29 octobre 2021.
[600] S. Ayimpam et M. Bisa Kibul, 2020, art. cité, p. 105.
[601] G. Blundo, « Négocier l'État au quotidien : agents d'affaires, courtiers et rabatteurs Dans les interstices de l'administration sénégalaise », *Autrepart,* vol. 20, n° 4, 2001, p. 76.

concurrence »[602]. Par leur maîtrise des compétences organisationnelles, par la détention d'informations, ou par leurs connaissances des détenus ordinaires, les super-détenus disposent d'un pouvoir potentiel considérable. Cependant, ils ne s'en rendent pas compte : leur autonomie est restreinte par la GNN, qui utilise diverses stratégies pour conserver le pouvoir dans la prison. Bien que les relations entre détenus et GNN soient réciproques, l'asymétrie des relations de pouvoir entre détenus et GNN est substantielle.

Si la première partie a mis en lumière un exercice multi-acteurs de l'autorité en prison, il faut aller plus loin pour saisir les rapports de pouvoir. Au Niger, la participation des détenus doit avant tout se comprendre dans le contexte de leur instrumentalisation : la mobilisation des personnes détenues s'apparente à une technique de gouvernement, avec des enjeux de légitimité et de pouvoir tout à fait différents de ceux portés, en particulier, par la notion de gouvernance.

---

[602] J. Grajales, « Privatisation et fragmentation de la violence en Colombie. L'État au centre du jeu », *Revue française de science politique*, vol. 67, nº 2, 2017, p. 330.

Chapitre 2. La mobilisation des personnes détenues, technique de renforcement du pouvoir de l'État

Alors que la notion de gouvernance domine la littérature carcérale pour faire état d'un exercice pluri-acteurs du pouvoir, il convient toutefois de questionner sa pertinence. La notion apparait située, trompeuse, *in fine* insatisfaisante pour analyser l'art de gouverner les prisons au Niger (Section 1). Les prisons nigériennes révèlent un autre mode d'exercice du pouvoir : la mobilisation des détenus s'apparente à une technique de gouvernement indirect qui renforce le pouvoir de l'administration étatique (Section 2).

Section 1. La gouvernance, concept insatisfaisant à l'examen de l'art de gouverner les prisons au Niger

Le concept de gouvernance ne parvient pas pleinement à rendre compte des enjeux liés aux pratiques des prisons nigériennes. Le concept de gouvernance est en effet situé et véhicule une certaine idée de la légitimité, qui est très différente des réalités carcérales du Niger (§1). Par ailleurs, il est limité, dans la mesure où il ne permet pas de comprendre les rapports d'autorité entre la GNN et les détenus (§2).

§1. Un concept trompeur véhiculant une certaine idée de la légitimité

Le concept de gouvernance n'est pas neutre. Il a surtout été employé à des fins prescriptives, l'hypothèse étant que la participation des administrés à l'organisation des services publics renforcerait la légitimité des décisions prises (A). Un décentrement par les discours des acteurs révèle que cette hypothèse ne se vérifie pas au Niger, dévoilant au contraire une absence de consensus sur la légitimité du pouvoir des super-détenus (B).

A. La gouvernance, un concept situé sous-tendu par un idéal normatif

Le concept de gouvernance a été accompagné, dès son origine, d'une dimension idéologique[603]. En science politique, la gouvernance a été employée pour mettre en évidence de nouveaux modèles d'interaction

[603] J. Chevallier, 2003, art. cité, p. 214. O. Paye, 2005, art. cité, p. 15.

entre acteurs publics et privés, internes et externes, face à un État devenu « *creux* » (*Hollow State*)[604]. Il s'agissait alors d'analyser les échecs des gouvernements dans les sociétés modernes, qui ne seraient plus capables de régler les problèmes économiques et sociaux : les sociétés seraient devenues « *ingouvernables* »[605].

En science administrative, la gouvernance a ensuite été employée pour souligner l'implication de multiples intervenants et la complexité des articulations entre les acteurs. Patrick Le Galès arguait que comprendre l'action du gouvernement nécessitait de « *s'intéresser non seulement au gouvernement, à ses pouvoirs et ses instruments, mais au contraire à des mécanismes alternatifs de négociation entre différents groupes, réseaux, sous-système, susceptibles de rendre possible l'action du gouvernement* »[606]. Mais plus encore, pour cet auteur, la gouvernance ne fait pas qu'évoquer « *une articulation entre les réseaux, ou une question de coordination d'acteurs multiples au moindre coût. Elle soulève des questions de choix collectifs, de valeurs, de débat contradictoire, d'affrontement entre des intérêts divers, d'intérêt général (même situé), de légitimité, de démocratie, bref, de politique* »[607]. Cette vision positive de la gouvernance est partagée par Elisabeth Dau qui notait les « *enjeux forts en termes de légitimité, d'adhésion des populations à un système de pouvoir* » portés par ce concept[608].

Dès lors, la gouvernance n'est pas un concept neutre et induirait un « *idéal normatif associé à la transparence, à l'éthique, à l'efficacité de l'action publique* »[609]. La gouvernance est prescriptive : elle devrait être encouragée, car elle s'appréhende « *comme un mécanisme qui conforte la démocratie dans la mesure où elle augmenterait sa dimension participative* »[610].

---

604 G. Peters, « Managing the Hollow State », in K. Eliassen et J. Kooiman (dir.), *Managing Public Organisations,* Sage, 1993, pp. 46-57.

605 R. Mayntz, « Governing failures and the problem of governability : some comments on a theoretical paradigm », in J. Kooiman (dir.), *Modern governance. New Government-Society interactions,* Sage, 1993, p. 10. Ce terme a été utilisé pour qualifier les prisons latino-américaines : Partie 1, Chapitre 1.

606 P. Le Galès, « Du gouvernement des villes à la gouvernance urbaine », *Revue française de science politique,* vol. 45, n° 1, 1995, p. 59.

607 P. Le Galès, 2019, cité, p. 304.

608 E. Dau, 2014, cité, p. 250.

609 J. Pitseys, 2010, art. cité, p. 207.

610 A. Kazancigil et G. Hermet, « Conclusion », in G. Hermet (dir.), *La gouvernance. Un concept et ses applications,* Karthala, 2005, p. 217. Cet idéal normatif se reflète

Or, appliquée aux prisons nigériennes, la *gouvernance* ne renvoie absolument pas à des dimensions d'émancipation politique, de démocratie ou de renforcement de la légitimité. Les super-détenus ne sont nullement représentatifs de leurs codétenus, comme cela peut être le cas des « *comités de détenus* » mis en place dans quelques pays occidentaux. L'établissement de ces comités, qui prennent leur source dans les mouvements de détenus revendiquant le droit de s'associer aux décisions qui les concernent[611], et dont le pouvoir n'est d'ailleurs que consultatif, s'accompagne d'enjeux d'implication des détenus à la prise de décision, de représentation et de légitimité des décisions prises.

Le contexte nigérien est tout autre. Les super-détenus ne sont pas des « *intermédiaires* »[612] ou des « *passeurs* »[613], facilitant la compréhension du système judiciaire pour des administrés perdus face à celui-ci[614]. Ils ne répondent pas à « *une demande des justiciables* »[615], qui aurait pour objectif de les rassurer « *face à une administration imaginée toute-puissante* »[616]. Dans les prisons du Niger, les super-détenus sont des filtres qui limitent l'espace de parole de la majorité des personnes détenues. Bien que leur rôle soit légitimé par des acteurs externes, il est en effet, parallèlement, fortement contesté par les détenus.

également la notion de *participation.* Pour une vision critique : G. Gourgues et J. Le Mazier, 2021, art. cité, p. 8. Voir aussi *infra*, Partie 2, Chapitre 2.

611 N. Bishop, « La participation des personnes détenues à l'organisation de la vie en détention », *Champ pénal/Penal field*, vol. 3, 2006, pp. 115-128. J. Charbit, « Une institutionnalisation contestée. La participation des personnes détenues à la gestion de la prison », *Déviance et Société*, vol. 42, n° 1, 2018, pp. 207-236. C. Kakule Kinombe, 2019, *op. cit.*, p. 159.

612 Sur l'intermédiation, voir *infra,* Partie 2, Chapitre 2.

613 F. Jobard et al., « Sociologie politique des passeurs. Acteurs dans la circulation des savoirs, des normes et des politiques publiques », *Revue française de science politique*, vol. 70, n° 5, 2020, pp. 557-573.

614 M. Tidjani Alou, 2001, art. cité, p. 76.

615 *Ibid.*

616 Bien que les perceptions des acteurs « *à l'interface* » soient souvent positives en raison de leur assistance aux administrés, elles peuvent être négatives lorsqu'ils se situent entre les administrés et des institutions de contrôle et de prélèvement fiscal. *Ibid.*, p. 77. G. Blundo, 2001, art. cité, pp. 88-89.

B. Un mode d'exercice du pouvoir révélant une absence de consensus autour de la légitimité de l'équipe du *Sarki*

L'écoute des voix des acteurs de la prison met en lumière différentes perceptions de la légitimité du pouvoir des super-détenus. Le terme *légitimité* ne renvoie pas ici à sa conformité à la loi écrite, comme le voudrait une perspective positiviste[617] ; ni à la typologie développée par Max Weber. Considérant, qu'« *est légitime ce que les acteurs considèrent comme tel* »[618], l'analyse s'appuie sur les discours des acteurs de la prison, pour comprendre la perception de la légitimité du dispositif de participation des super-détenus en place ; la légitimité étant entendue ici comme l'adhésion au pouvoir avec, pour corollaire, l'absence de contestation de ce pouvoir.

Les prisons du Niger fonctionnent selon divers niveaux : au sommet, les éléments de la GNN n'ont que peu de contact avec les personnes dont ils ont la charge, tandis qu'à la base les super-détenus sont en interaction directe avec les personnes détenues. L'omniprésence des super-détenus dans tous les lieux de vie et à tous les niveaux les rend incontournables pour les acteurs externes — notamment les familles des personnes détenues, les ONG et les institutions de contrôle des lieux de détention. Les pratiques de ces acteurs légitiment le dispositif de participation des super-détenus, y compris lorsqu'ils ne formulent aucun jugement de valeur sur le dispositif en place (a), tandis que, parallèlement, le pouvoir des super-détenus est contesté par les détenus (b).

a. La légitimation du mode d'exercice du pouvoir par les acteurs externes

Au-delà des trois grands groupes d'acteurs de la « *trilogie carcérale* » (agents étatiques, super-détenus et détenus ordinaires)[619], des acteurs externes issus d'univers multiples participent au fonctionnement des prisons. Ils se divisent principalement en deux

[617] Étymologiquement, le terme *légitimité* est issu du latin *legitimus*, fixé par les lois, conforme aux lois.

[618] S. Bellina, « Légitimité », in N. Kada et M. Mathieu (dir.), *Dictionnaire d'administration publique,* Presses Universitaires de Grenoble, 2014, p. 297.

[619] Voir *supra*, Partie 1, Chapitre 2.

catégories[620] : les familles qui rendent visite à leurs proches incarcérés et leur apportent des biens (tels que de l'argent, de la nourriture, des médicaments ou des matelas)[621] ; et des représentants d'ONG et d'organisations humanitaires[622].

Au cours de cinq dernières années, plusieurs organisations internationales et nationales sont intervenues au sein des prisons[623]. Parmi elles, le CICR se positionne en soutien aux services pénitentiaires, avec des activités axées sur l'accès aux soins et la nutrition (formation des personnels et des personnes détenues, dotation de médicaments, achat de matériels et intrants médicaux, prise en charge de la malnutrition), ainsi qu'un soutien au niveau central. Solthis, ONG française, a mené de 2016 à 2018 avec l'Association Nigérienne des Droits de l'Homme (ANDDH) un programme visant à améliorer l'accès à la justice et aux soins dans deux prisons, avec des activités de dotation de matériels et d'intrants médicaux, de formation des personnels et de l'éducation à la santé, ainsi que de plaidoyer. Grandir Dignement, autre ONG française, a développé une assistance psychosociale et nutritionnelle pour les enfants incarcérés, ainsi que des activités de réinsertion en collaboration avec Swiss Contact, ONG suisse spécialisée dans la formation professionnelle. Pensées sans frontières, ONG nigérienne, a développé un projet global de réinsertion sociale, incluant des activités de formation professionnelle et un suivi post-carcéral. Prisonniers sans frontières-Niger a organisé des ateliers de réinsertion pour les détenues.

L'introduction de ressources par les familles et les organisations influence les dynamiques carcérales. Alors que les moyens sont rares, les ressources deviennent des « *valeurs* » pour les détenus[624], et leur contrôle, un enjeu de pouvoir. Or, les acteurs externes n'ont d'autre choix que d'intégrer les super-détenus, indispensables au fonctionnement de la prison, dans leurs modalités d'intervention.

---

620 On peut aussi noter, moins fréquemment, les mécanismes de contrôle, des entreprises réalisant des travaux infrastructurels, ou des bailleurs de fonds.

621 Toutes les personnes détenues ne reçoivent pas de visites. Voir *supra*, Partie 1, Chapitre 2.

622 Ces organisations interviennent sur une logique de décharges – voir *infra*, Partie 2, Chapitre 2.

623 Seules les organisations participant au fonctionnement des prisons sont mentionnées. Ne sont pas inclues celles spécialisées dans l'assistance judiciaire ou le suivi des conditions de détention. Il convient de noter que l'accès de toutes les ONG a été suspendu par la junte par une circulaire du 29 mai 2024.

624 F. Le Marcis et S. L. Faye, 2019, art. cité, pp. 55-81.

Dans plusieurs prisons, une partie des ressources apportées par les familles lors des visites est ainsi reversée aux super-détenus. Si les détenus dénoncent ces pratiques d'extorsion, les super-détenus expliquent que ces versements sont des « cadeaux » des familles qui apprécieraient leur travail[625] ou des compensations pour services rendus[626], par exemple pour passer plus de temps avec leurs proches (« *Certains donnent jusqu'à 10 000 FCFA. Tu paies la prestation. [C'est pour] le temps qu'ils vont accorder pour rester* »)[627].

À plus grande échelle, les organisations d'aide aux détenus composent également avec ce dispositif. Leurs membres connaissent l'existence de cette organisation interne, mais considèrent qu'ils n'ont pas à contester ou légitimer le système en place. Ils se positionnent *à côté* : « *Le système d'accès dépend des détenus. Chaque lieu de détention à son propre système d'organisation interne. On peut agir jusqu'à un certain point* »[628]. Le représentant d'une autre organisation précise : « *On est obligés de composer avec le* Sarki. *Dans notre stratégie, on ne remet rien ni aux gardes ni à l'administration, on remet directement aux détenus. [...] On donne au* Sarki. *C'est un risque qu'il ne redistribue pas, mais on n'a pas le choix* »[629].

Certaines de leurs activités impliquent ainsi les super-détenus sans qu'ils apparaissent de manière visible dans leurs projets. Par exemple, ce sont les femmes et hommes super-détenus qui sélectionnent celles et ceux qui participent aux activités de réinsertion professionnelle, sur la base de la confiance accordée[630] — ce qui conduit en pratique à l'exclusion de nombreux badauds. Ces pratiques interrogent donc sur le degré d'inclusion des personnes les plus vulnérables dans les activités de ces organisations.

Plus encore, des organisations attribuent un rôle spécifique aux super-détenus dans leurs projets. Une ONG a par exemple délibérément fait appel à l'équipe du *Sarki* pour mener des activités de sensibilisation. Alors qu'il était prévu que du sucre et des savons soient distribués aux

---

[625] Entretien avec un super-détenu, 5 février 2021. Dans le même sens sur les pratiques policières au Malawi : P. Grassin, « Réforme et légitimation du travail de police dans les quartiers populaires du Malawi », *Critique internationale*, vol. 103, 2024, p. 101.
[626] De même, les super-détenus considèrent que l'argent collecté auprès des détenus s'apparente à une rémunération. Voir *supra*, Partie 1, Chapitre 2.
[627] Entretien avec un ancien super-détenu, 5 février 2021.
[628] Entretien avec des personnels d'ONG, 5 novembre 2021.
[629] Entretien avec un personnel d'ONG, 31 janvier 2021.
[630] Sur la confiance, voir *supra*, Partie 1, Chapitre 2.

détenus ordinaires pour les inciter à participer, une étude a révélé que nombre de ces produits avaient été détournés par les super-détenus dans l'une des prisons, créant de profondes frustrations dans la population carcérale[631].

Une autre organisation a aidé à la mise en place de comités d'hygiène, d'assainissement et de maintenance, en collaboration avec les acteurs de la GNN. Ses personnels sont entrés dans une logique de renforcement et de professionnalisation des super-détenus, en organisant des formations à leur attention sur l'utilisation des produits, en développant des profils de postes pour chaque comité, ou en leur donnant du matériel — sans se questionner sur le profil des personnes qui réalisent effectivement ces corvées ou les contraintes exercées sur elles[632]. Les personnels de cette organisation insistent sur la nécessité de travailler avec tout le monde, ce qui contribue à la légitimation des super-détenus comme acteurs de pouvoir. L'un d'eux évaluait de manière positive l'impact de ces activités sur la prison : « *Ça profite à tous. Tu responsabilises quelqu'un à chaque niveau. Ça structure l'organisation interne* »[633].

Dès lors, ces organisations offrent un surcroit de légitimité aux super-détenus. Dans un contexte d'oppression et de limitation des ressources, ce dispositif interroge le rôle des organisations dont l'objectif affiché est l'assistance aux détenus. L'impact potentiellement coercitif de leurs interventions reste un impensé dans le domaine de la détention[634], alors qu'elles sont réalisées dans un contexte de contestation — à bas bruit toutefois — du pouvoir des super-détenus.

b. Une contestation du pouvoir des super-détenus par les détenus ordinaires

À l'exception des femmes qui n'ont pas signalé de violence des super-détenues, la majorité des détenus ordinaires contestent absolument le pouvoir conféré aux *Sarkis* et à leurs équipes : responsables et badauds rejettent à la fois le système de pouvoir en place et la manière dont celui-ci est exercé.

---

[631] Cette étude n'étant pas publique, la source n'est pas citée.

[632] Voir *supra*, Partie 1, Chapitre 2.

[633] Entretien avec des personnels d'ONG, 5 novembre 2021.

[634] Ceci va à l'encontre de l'approche *Ne Pas Nuire* (*Do No Harm)*, défendue par les acteurs de l'aide : H. Haider, *Conflict sensitivity : Topic Guide,* Birmingham, UK, 2014, p. 7.

Des détenues ne contestant pas l'exercice d'un pouvoir non violent

Contrairement à la plupart des détenus, les femmes détenues perçoivent les femmes *Sarkis* de manière favorable : « *elle sait ce qui est bien pour tout le monde* »[635] ; « *je me sens à l'aise avec elle* »[636] ; « *il n'y a pas d'inconvénients* »[637]. Bien que les femmes *Sarkis* participent au système de contrôle en organisant les corvées ou en limitant l'accès au monde extérieur (visites, accès au téléphone ou accès à l'infirmerie), elles ne font pas preuve de violence envers leurs codétenues.

Au contraire, elles leur apportent un soutien, jouant un rôle de médiation en cas de conflit et apaisant les tensions. Une femme super-détenue expliquait : « *Moi, je suis une intermédiaire. C'est le chef de poste qui prend la décision [lorsqu'il y a un conflit]. Moi, je suis entre les deux. Je suis stable. J'essaie de gérer le plus possible. Je ne veux pas que ça arrive aux gardes. Le plus que je peux, je règle à l'intérieur. Ça peut arriver que des femmes soient énervées, mais je donne des conseils. Avec la patience, on gère* »[638]. Les femmes rencontrées ont témoigné du rôle de pacification des super-détenues. Une ancienne détenue d'Agadez expliquait que la présence de « Nana », la *Sarki*, avait permis d'éviter les bagarres, jusqu'à ce qu'elle quitte la prison sans être remplacée : « *[Nana] s'occupe des nouveaux quand un nouveau arrive. C'est elle qui cherche de la place ou pour lui donner quelque chose. Elle peut te donner de la nourriture et de l'eau pour te laver, elle te donne des conseils. [...] Pendant le temps où Nana était là-bas, il n'y avait pas de bagarres. Mais quand elle est partie, il y a eu des bagarres* »[639].

Dans l'espace fermé du quartier, les bagarres entre détenues non seulement engendrent des tensions qui nuisent à la vie en commun, mais aussi se traduisent par un recours aux agents étatiques, et donc à des sanctions disciplinaires. En d'autres termes, loin d'être créatrices de désordres, les femmes *Sarkis* aident à maintenir une relative cohésion dans les quartiers en servant de filtre entre elles et les éléments de la GNN, ces derniers se donnant principalement à voir à travers

---

[635] Entretien avec une femme détenue, 3 novembre 2021.
[636] Discussion de groupe avec des femmes détenues, 9 novembre 2021.
[637] Discussion de groupe avec des femmes détenues, 9 novembre 2021.
[638] Entretien avec une super-détenue, 3 novembre 2021.
[639] Entretien avec une ancienne détenue, 7 janvier 2023.

l'imposition de punitions (enfermement dans les chambres, placement en cellule disciplinaire), et parfois de violences verbales ou physiques. La légitimité de l'autorité des super-détenue*s* repose donc sur la non-violence, la mesure et l'écoute.

Cette perception positive des femmes super-détenue*s* s'aligne avec l'analyse de Didier Bigo sur la prison de Ngaragba en République centrafricaine. Celui-ci relevait que les chefs de chambre étaient vecteurs de cohésion sociale, notamment car ils étaient choisis selon des critères se rapportant au savoir (dans ce cas, religieux) et à l'intérêt général, qui rappelaient les pratiques sociales hors de la prison[640]. De telles conclusions sont loin d'être partagées avec les autres détenus.

<u>Des détenus contestant l'exercice du pouvoir par les super-détenus.</u>

Tout comme les femmes détenues, certains hommes estiment que le recours aux super-détenus permet de « *faire de l'ordre* »[641], d'amoindrir « *la pagaille* »[642], car « *sinon tout le monde va se comporter comme il veut* »[643]. Cependant, ces mêmes détenus notent, en même temps, que ce système ne correspond pas à leur vision de *ce qui devrait être*. Ils contestent les modalités d'exercice du pouvoir des super-détenus ainsi que son principe-même.

Les détenus ordinaires, responsables comme badauds, dénoncent la maltraitance physique, la corruption et la domination qui découlent des pratiques. Un ancien responsable condamnait la corruption et les violences à Niamey : « *Ils ont institué cette forme de racket. Il faut payer, même en prison, il faut payer pour être un peu loti. Et souvent les menaces et le truc qu'ils font à tort ou à raison, le traitement physique qu'ils font sur les gens, c'est vraiment déplorable* »[644]. Un ancien responsable de Kollo expliquait également :

« *J'ai vu des gens dépouillés dès le premier jour, c'est un nouveau monde, tu ne sais pas comment ça fonctionne. Tu vas t'exécuter. On te dit c'est la loi du plus fort dehors. Tu sais, tu te soumets. [...] Le* Sarki *est devenu, tu entends,* Sarki*, c'est le roi, voilà comment ça marche, voilà. [...] Le slogan du* Sarki *:*

---

640 D. Bigo, « Ngaragba, "l'impossible prison" », *Revue française de science politique*, vol. 39, n° 6, 1989, p. 877.
641 Discussion de groupe avec des hommes détenus, 5 février 2021.
642 Entretien avec un ancien responsable, 19 novembre 2021.
643 Entretien avec un ancien détenu, 7 janvier 2023.
644 Entretien avec un ancien détenu, 19 novembre 2021.

tout ce qui t'appartient appartient au Sarki. *C'est son slogan. Tu es à la disposition du* Sarki »[645].

Le rôle joué par les super-détenus au sein de la prison est jugé *anormal*, comme l'illustrent les entretiens suivants : « *Ça n'est pas normal qu'ils fassent la fouille, qu'ils choisissent les chambres, qu'ils fassent ce type de travail. Les responsables maltraitent. Ils nous mettent à faire des travaux qui ne nous honorent pas, comme balayer la chambre, la cuisine, nettoyer la douche comme un esclave* »[646]. Ou encore : « *Un prisonnier reste un prisonnier. Occuper cette responsabilité n'est pas ce qui doit être. Normalement, ça devrait être les gardes. Avec les gardes, c'est plus facile. Les prisonniers sont durs, ils sont impitoyables, ils veulent imposer leur autorité devant les autres. À chaque fois qu'il y a quelque chose, ils nous maltraitent. Juste parce qu'on va prendre de la nourriture, ils ne sont pas cléments. [...] Pour moi, ce n'est pas normal qu'un détenu soit le chef d'un autre* »[647]. Ce pouvoir est jugé tellement insolite que des détenus nouvellement arrivés pensaient que les super-détenus étaient des personnes extérieures à la prison : « *Au début, je pensais même que c'était des gens de la ville qui exerçaient ça. C'est après que j'ai su* »[648].

De plus, les badauds interrogés contestent les inégalités de traitement auxquels ils sont soumis[649]. Un enfant de la prison de Niamey dénonçait par exemple les conditions de couchage inégalitaire dans le quartier : « *Il n'y a que le* Sarki *et le chef de cour qui dorment en dehors de la chambre. Il y a beaucoup de chaleur. Ils sont détenus comme nous, pourquoi ils ne sont pas enfermés comme nous ? [...] Eux sont plus âgés, pourquoi ils dorment dehors ? On est 26 ou 27 par chambre* »[650].

Les prisons nigériennes révèlent ainsi une contestation de l'autorité des super-détenus — qui reste toutefois modérée et ne conduit pas à une remise en question du dispositif[651]. Ceci conduit à questionner la pertinence du concept de gouvernance dans ce contexte. Si ce concept

---

645 Entretien avec un ancien responsable, 29 janvier 2021.

646 Discussion de groupe avec des hommes détenus, 10 novembre 2021. Le terme responsable renvoie ici à *chef*, non à *responsable* au sens où nous l'avons entendu précédemment.

647 Discussion de groupe avec des hommes détenus, 29 octobre 2021.

648 Discussion de groupe avec des hommes détenus, 2 novembre 2021.

649 Sur les inégalités de traitement, voir *supra*, Partie 1, Chapitre 2.

650 Discussion de groupe avec des enfants détenus, 4 novembre 2021.

651 Ce qui peut s'expliquer par leur état de faiblesse et l'instauration du climat de méfiance entre détenus (voir *supra* Partie 1, Chapitre 2 et *infra* Partie 2, Chapitre 2).

est adapté pour identifier la pluralité des acteurs, les enjeux de légitimité et de démocratie sont très différents de ceux portés par l'acception classique de la notion. Ces constats corroborent les analyses qui concluent que la participation de groupes de citoyens à l'ordre n'est pas nécessairement orientée vers le changement social ni destinée à transformer l'ordre politique dans le sens d'une démocratisation[652]. Comme le relèvent Guillaume Gourgues et Julie Le Mazier, « *la participation à l'ordre sert parfois — souvent — à perpétuer des rapports de domination existants* »[653]. Entre d'autres termes, l'exercice pluri-acteurs du pouvoir dans les prisons nigériennes n'induit pas, *per se*, un renforcement de la légitimité du système pour les détenus. L'enjeu central n'est en effet pas la légitimité du système ou la confiance des détenus, mais l'exercice du pouvoir de l'État[654].

§2. Un concept insuffisant pour analyser l'asymétrie des relations de pouvoir

Alors que les analyses sur la *« gouvernance au quotidien »* des prisons dites du/des Sud/s ont mis en lumière des pratiques plurielles de participation des détenus à l'art de gouverner les prisons[655], les relations entre détenus et administration étatique ont suscité relativement peu d'intérêt dans la littérature francophone en dehors de leur dimension transactionnelle. En revanche, la littérature anglo-saxonne sur les prisons latino-américaines a développé des réflexions sur ce sujet. Partant du constat que les formes de participation des détenus au fonctionnement des prisons étaient de plus en plus répandues[656], et étaient même devenues « *endémiques* » dans la région[657], une abondante littérature a introduit de nouveaux concepts clefs autour de la notion de gouvernance. Cependant, malgré l'emploi de qualificatifs (A), ce concept ne parvient pas à rendre compte de l'asymétrie de pouvoirs entre administration et détenus et de l'intensité de la relation de subordination : la notion de gouvernance doit ainsi être dépassée (B).

---

652 G. Gourgues et J. Le Mazier, 2021, art. cité, p. 24.
653 *Ibid.*, p. 9.
654 Voir *infra*, Partie 2, Chapitre 2.
655 Voir *supra*, Partie 1, Chapitre 1.
656 M. Sozzo, 2022, cité (b), pp. 10-14.
657 D. Skarbek, 2020, *op. cit.,* p. 28.

A. Le développement de qualificatifs autour de la gouvernance

Pour définir les modes de participation des super-détenus, les travaux sur les prisons du/des Sud/s ont mobilisé plusieurs concepts : d'une part, l'« autogouvernance » (*self-governance*) (a) ; d'autre part, la « co-gouvernance » (*co-governance*), proche de la « *gouvernance hybride* » (b).

a. L'autogouvernance, plaçant l'État en retrait face aux détenus

L'« *autogouvernance* », tout d'abord, est considérée comme un « *concept crucial* »[658] de la recherche sur les prisons d'Amérique latine. Utilisé en Afrique pour décrire le fonctionnement des prisons ivoiriennes ou sierra-léonaises[659], ce concept a été principalement employé au sujet des prisons latino-américaines, notamment en République dominicaine[660], au Nicaragua[661], en Bolivie[662] ou en Uruguay[663]. Il renvoie au fait que les détenus parviennent à s'organiser en dehors de la présence des agents étatiques et survivent de manière autonome.

Cependant, l'autogouvernance ne parvient pas à capturer la nature des relations entre les super-détenus et l'administration étatique. Au contraire, elle suggère que les super-détenus suppléeraient l'État, et comme le relève Máximo Sozzo, « *évoque l'image d'un "retrait" généralisé de l'État, qui se traduirait par sa simple "absence" et qui ferait que les détenus gouverneraient de manière autonome la vie*

---

[658] Si cette notion a été initialement mobilisée par Sykes, les nouveaux travaux sur la *self-governance* n'ont pas été construits en dialogue avec lui : M. Sozzo, 2022, cité (a), pp. 383-384.

[659] F. Le Marcis, « Everyday Prison Governance in Abidjan, Ivory Coast », *Prison Service Journal,* nº 212, 2014, p. 15. L. T. Schneider, 2020, art. cité, p. 90.

[660] J. Peirce, « Provós, Representantes, Agentes : The Evolution of Prison Governance Arrangements in the Dominican Republic's Prison Reform Process », in M. Sozzo (dir.), *Prisons, Inmates and Governance in Latin America*, Londres, Palgrave Macmillan, 2022, p. 117.

[661] J. Weegels, 2017, art. cité, pp. 15–18.

[662] D. Skarbek, « Self-Governance in San Pedro Prison », *The Independent Review,* vol. 14, nº 4, 2010, pp. 569-585.

[663] F. Avila et M. Sozzo, « The "Prisoner-Entrepreneur" : Responsibilization and Co-governance at Punta de Rieles Prison in Uruguay », in M. Sozzo (dir.), *Prisons, Inmates and Governance in Latin America*, Londres, Palgrave Macmillan, 2022, p. 299 et p. 315.

carcérale, pendant que les acteurs étatiques se consacreraient exclusivement à la surveillance des frontières entre l'intérieur et l'extérieur des prisons »[664]. Or, les personnes détenues doivent s'accorder avec les agents étatiques, ne serait-ce que pour l'introduction de biens (nourriture, drogue, armes, télévisions) ou l'accès des familles[665]. De plus, « *les agents étatiques eux-mêmes limitent parfois les capacités de gouvernement des détenus par le biais d'actions qui peuvent générer des degrés divers de conflit et même de violence* »[666]. La notion d'autogouvernance, ainsi, « *exagère l'absence et la passivité supposées des agents étatiques* »[667]. Nous rejoignons cette analyse : l'État est loin d'être absent de l'organisation et du fonctionnement des prisons. Le concept d'autogouvernance doit ainsi être exclu.

b. La co-gouvernance et la gouvernance hybride, concepts insatisfaisants pour comprendre la relation d'autorité entre les acteurs

Face à ces limites, et compte tenu de nouvelles observations faisant état d'une administration étatique plus visible et évidente, le concept alternatif de « *co-gouvernance* » a récemment émergé dans la littérature spécialisée[668]. La co-gouvernance renvoie à des relations de collaboration entre l'administration étatique et les super-détenus. Elle est devenue un « *thème central de l'ordre en prison en Amérique latine* »[669]. Contrairement à l'autogouvernance, ce concept met en avant la réciprocité[670] et la collaboration entre les acteurs[671] — y compris de coopération structurée[672]. C'est un terme considéré comme

---

[664] Notre traduction, in M. Sozzo, 2022, cité (a), p. 383.
[665] *Ibid.*
[666] Notre traduction, in F. Avila et M. Sozzo, 2022, cité, p. 316.
[667] *Ibid*
[668] M. Sozzo, 2022, cité (a), p. 384.
[669] S. Darke, *Conviviality and Survival. Co-producing Brazilian Prison Order*, Palgrave, 2018, p. 295.
[670] *Ibid.*
[671] J. H. Carter, « Mass Incarceration, Co-Governance, and Prison Reform in Honduras », *NACLA Report on the Americas*, vol. 49, n° 3, 2017, p. 354.
[672] F. Macaulay, « The Policy Challenges of Informal Prisoner Governance », *Prison Service Journal,* n° 229, 2017, p. 55.

« *élastique* »[673], qui, selon les auteurs, renvoie soit aux « *interactions et arrangements entre le personnel et les détenus qui produisent de l'ordre au sein de la prison* »[674], ce qui le rapproche fortement de la notion d'ordre carcéral[675] et n'apporte donc que peu de plus-value dans ce contexte ; soit à des notions de collaboration plus poussées, ce qui a mené des auteurs à considérer que son utilisation devrait être limitée aux relations non conflictuelles[676], ce qui est le cas ici. Un concept équivalent[677] est la « *gouvernance hybride* », utilisé dans la littérature anglophone[678], et, plus récemment, francophone[679].

Si ces concepts sont pertinents, en ce que les interactions entre super-détenus et agents étatiques reposent effectivement, pour la co-gouvernance, dans des relations de collaboration, et, pour la gouvernance hybride, dans des situations d'imbrications, ils ne permettent pas d'aller plus loin dans l'analyse des interactions et la qualification des liens entre les acteurs de la prison. Ces deux concepts ne permettent en effet pas de souligner l'asymétrie de pouvoir entre détenus et administration, qui orchestre les relations de collaboration.

Relevons ici que le concept d'*intermédiation*, fréquemment employé pour analyser le fonctionnement des services publics africains[680], est également insuffisant à la compréhension des liens d'autorité entre les acteurs. Entendu comme « *l'action exercée par une personne qui sert de lien entre l'administré [ici le détenu] et l'agent public [ici la GNN], entre la demande de service public [ici la demande d'alimentation, de santé, de sécurité, de règlement des conflits…] et l'exécution de la prestation* »[681], il met l'accent sur l'omniprésence de ces acteurs multiniveaux. Il est parfois employé par la littérature carcérale africaine

---

673 V. Stegemann Dieter, « Co-Governance of Dialogue : Hegemony in a Brazilian Prison », in M. Sozzo (dir.), *Prisons, Inmates and Governance in Latin America*, Londres, Palgrave Macmillan, 2022, p. 218.

674 Notre traduction, in *ibid.*, p. 209.

675 Voir *supra*, Partie 1, Chapitre 2.

676 F. Avila et M. Sozzo, 2022, cité, p. 316.

677 J. Peirce, 2022, cité, p. 100.

678 J. Peirce et G. Fondevila, « Concentrated Violence : The Influence of Criminal Activity and Governance on Prison Violence in Latin America », *International Criminal Justice Review,* vol. 30, n° 1, 2019, p. 100 et p. 116.

679 S. Ayimpam et M. Bisa Kibul, 2020, art. cité, p. 105.

680 G. Blundo, 2001, art. cité, pp. 82-84. M. Tidjani Alou, 2001, art. cité, pp. 71-78.

681 B. Fischer, *Les relations entre l'administration et les administrés au Mali : contribution à l'étude du droit administratif des États d'Afrique subsaharienne de tradition juridique française*, Thèse de Doctorat, Université de Grenoble, 2011, p. 260.

pour caractériser les super-détenus[682]. Il est d'ailleurs utilisé par une partie des éléments de la GNN, qui évoquent que le *Sarki* est un « *trait d'union* »[683], un « *interlocuteur* »[684] entre les détenus et l'administration pénitentiaire, ou un « *intermédiaire* »[685]. Mais, alors que ce cadre d'analyse permet de souligner la particularité du positionnement structurel des *Sarkis*, à l'interface entre les détenus et l'administration, il est insatisfaisant pour deux raisons. D'une part, de même que la gouvernance, la notion d'*intermédiaire* est fréquemment associée à une délégitimation de l'État, ce qui ne reflète pas notre contexte[686]. D'autre part, bien qu'agents étatiques et super-détenus interviennent au sein d'un même système, ils ne se positionnent aucunement à un même niveau.

Ceci renvoie alors à notre point de départ : si la gouvernance n'est pas satisfaisante, c'est parce que le mode d'exercice du pouvoir se rapporte à une autre technique de gouvernement contrôlée par l'État.

B. Le dépassement du concept de gouvernance par un retour à un art de gouverner étatique

Au Niger, l'exercice multi-acteurs de l'autorité ne reflète pas un retrait de l'État[687] : la participation des détenus est la manifestation d'une modalité particulière de gouvernement contrôlée par la GNN. C'est une stratégie de l'État qui permet de gouverner les prisons et de contrôler les personnes détenues, en instrumentalisant une partie d'entre elles. Cette participation des détenus n'est pas subie par l'administration (a). Elle est intentionnelle et organisée par l'État (b).

---

682 T. M. Martin, 2021, cité, pp. 143-144.

683 Échange avec un élément de la GNN, 27 juin 2022.

684 Entretien avec un élément de la GNN, 14 novembre 2021.

685 Données collectées auprès d'éléments de la GNN, 23, 24 et 27 juin 2022. Entretien avec un élément de la GNN, 3 février 2021. Échange avec un élément de la GNN, 15 juin 2022.

686 G. Blundo et J.– P. Olivier de Sardan, 2001, art. cité, p. 34.

687 S. Strange, *The Retreat of the State : The Diffusion of Power in the World Economy*, Cambridge University Press, 1996, 218 p. Sur l'absence de pertinence de la notion de *gouvernance* dans les pays dits « *en développement* », voir C. de Miras, « De la gouvernance à la gouvernementalité ? Action publique territoriale au Maroc », *Maghreb-Machrek,* n° 202, 2009-2010, p. 34.

a. *Une participation des détenus fréquemment analysée à travers son caractère subi*

Nombre de travaux voient la participation des détenus à la gestion des prisons comme le signe d'un retrait des États, ou au minimum, de ses faibles capacités. Les auteurs expliquent que les agents étatiques recourent aux détenus « *pour redresser le vide de pouvoir créé par les faibles effectifs* »[688], « *pour que les agents pénitentiaires puissent faire face au stress* »[689], parce que « *les administrations sont inefficaces, débordées ou simplement absentes* »[690], parce qu'« *elles ne sont pas en mesure de garder le contrôle des personnes détenues soit en raison d'une population excessive, soit en raison d'une autre carence institutionnelle* »[691], du fait de « *la rareté des ressources et la surpopulation* »[692] ou « *parce que les gardiens de prison se considèrent comme abandonnés par leur hiérarchie* »[693].

Au lieu de surveiller les établissements pénitentiaires, l'administration détournerait son regard de ce qui s'y passe. Ces prisons s'opposeraient ainsi au modèle architectural panoptique qui renvoie, selon Michel Foucault, à un dispositif de surveillance continue qui permet d'observer la totalité d'un espace sans être vu[694] — ce qui a conduit Francesca Cerbini à qualifier les prisons boliviennes d'« *anti-panoptiques* »[695].

Un certain nombre d'auteurs en ont conclu que l'administration étatique serait alors contrainte de faire participer les détenus à la gestion de la prison. En d'autres termes, la participation des détenus serait subie. Sasha Darke, par exemple, souligne que, dans les prisons brésiliennes, super-détenus et administration étatique « *travaillent*

688 Notre traduction, in T. D. Akoensi, 2014, art. cité, p. 33.

689 Notre traduction, in *ibid.*, p. 33.

690 Notre traduction, in D. Skarbek, 2020, *op. cit.,* p. 22.

691 Notre traduction, in J. L. Pérez Guadalupe, J. Cavallaro et L. Nuñovero, 2021, art. cité p. 408.

692 Notre traduction, in S. Gear, 2021, cité, p. 66.

693 S. L. Faye, L. N. Njeukam et S. Gear, 2023, *op. cit.,* p. 93.

694 Conçu par Jeremy Bentham, ce modèle architectural circulaire est composé d'une tour de surveillance au centre, entouré de cellules individuelles. Les détenus, ignorant s'ils sont surveillés, ressentent un sentiment d'observation permanente.

695 Notre traduction, in F. Cerbini, « From the Panopticon to the Anti-Panopticon : The "Art of Government" in the Prison of San Pedro », *Prison Service Journal,* nº 229, 2017, p. 34.

ensemble par nécessité, non par commodité »[696]. Cette interprétation se remarque également dans le retournement opéré par Sylvain Birane Faye, Lionel Njeukam et Sasha Gear, dans leur analyse des prisons sud-africaines : les gardiens ne contrôleraient plus l'espace. Au contraire, en laissant passer des téléphones portables, les gardiens deviennent les collaborateurs des « *parrains* », qui les rétribuent par des avantages financiers[697].

Sans généraliser nos résultats à l'ensemble des prisons du/des Sud/s et à l'ensemble des domaines liés à la sécurité, nous pouvons affirmer que la participation des femmes et hommes détenus au Niger relève d'une tout autre logique.

b. Une participation des détenus coordonnée par un État stratège

Au Niger, l'insuffisance de personnel de surveillance et la « *terrible surpopulation* »[698] sont parfois avancées pour expliquer la participation des super-détenus[699]. Pourtant, ces arguments doivent être abordés avec réserve. La présence des *Sarkis* est attestée dans les prisons des huit régions du pays, quels que soient leur effectif carcéral (moins de cent personnes[700] ou plus de 1500[701]) et leur taux d'occupation (prisons surpeuplées ou dont le taux ne dépasse pas 100 %[702]). En outre, si, comme évoqué *supra*, il n'y a aucun doute sur le fait qu'il y a peu de personnel étatique déployé dans les prisons, cette faiblesse numérique ne constitue pas la principale raison de cette situation. Selon les dires des éléments de la GNN eux-mêmes, la participation des détenus est un élément clef de leur stratégie de surveillance des prisons.

En effet, les éléments de la GNN contredisent l'idée que le recours aux *Sarkis* est une réponse à la surpopulation ou à l'insuffisance de personnel. L'un d'eux explique : « *le manque de ressources humaines n'a rien à voir avec l'organisation pour gérer la prison. Il faut avoir*

---

[696] Notre traduction, in S. Darke, 2018, *op. cit.,* p. 303.

[697] S. L. Faye, L. N. Njeukam et S. Gear, 2023, *op. cit.,* p. 93. Voir une interprétation similaire au sujet de la gendarmerie au Niger : M. Göpfert, 2020, *op. cit.,* p. 67.

[698] Entretien avec un personnel d'ONG, 31 janvier 2021. Voir les nuances *supra*, Introduction.

[699] Entretien avec des membres d'une institution indépendante, 4 février 2021. Discussions entre plusieurs personnels d'ONG et des représentants du ministère de la Justice lors d'un atelier, 2 août 2022.

[700] Par exemple Abalak et Daïkaina.

[701] Par exemple Niamey.

[702] Par exemple Abalak, Boboye, Daikaina, Gaya, Konni et Tera.

des informations à l'intérieur. Les renseignements, c'est eux qui filent ça »[703]. Le rôle central des personnes détenues dans les techniques de surveillance étatique est également clairement évoqué dans les propos de ce régisseur, qui indiquait : « *Sans [les* Sarkis*], on ne peut pas être au courant de tout. [...] On collabore bien. C'est vraiment du renseignement. Même si vous avez 2000 gardes, si vous n'avez pas les renseignements des détenus, ça ne sert à rien. L'information d'une évasion, vous l'avez à partir d'une personne* »[704]. Ces paroles mènent à penser que la GNN implique, de manière délibérée, les détenus dans la surveillance de la prison et qu'elle prend totalement la mesure de l'enjeu qui est posé. Alors que Béatrice Hibou relève qu'il ne faut pas nécessairement adopter une lecture fonctionnaliste et volontariste de l'État lorsque celui-ci passe par des intermédiaires pour exercer son pouvoir[705], le témoignage ci-dessus reflète un certain degré de conscientisation du dispositif de la part de la GNN. Les contraintes posées par le contexte, en particulier la faiblesse de ressources, ne doivent pas être sous-estimées, mais ne semblent pas être l'élément le plus fondamental d'existence et de reproduction du dispositif. Cette intentionnalité se manifeste aussi dans la stratégie de l'administration étatique, qui contrôle le périmètre des libertés des personnes détenues[706], peut faire sortir les *Sarkis* de la prison[707], ou promeut ou révoque les super-détenus[708]. La participation des détenus est donc loin d'avoir un caractère contraint.

Si l'on analyse le pouvoir de ces acteurs à l'aune de la distinction entre « *stratégie* » et « *tactique* » précédemment évoquée[709], les membres de l'équipe du *Sarki* ne disposent que d'un pouvoir tactique et agissent sur le « *territoire* » de l'administration. En témoignent les détenus, comme cet ancien responsable de la prison de Kollo, qui qualifie le pouvoir du *Sarki* de « *petit pouvoir marginal* » : « *Essentiellement [le pouvoir] est détenu par le régisseur, le surveillant. C'est eux qui sanctionnent en dehors du petit pouvoir marginal du Sarki. Il n'a pas de pouvoir en tant que tel* »[710] ; ou cet

[703] Entretien avec un élément de la GNN, 28 octobre 2021.
[704] Entretien avec un élément de la GNN, 12 novembre 2021.
[705] B. Hibou, *La privatisation des États,* Karthala, 1999, p. 60.
[706] Voir *supra*, Partie 1, Chapitre 2.
[707] *Ibid.*
[708] Voir *supra*, Partie 2, Chapitre 1.
[709] Voir *supra*, Partie 1, Chapitre 2.
[710] Entretien avec un ancien responsable, 14 novembre 2021.

ancien détenu de la prison de Daïkaina : « Sarki *et chef de cour... même lui n'a pas un grand pouvoir. Tout est organisé par les gardes* »[711].

L'État garde et maintient le contrôle : la participation des super-détenus est un mode de gestion des prisons et d'exercice du pouvoir.

Section 2. La participation des détenus, manifestation d'une forme de gouvernementalité carcérale

Les super-détenus et, plus largement, les informateurs sont des outils mis en place par l'administration pour contrôler la population carcérale. Ce constat, qui nous éloigne du concept de *gouvernance*, nous rapproche parallèlement de celui de *gouvernementalité*. Ce terme, développé par Michel Foucault, permet de « *souligner un changement radical dans les formes d'exercice du pouvoir par une autorité centralisée* »[712]. Si le concept de *gouvernementalité* n'a pas été systématisé par son auteur — et est parfois considéré comme flou, voire fluctuant[713] —, il est pertinent car il met l'accent sur un exercice du pouvoir qui ne repose plus sur l'« *habileté à conquérir et à conserver le pouvoir* »[714], mais sur celle « *de produire, de susciter, d'organiser la population* »[715]. Pour Jean-François Bayart, ce concept est sous-tendu par une certaine conception du « *gouvernement* », qui se traduit ainsi : « *Gouverner, en ce sens, c'est structurer le champ d'action éventuel des autres* »[716]. Il faudrait ainsi privilégier une conception du pouvoir et du gouvernement qui s'entend comme la « *manière de diriger la conduite d'individus ou de groupes* »[717]. Considérée ainsi, la

---

[711] Entretien avec un ancien responsable, 14 novembre 2021.

[712] M. Foucault, « La "gouvernementalité" », *Dits et Écrits, vol. III*, Paris, Gallimard, 1994, p. 655. P. Lascoumes, « La Gouvernementalité : de la critique de l'État aux technologies du pouvoir », *Le Portique*, n° 13-14, 2004, p. 3.

[713] G. Blundo et P.– Y. Le Meur, 2009, cité, p. 9. T. Le Texier, « Foucault, le pouvoir et l'entreprise : pour une théorie de la gouvernementalité managériale », *Revue de philosophie économique*, vol. 12, n° 2, 2011, p. 63. J.-P. Olivier de Sardan, 2021, *op. cit.*, p. 210.

[714] P. Lascoumes, 2004, art. cité, p. 3.

[715] *Ibid.*, p. 4. Le concept de gouvernementalité est beaucoup plus complexe que son acception ici. Il nous aide toutefois à souligner un certain mode d'exercice du pouvoir.

[716] J.-F. Bayart, « Foucault au Congo », in Marie-Christine Granjon (dir.), *Penser avec Michel Foucault*, Karthala, 2005, p. 186.

[717] *Ibid.* Ceci concorde avec l'avènement de la « prison post-disciplinaire » théorisée par Gilles Chantraine, qui se concentre davantage sur l'influence que l'imposition de la force ou la discipline : G. Chantraine, « La prison post-disciplinaire », *Déviance et société*, n° 3, vol. 30, 2006, pp. 273-288.

gouvernementalité révèle un exercice du pouvoir qui dépasse le cadre de l'État, mais le place « *au centre du dispositif de décision* »[718].

Le passage de la *gouvernance* à la *gouvernementalité*[719] est particulièrement pertinent pour saisir l'exercice de l'autorité dans les prisons nigériennes. La *gouvernementalité* est notamment assurée par la participation des personnes détenues, technique de gouvernement qui étend le pouvoir de l'administration (§1), tout en le consolidant (§2).

§1. Une technique de gouvernement élargissant le pouvoir de l'administration

Au cours des vingt dernières années, un nouveau cadre théorique d'analyse a émergé pour rendre compte de l'implication croissante de nouveaux acteurs dans la gestion des services publics sur le continent africain. L'expression « *privatisation des États* » a été utilisée dans le contexte contemporain pour décrire la généralisation de ces processus de gouvernement indirect et de transfert de fonctions étatiques à des intermédiaires privés. Dans notre contexte, cette expression n'est pas totalement appropriée, car d'une part, elle suggère un processus en cours[720], alors que l'octroi de privilèges en échange de l'obéissance des détenus et, plus généralement, la valorisation de la participation à l'ordre dans le contexte carcéral sont des phénomènes anciens, attestés notamment pendant la période coloniale[721] ; et d'autre part, l'intensité du contrôle de l'État est telle qu'il s'agit davantage d'une extension de son pouvoir que d'un mouvement vers des acteurs privés.

Toutefois, le concept de « *décharge* » qui a été employé *autour* de l'analyse de la privation est intéressant. Ce terme, qui fait état du transfert de fonctions étatiques vers des acteurs externes (A), va encore plus loin. Il permet d'envisager ces mécanismes comme une stratégie d'extension du pouvoir de l'État (B), ce qui le rend particulièrement pertinent à l'analyse de l'autorité en prison.

---

718 C. de Miras, 2009-2010, art. cité, p. 38.

719 Voir un exemple de ce passage au Maroc : *Ibid.*, pp. 33-48.

720 A. Mbembe, « Du gouvernement privé indirect », *Politique africaine,* n° 73, 1999, p. 105.

721 Comme le révèle l'analyse des archives de l'époque coloniale. Relevons que pour Béatrice Hibou considérait que la délégation, bien que perçue nouvelle, était un phénomène ancien. B. Hibou, 1999, art. cité, p. 15.

A. Le recours aux décharges comme pratique de transfert de la gestion de services publics vers des acteurs externes

Le terme wébérien de « *décharge* » a été récemment revisité pour refléter un certain mode de gestion des services publics dans le contexte africain (a). Il est préféré à celui de « *gouvernement privé indirect* » ou de « *délégation* » parfois également employé pour l'analyse des institutions africaines (b).

a. La décharge, modalité de transfert de la gestion de services publics dans le contexte africain

Depuis une vingtaine d'années, la littérature rend compte d'une augmentation des pratiques de transfert de gestion de services publics vers des acteurs externes en Afrique : les États interviendraient de moins en moins directement[722]. Dans ce cadre, le concept de « *décharge* », développé par Max Weber au sujet des sociétés féodales, a trouvé un regain d'intérêt, notamment grâce aux travaux de Béatrice Hibou sur l'Afrique contemporaine[723]. Selon Max Weber, la décharge est un mode d'exercice du pouvoir dans lequel « *des opérations dont l'exécution revenait à l'origine en propre à l'État furent déléguées à des hommes de main, à des fonctionnaires ou à des soldats* »[724]. Béatrice Hibou a placé cette expression au cœur de son analyse des États africains. Elle écrit :

> « *...la notion de "décharge", [que Max Weber] a proposée pour parler des situations féodales, peut être intéressante pour compléter notre analyse de ces modes de gouvernement : cette modalité d'exercice du pouvoir, qui évite notamment le coût d'un appareil administratif important, était, nous dit-il, historiquement courante. Elle n'était en rien synonyme d'absence d'État ou de gouvernement, mais était caractéristique de situations ou de moments historiques beaucoup moins bureaucratisés, ne s'appuyant pas ou peu sur un appareil gestionnaire* »[725].

---

722 B. Hibou, 1999, art. cité, p. 7.

723 *Ibid.*, pp. 6-15. Voir également A. Mbembe, 1999, art. cité, pp. 103-121.

724 M. Weber, *Histoire économique. Esquisse d'une histoire universelle de l'économie et de la société,* Bibliothèque des sciences humaines, Gallimard, 1981, p. 87.

725 B. Hibou, 1999, *op. cit.,* p. 34.

Si le concept de *décharge* a été fréquemment employé pour évoquer ces pratiques de transfert de gestion de services publics, d'autres termes sont également utilisés par la littérature.

b. La décharge, un concept pertinent pour analyser les prisons africaines

De toutes les notions employées pour faire état de telles pratiques, la notion de *décharge* semble la plus adaptée, même si elle présente des limites.

Le « *gouvernement privé indirect* »

Achille Mbembe juge pertinent de se référer à la notion de *décharge* wébérienne pour rendre compte des formes de transfert de compétences en Afrique contemporaine. Toutefois, il souligne que les pratiques actuelles ne reproduisent pas à l'identique le modèle wébérien de la décharge, et préfère recourir à la notion de « *gouvernement privé indirect* ». Ce terme permettrait de souligner les continuités avec l'« *indirect rule* » (*gouvernement indirect*) colonial[726], tout en mettant en lumière sur les dynamiques de désinstitutionnalisation de l'État et de fragmentation de son pouvoir[727].

Or, nos résultats ne confirment pas cette fragmentation dans le fonctionnement des prisons. De plus, comme remarqué *supra* au sujet de la « *privatisation* », l'utilisation de *gouvernement* « *privé* » met l'accent sur la nature privée des acteurs, alors que l'enjeu fondamental dans notre contexte est plutôt celui de l'extension de l'*étaticité*[728]. La terminologie « *gouvernement privé indirect* » ne sera donc pas retenue.

Relevons que la terminologie « *gouvernement indirect* » serait pertinente dans la mesure où elle soulève les mêmes enjeux du « *faire faire* » en conservant le contrôle. Toutefois, en raison de son ancrage dans le lexique colonial, nous choisissons de ne pas la mobiliser pour analyser les pratiques contemporaines.

---

[726] A. Mbembe, 1999, art. cité, pp. 103-121.
[727] *Ibid.*, p. 106.
[728] T. Risse, 2011, cité, pp. 1-36.

La « délégation »

Le terme « *délégation* » est couramment employé dans l'analyse des institutions africaines[729], notamment carcérales, souvent de manière équivalente ou plus large que celui de *décharge*. Dans l'étude des prisons africaines, Marie Morelle et Frédéric le Marcis emploient les deux concepts[730]. Frédéric Le Marcis et Sylvain Landry Faye évoquaient une *délégation* dans leur analyse des pratiques d'affectation des chambres en prison[731]. Une « *délégation de pouvoir* » est aussi relevée par Tomas Max Martin dans les prisons ougandaises[732], ainsi que par Sylvie Ayimpam et Michel Bisa Kibul lorsqu'ils étudient la prison de Makala en République démocratique du Congo[733].

La *délégation* telle qu'elle est entendue par ces auteurs renvoie à une pratique large, celle du « *faire faire* » de l'administration étatique plutôt que « *faire* »[734]. Si le terme de *délégation* est employé ici en dehors de tout formalisme, il est néanmoins pertinent, dans la mesure où le transfert de gestion ne peut s'analyser comme un dessaisissement total de la part de l'administration et implique un dispositif particulier avec des mécanismes de contrôle. Ceci rejoint nos constats : l'administration étatique nigérienne a attribué de nombreuses responsabilités aux super-détenus, y compris des tâches disciplinaires, mais elle garde le contrôle. Au-delà d'un certain seuil, cette *délégation* cesse : l'administration reprend le contrôle et exerce directement son pouvoir.

---

729 B. Hibou, 1999, *op. cit.* ; ou B. Hibou, 1999, art. cité, p. 7 et p. 10. J.-F. Bayart, « La cité bureaucratique en Afrique sub-saharienne », in B. Hibou (dir.), *La bureaucratisation néolibérale,* La Découverte, 2013, p. 307. Parfois, Béatrice Hibou emploie plus précisément la « *délégation de fonction* » : B. Hibou, « Retrait ou redéploiement de l'État ? », *Critique internationale,* vol. 1, 1998, p. 156 ; ou celle de *concession* : B. Hibou, 1999, art. cité, p. 12.

730 M. Morelle et F. Le Marcis, 2015, art. cité, p. 125.

731 F. Le Marcis et S. L. Faye, 2019, art. cité, p. 65.

732 T. M. Martin, 2021, cité, p. 138. Voir également, T. M. Martin et A. M. Jefferson, 2024, *op. cit.,* p. 112. Ces auteurs ont proposé l'utilisation de l'expression « gouvernance par procuration » (*proxy governance*), mais celle-ci sera exclue du fait de la mobilisation de la notion de governance, que nous avons écartée.

733 S. Ayimpam et M. Bisa Kibul, 2020, art. cité, pp. 87-107.

734 Au sens large, elle se rapproche de la notion d'externalisation : L. Vanier, *L'externalisation en matière administrative. Essai sur la transposition d'un concept*, Thèse de Doctorat, Université Grenoble Alpes, 2016, p. 14 et p. 96. Cette notion n'est pas utilisée ici car elle met au centre de l'analyse le caractère d'extériorité à l'État, qui n'est pas l'élément fondamental à souligner.

Toutefois, le terme de *délégation* tel qu'employé ici est générique et flou, et peut prêter à confusion avec son acception juridique plus formelle. La notion de *décharge* sera donc retenue, car elle permet de conserver le dispositif derrière la *délégation* — « *faire faire* », tout en contrôlant — en écartant ces risques d'incompréhension.

La *décharge*, une notion à retenir au-delà d'une acceptation restrictive

Contrairement aux auteurs qui ont employé le terme de délégation de manière étendue, Laurent Fourchard a exploré les différences entre la *délégation* et la *décharge* en fonction du degré d'intensité du contrôle opéré par l'État, et corollairement, du degré d'autonomie des intermédiaires. Pour cet auteur, la *décharge* suggère une absence d'ordre ou de directive de l'État dans l'exercice des fonctions, tandis que la *délégation* induit *a contrario* une direction de l'État[735].

Cette lecture de la *décharge* offre une clef de compréhension éclairante pour notre propos. Chez Max Weber, la *décharge* renvoie à la nécessité, pour l'État, de s'appuyer sur des intermédiaires pour la levée de l'impôt, car celui-ci était incapable d'assurer une gestion directe en raison d'une dégénérescence de l'économie monétaire[736]. Bien que les modalités de mise en œuvre de la *décharge* ne soient pas clairement définies par cet auteur, l'incapacité de l'État à gérer les services publics suggère que le contrôle de l'État ne pouvait en effet étendu, et donc que le degré d'autonomie des intermédiaires était important.

Toutefois, si l'on suit cette perspective, le terme de *décharge* ne serait donc pas non plus adapté à notre contexte. En effet, l'intensité du contrôle de l'État sur les super-détenus est parfois considérable, comme l'a montré le mode de désignation et de révocation des *Sarkis*. Cependant, l'intensité du contrôle de la GNN varie d'une prison à l'autre, ou même d'un quartier à l'autre. Par exemple, comme évoqué *supra*, dans les quartiers des enfants ou des femmes de la prison de Niamey, les punitions sont principalement infligées par la GNN, contrairement aux quartiers des hommes. De même, dans certaines prisons, le *Sarki* peut désigner seul ses éléments ; dans d'autres, ils sont imposés par la GNN.

---

735 L. Fourchard, 2018, art. cité, p. 176.

736 M. Weber, 1981, *op. cit.*, p. 87.

En conséquence, le degré d'autonomie des « intermédiaires » ne semble pas être l'élément fondamental à retenir. Ce qui importe, c'est que, indépendamment du degré d'autonomie des détenus participant au système de contrôle de la prison, l'administration dispose, seule, du *pouvoir de définir son périmètre*. Comme le souligne Béatrice Hibou, l'autonomie des intermédiaires n'est qu'un leurre. Pour elle, la relativité de leur autonomisation constitue en elle-même une modalité du pouvoir : « *le pouvoir central peut ne pas contrôler l'ensemble des administrations et de ses "auxiliaires" — pour reprendre le terme colonial —, s'il maîtrise les relais locaux ; il peut ne montrer sa présence que par à-coups, souvent de façon arbitraire, en restant distant, s'il est maître des règles du jeu ou s'il produit les normes et valeurs en cours* »[737].

La notion de *décharge,* considérée ainsi, semble particulièrement heuristique pour notre analyse. Elle ne met pas seulement en évidence un mode de gestion spécifique, mais permet de comprendre *ce qui se joue derrière* ce mode de gestion. Le recours aux décharges porte des enjeux de pouvoir bien plus importants, au cœur même de notre objet d'étude.

B. La *décharge* comme stratégie d'extension du pouvoir de l'État

Le recours aux décharges ne se limite pas à rendre compte d'un transfert de pouvoir. Pour Max Weber, il permet aux autorités de s'appuyer sur divers acteurs afin de maintenir leur pouvoir afin de faire face à des situations spécifiques : c'est une stratégie de maintien de pouvoir, non une manifestation de son délitement. Béatrice Hibou partage cette analyse, affirmant que, bien que la *décharge* soit indicatrice de la désinstitutionnalisation des États en Afrique[738], elle témoigne aussi d'un interventionnisme étatique indirect qui s'opère par des acteurs externes[739].

---

737 B. Hibou, 1999, *op. cit.,* p. 31. Dans le même sens : M. Morelle, 2013, art. cité, p. 352.

738 B. Hibou, 1999, art. cité, p. 12. Cette conclusion sera interrogée *infra*, Partie 2, Chapitre 2.

739 B. Hibou, *Anatomie politique de la domination*, La Découverte, 2011, p. 241.

En effet, puisque l'État ne doit pas être défini *a priori*[740], il est possible de voir le transfert de fonctions étatiques à des acteurs non étatiques comme une extension de son pouvoir au-delà de ses institutions. Suivant cette perspective, « *l'apparition de ces acteurs, de ces flux, de ces pouvoirs apparemment concurrents de l'État peuvent alors être compris comme des points, nouveaux ou non, de son intervention* »[741].

L'une des conséquences de cette analyse est qu'il n'y a pas nécessairement de contradiction entre le monopole étatique légitime de la violence et le recours aux décharges : si l'État y a eu recours, c'est qu'il est resté en situation de contrôle. C'est ce que relève Jean-François Bayart : « *À État "privatisé", coercition "privatisée", et celle-ci ne retire nullement à celui-là son monopole légitime de la violence, selon la définition canonique de Max Weber, puisque son usage demeure en grande partie dans le registre de la "décharge"* (Überweisung, Verpachtung) *et n'échappe pas au contrôle des tenants du pouvoir étatique autant que le veut la fable du* Failed State »[742]. Ces conclusions font écho à de multiples travaux sur la période coloniale, qui ont souligné que le concours des populations africaines au maintien de l'ordre avait été un « *principe colonial fondamental* », permettant à l'État d'assurer sa politique et de perpétuer sa domination[743].

Peu d'auteurs se sont penchés sur la manière dont la décharge se manifeste dans les relations de pouvoir dans les prisons du continent africain. Toutefois, les travaux de Marie Morelle menés dans la prison de Yaoundé s'accordent parfaitement avec cette analyse. Elle soulignait :

« *[Les* super-détenus*] légitiment et reproduisent le pouvoir des autorités pénitentiaires. En cela, on peut parler d'un dispositif où le pouvoir est diffus,*

---

[740] Voir *supra*, Partie 1, Chapitre 1. A. Voir également B. Hibou, 1999, art. cité, p. 8. Pour une critique : J.-P. Olivier de Sardan, « Béatrice Hibou (dir.), *La privatisation des États », Revue Tiers Monde,* vol. 41, n° 161, 2000, p. 220.

[741] B. Hibou, 1999, art. cité, p. 9.

[742] J.-F. Bayart, 2008, art. cité, p. 130.

[743] R. Delavignette, 1946, *op. cit.*, pp. 121-122. R. Buell, *op. cit.,* p. 431 et p 480. M. Perham, 1945, *op. cit.*, p. 115. J.-P. Bat et N. Courtin, « Postface », in J.-P. Bat et N. Courtin (dir.), *Maintenir l'ordre colonial*, Presses Universitaires de Rennes, 2012, p. 209. Ces résultats invitent à questionner le caractère exceptionnel de la gestion indirecte dans le contexte contemporain. Cette forme de gestion, comme a pu le souligner Béatrice Hibou est une « *banalité historique* », « *une modalité comme une autre d'exercice du pouvoir* ». B. Hibou, 1999, *op. cit.,* p. 42 et p. 60.

où chacun incorpore les normes de fonctionnement de l'espace carcéral. Les détenus ne reçoivent qu'un pouvoir délégué et non autonome, qui consacre le pouvoir institutionnel. Seuls quelques actes et discours, discrets, silencieux, individuels, permettent de nuancer l'assujettissement dont font l'objet les détenus »[744].

Réelle « *technique de gouvernement* »[745], la participation de groupes des détenus à la gestion de la prison, et notamment au renseignement pénitentiaire, est donc la manifestation d'une extension du contrôle de l'État. Le recours aux décharges dans le milieu carcéral nigérien n'est toutefois pas qu'une technique pour l'État de prolonger sa domination ; c'est aussi une méthode lui permettant de consolider son pouvoir.

§2. Une technique de gouvernement consolidant le pouvoir de l'administration

La stratégie étatique de recours aux décharges permet d'absorber les risques de contestation du pouvoir (A). Elle a également pour effet de relégitimer l'État au sein de la prison (B).

A. Des risques de contestations absorbés

En mobilisant dans le fonctionnement de la prison les personnes qu'elle est censée surveiller, la GNN éloigne les risques de contestation[746]. Le recours aux décharges au Niger rapproche en effet ces détenus de l'administration étatique : elle les « bureaucratise », ce qui questionne alors leur nature au sein du dispositif de contrôle (a). De plus, en multipliant les points d'exercice du pouvoir, l'administration contribue à l'instauration d'un climat de méfiance, qui, en divisant les détenus, prévient les risques d'actions collectives (b).

---

[744] M. Morelle, 2013, art. cité, p. 353.
[745] G. Gourgues et J. Le Mazier, 2021, art. cité, p. 11.
[746] M. Vacheret, 2006, art. cité, p. 300.

a. La bureaucratisation des personnes détenues pour prévenir les contestations

Dans ses travaux sur la bureaucratisation néolibérale, Béatrice Hibou invite à appréhender la bureaucratie étatique de manière « *universelle* » : la bureaucratisation « *ne doit pas être comprise comme une administration, un appareil hiérarchisé propre à l'État, une institution, une structure, mais comme un mode de fonctionnement par formalisation systématique, à travers l'usage de normes, de règles, de procédures, de codes* »[747]. Poursuivant cette idée, Eric Komlavi Hahonou et Tomas Max Martin appelaient à appréhender la bureaucratie « *analytiquement et méthodologiquement comme un champ de forces sociales — un espace social relativement autonome et complexe* », en considérant ses acteurs, qu'ils soient formels ou informels[748].

Cette perspective rejoint, au moins partiellement, les conclusions de plusieurs auteurs. Félix Kaguenang considère que les pratiques des super-détenus au Tchad constitueraient des « *formes concrètes de bureaucratisation* »[749] et qualifie la communauté carcérale de « *bureaucratie en miniature* »[750]. S'il se concentre sur les super-détenus, sans analyser leur lien à l'administration, il les voit comme des « *quasi-fonctionnaires* » intervenant au sein d'une « *quasi-bureaucratie* »[751]. Tomas Max Martin et Andrew Jefferson relèvent quant à eux que les détenus agissent comme des agents « *autres* » (« *"other" officers* »)[752]. D'autres travaux sur le vigilantisme relèvent,

---

[747] B. Hibou, « La bureaucratisation néolibérale, ou la domination et le redéploiement de l'État dans le monde contemporain », in B. Hibou (dir.), *La bureaucratie néolibérale,* La Découverte, 2013, p. 9.

[748] Notre traduction, in E. Komlavi Hahonou et T. M. Martin, « Immersion in the bureaucratic field : Methodological pathways », *Critique of Anthropology*, vol. 39, n° 2, 2019, p. 2.

[749] F. Kaguenang, « Nommer un "chef de cour" en milieu carcéral (Tchad) : un processus de bureaucratisation en miniature », 18 mai 2017, mis à jour le 28 décembre 2020 : https://page.hn/4dg6py (accès le 9 août 2025).

[750] *Ibid.*

[751] F. Kaguenang, « Les établissements pénitentiaires au Tchad : Acteurs, stratégies et pratiques bureaucratiques (in)formelles », 28 mai 2017, mis à jour le 28 décembre 2020 : https://page.hn/jrf84h (accès le 9 août 2025).

[752] T. M. Martin et A. M. Jefferson, 2024, *op. cit.*, p. 114.

de la même manière, une « *bureaucratisation* » des acteurs non étatiques[753].

Cette analyse résonne avec notre compréhension de l'exercice de l'autorité dans les prisons nigériennes. Il ne s'agit pas d'évaluer la conformité du modèle d'organisation bureaucratique wébérien à notre contexte, puisque, comme nous l'avons vu, ce modèle est de nature idéal-typique. Cependant, on retrouve de nombreuses caractéristiques, telles qu'une division du travail fondée sur la professionnalisation, une hiérarchie de fonctions, un système de carrière et un ensemble de règles de conduite à tenir[754]. Dès lors, la participation des super-détenus et l'imbrication des détenus au sein du système de contrôle carcéral peuvent se penser comme autant de manifestations d'une bureaucratie hors de tout formalisme, mais contrôlée par l'État. Car si les personnes incarcérées ne sont pas analysées en fonction de leur statut de détenu, mais à partir du dispositif organisationnel en place, la distinction entre personnes détenues et administration étatique s'estompe : les détenus apparaissent alors à la lisière du monde de l'administration étatique.

En échange de leur respect de la discipline et de leur adhésion au système, l'administration les fait participer au fonctionnement de la prison : dans un tel dispositif, il n'y a pas de contestation possible, sauf à perdre la confiance de l'administration que les détenus ont parfois passé des années à construire. Toute trace de dissension pourrait les ramener au statut de simple badaud. Comme l'ont indiqué plusieurs anciens détenus, un super-détenu doit rester discipliné : « *Il peut y avoir un mécontentement, il grommelle, mais ouvertement il sait qu'il n'a pas le pouvoir. Sinon c'est son poste qui se joue* »[755] ; ou : « *On est obligés de faire ce que le régisseur demande* »[756].

L'intensité de l'« *encadrement bureaucratique* »[757] des super-détenus est telle que ces derniers pourraient être pensés avant tout à travers leur subordination à l'État : les super-détenus ne sont alors plus pensés dans leur extériorité à l'administration et s'apparentent à des *acteurs non étatiques bureaucrates*. Ainsi, la mise en lumière des pratiques pénitentiaires illustre un système normatif établi, stable et pérenne — bien que fondé sur la corruption et l'inégalité entre détenus

---

753 L. Fourchard, 2018, *op. cit.,* p. 210. P. Grassin, 2021, art. cité, pp. 169-172. G. Gourgues et J. Le Mazier, 2021, art. cité, p. 30.

754 Voir notamment J. Chevallier, 2019, *op. cit.*, p. 296

755 Entretien avec un ancien détenu, 14 novembre 2021

756 Entretien avec un ancien super-détenu, 5 février 2021.

757 L. Fourchard, 2018, *op. cit.,* p. 215.

—, ce système reposant sur une structure centralisée et hiérarchisée d'autorité claire — bien que complexe. Les détenus eux-mêmes l'évoquaient et qualifiaient les super-détenus de « *personnel prisonnier* » ou des « *employés prisonniers* »[758].

Cette conclusion invite à repenser l'idée que les États africains seraient des États « *sans fonctionnaires* »[759]. Bien que la prison ne soit pas saisie à travers ses normes formelles, leur gestion n'en est pas moins standardisée, organisée et structurée autour d'un dispositif de contrôle qui s'étend à toutes les prisons du pays, et qui implique des acteurs étatiques et non étatiques. Ces réflexions amènent à interroger l'analyse de Béatrice Hibou sur la *décharge* comme indicatrice de la désinstitutionnalisation des États en Afrique[760]. Si les super-détenus ne doivent pas être définis par leur externalité à l'État, mais par leur absorption, et si l'on entend l'institution à travers ses trois éléments communs à toutes les formes d'institutions, c'est-à-dire « *une structure d'autorité, un ordre juridique et un pouvoir de contrainte visant à garantir l'obéissance aux commandements de l'autorité et la soumission aux normes institutionnelles* »[761], ne devrait-on pas en conclure que le fonctionnement des prisons reflète non pas une désinstitutionnalisation, mais une institutionnalisation reposant sur d'autres fondements que le cadre légal-rationnel ? Analyser la bureaucratie des prisons nigériennes de manière « *universelle* » renvoie ainsi à un mode de fonctionnement dirigé par l'administration étatique.

b. L'instauration d'un climat de méfiance dans les prisons pour prévenir les actions collectives

L'absorption des contestations en prison se traduit de manière éclairante dans les pratiques de renseignement. La multiplication des points d'intervention de l'État, ou, plutôt, l'éclatement des sources de renseignement par la mobilisation de détenus informateurs, crée des inquiétudes dans la population carcérale. Ils laissent à penser que la

---

[758] Voir *supra* Partie 2, Chapitre 1. Entretien avec un ancien détenu, 14 novembre 2021. Discussion de groupe avec des hommes détenus, 29 octobre 2021.

[759] J. Copans, « Afrique noire : un État sans fonctionnaires ? », *Autrepart*, vol. 20, nº 1, 2001, pp. 11-26.

[760] B. Hibou, 1999, art. cité, p. 12.

[761] D. Lochak, « Institution (Théorie juridique et sociologique) », in A.– J. Arnaud (dir.), *Dictionnaire encyclopédique de théorie et de sociologie du droit*, LGDJ, 2e édition, 2018, p. 307.

surveillance s'est immiscée dans les moindres recoins de la prison. Plusieurs détenus ont ainsi évoqué des rumeurs qui circulent sur la présence d'agents de renseignement infiltrés dans la prison, tels que des policiers faussement détenus, des membres des renseignements généraux ou des militaires[762].

Dans un climat d'incitation à la dénonciation, ne pas savoir qui participe au renseignement laisse la porte ouverte à des spéculations, générant la normalisation d'un état d'intranquillité qui s'étend à tout l'espace carcéral[763]. Comme le relèvent des détenus, « *tout le monde se méfie du haut jusqu'en bas* »[764] ; « *les murs ont des oreilles* »[765] ; « *ça crée une division partout* »[766] ; « *si tu te confies à quelqu'un, il peut te créer des problèmes* »[767].

Alors que les responsables parviennent à créer de petits groupes d'entraide, dans lesquels ils mutualisent leurs ressources pour acheter de la nourriture ou pour rémunérer d'autres détenus pour cuisiner, ceci ne garantit pas qu'il existe des liens de confiance au sein du groupe. Certains détenus en sollicitent d'autres pour se protéger. Un ancien responsable a ainsi expliqué avoir dû recourir à un *petit*, pour lui « *expliquer ce qui se passe, si on [lui] tend un piège* »[768].

Quant à la plupart des détenus qui n'ont pas de ressources, « *ici, c'est chacun pour soi* »[769]. Ces détenus expliquent préférer se soumettre, par peur d'être sanctionnés. Le « *climat de suspicion* »[770] engendré par le dispositif de renseignement crée un isolement qui empêche tout risque d'action collective. L'instauration de ce contexte de méfiance doit s'envisager comme une caractéristique de la stratégie de contrôle de l'administration visant à maintenir l'ordre interne[771] et à préserver le *statu quo*. On retrouve les effets d'une logique panoptique, au sens où est induite chez les détenus une conscience d'omniprésence invisible

---

[762] Entretien avec un ancien détenu, 28 janvier 2021.

[763] D. Bozzini, « Low-tech Surveillance and the Despotic State in Eritrea », *Surveillance & Society*, vol. 9, nº 1-2, 2011, p. 107. Sur la surveillance comme stratégie naturelle du comportement en prison : A. Oleinik, *Criminalité organisée, Prison et Sociétés Post-Soviétiques,* L'Harmattan, 2001, p. 75 et p. 147.

[764] Entretien avec un ancien détenu, 14 novembre 2021.

[765] Discussion de groupe avec des hommes détenus, 9 novembre 2021.

[766] Discussion de groupe avec des hommes détenus, 5 février 2021.

[767] Entretien avec un ancien détenu, 7 janvier 2023.

[768] Entretien avec un ancien détenu, 14 novembre 2021.

[769] Discussion de groupe avec des hommes détenus, 10 novembre 2021.

[770] Entretien avec un ancien détenu, 14 novembre 2021.

[771] M. Vacheret, 2006, art. cité, p. 300.

du contrôle[772] : alors que l'administration n'est physiquement que peu présente dans les prisons, elle parvient pourtant, en multipliant ses points d'intervention, à renforcer son contrôle.

Les formes d'engagement des détenus — super-détenus et autres détenus informateurs — conduisent à absorber les contestations. En exerçant leurs responsabilités, ces personnes détenues aident à maintenir le contrôle de l'État sur leurs codétenus, et sur eux-mêmes. Ils deviennent des relais de l'autorité et, partant, des vecteurs de stabilisation qui concourent à la reproduction du contrôle étatique. Cette dynamique s'inscrit dans ce que Guillaume Gourgues et Julie Le Mazier nomment une « *participation conservatrice* », concept qui désigne « *toutes les fois où des dispositifs de participation citoyenne contribuent à la reproduction de l'ordre social et politique* »[773]. Dans les prisons nigériennes, les décharges accordées par l'administration étatique installent, et maintiennent, les personnes détenues dans une situation de participation conservatrice, qui renforce le pouvoir de l'État.

Le recours aux décharges dans le contexte carcéral va encore plus loin : en évitant d'être en interaction directe avec les personnes détenues, l'administration se retrouve, *in fine,* légitimée comme source d'ordre et de respect des détenus au sein de la prison.

B. Une administration légitimée

Alors que les détenus ordinaires perçoivent l'exercice du pouvoir super-détenus comme illégitime, nombre d'entre eux expriment le souhait de voir les *Sarkis* et leurs équipes remplacés par des agents de l'État. Pour ces acteurs, la légitimité induite par leur nature étatique induirait davantage de respect. En témoignent les propos de nombreux détenus interrogés : « *Les gardes ne viennent pas eux-mêmes pendant la distribution de nourriture. C'est pas normal ce que ce soient les détenus. Ça devrait être les gardes. Si c'est les gardes, les gens sont obligés de respecter la queue* »[774] ; « *Si c'est les gardes, au moins un*

---

[772] M. Foucault, 1975, *op. cit.,* p. 202. Nous adhérons à une approche fluide des travaux de Michel Foucault, qui interrogent davantage les rapports de pouvoir que l'institution-prison. En ce sens : T. C. Sherman, « Tensions of colonial punishment : perspectives on recent developments in the study of coercive networks in Asia, Africa and the Caribbean », *History Compass*, vol. 7, nº 3, 2009, pp. 669-670.

[773] G. Gourgues et J. Le Mazier, 2021, art. cité, p. 9.

[774] Discussion de groupe avec des hommes détenus, 7 février 2021.

prisonnier n'a pas le droit de prendre l'argent »[775] ; « *Si c'est des gardes, ça se comprend* »[776] ; « *Parfois même si tu veux aller dehors, même le portier ne veut pas te laisser passer. [...] Si c'est la Garde, il va te laisser passer. Parfois la visite c'est à peine une minute et on te dit que c'est l'heure. Si c'est les gardes, ça ne se fait pas* »[777] ; « *Si c'est les gardes, c'est dans le cadre de leur travail, c'est normal, car ils sont là pour ça* »[778]. Les gardes seraient plus respectueux, plus neutres et plus tolérants que les super-détenus : les détenus seraient « *mieux traités, personne ne serait tabassé* »[779].

Par la manière dont ils traitent les badauds, les super-détenus contribuent ainsi à renforcer la légitimité de l'État. Dans cet environnement caractérisé par le mépris, la méfiance et la violence, les détenus, exposant une vision idéelle du comportement des éléments de la GNN, réclament de leur part une plus grande implication : « *Les surveillants, ça peut être une personne qui a pitié d'un détenu. Un prisonnier n'a pas pitié d'un détenu. Même la manière dont les gardes ont pitié de nous, le détenu ne l'a pas. Quand tu vois une personne qui a pitié de toi, tu le vois. On a constaté ça. Une fois en face des gardes, les mots quand ils s'adressent à nous, il y a du respect, on le voit. Les chefs-là [détenus] ne connaissent pas la valeur de l'être humain* »[780].

Ces paroles sont ancrées dans une vision du comportement des agents de l'État qui n'a qu'une faible matérialité — comme cela a été vu par exemple dans la violence qu'ils exercent dans le cadre disciplinaire, mentionnée *supra* –, mais qui évoque le « *rêve* » d'un État protecteur, impartial, délivreur de services d'intérêt général[781]. S'appuyant sur cette vision positive des agents de l'État, les détenus désirent effacer la distance construite entre eux et l'administration étatique et expriment le souhait que les agents étatiques soient les seuls acteurs de l'ordre et la sécurité en prison. L'instrumentalisation des super-détenus contribue ainsi à renforcer la légitimité des éléments de la GNN au sein des prisons, ce qui les préserve, en retour, des potentielles contestations de leur pouvoir.

---

[775] Discussion de groupe avec des hommes détenus, 9 novembre 2021.
[776] Discussion de groupe avec des hommes détenus, 9 novembre 2021.
[777] Discussion de groupe avec des hommes détenus, 5 février 2021.
[778] Discussion de groupe avec des hommes détenus, 2 novembre 2021.
[779] Discussion de groupe avec des hommes détenus, 29 octobre 2021.
[780] Discussion de groupe avec des hommes détenus, 29 octobre 2021.
[781] J.-P. Olivier de Sardan, 2021, *op. cit.*, p. 284. B. Hibou, 2011, *op. cit.*, p. 79. G. Favarel-Garrigues et L. Gayer, 2016, art. cité, p. 30.

Conclusion du Chapitre 2

L'analyse des relations de pouvoir entre la GNN et les personnes détenues a exigé de s'éloigner du concept de *gouvernance*, qui ne permettait pas de mettre en lumière les enjeux de légitimité et d'autorité dans les prisons du Niger. Placer la *gouvernementalité* au cœur de l'analyse a permis d'envisager les personnes détenues comme des appareils de gouvernement, et « *appréhender la participation à l'ordre comme technique de gouvernement, par laquelle il intervient et entretient sa légitimité, ce qui constitue au demeurant l'un des arguments les plus décisifs contre l'idée d'une érosion de son monopole* »[782].

En effet, loin de refléter un recul de la capacité des États ou un délitement dans un contexte de faible légitimité et de faibles ressources[783], la participation des personnes détenues s'appréhende comme une technique de gouvernement. Par un recours à des décharges, par la multiplicité des points d'exercice, la GNN prolonge et consolide son pouvoir. Personnes détenues et agents étatiques s'inscrivent dans un *continuum* d'autorité, au sein duquel les super-détenus sont des *bureaucrates* un peu particuliers. La participation des détenus à l'ordre conduit en effet à les *bureaucratiser*, entraînant une limitation des risques de contestation du pouvoir étatique. En mobilisant plusieurs catégories de détenus pour ses activités de surveillance, la GNN orchestre l'instabilité du *Sarki* et crée des divisions qui traversent toute la population carcérale, absorbant les risques de revendication collective. Plus encore, l'absence de la GNN des quartiers et les actions corruptives et violentes des super-détenus contribuent à relégitimer l'autorité étatique dans la prison, bien que ce soit elle qui oriente le champ de la coercition et qui « *distribue les positions de prédation* »[784]. Dans le domaine carcéral, l'État se caractérise alors par sa capacité à ne pas de se faire voir, « *par sa capacité à être absent, [...] parfois pour mieux interdire et punir* »[785].

Bien que l'autorité qu'exercent les super-détenus sur leurs codétenus soit réelle, celle-ci s'inscrit dans un cadre défini par l'administration. Il ne s'agit, en aucun cas, de conduire à un renversement du pouvoir

[782] G. Gourgues et J. Le Mazier, 2021, art. cité, p. 15.

[783] T. D. Akoensi, 2014, art. cité, pp. 33-38. D. Skarbek, 2020, *op. cit.,* p. 22.

[784] M. Debos et J. Glasman, 2012, art. cité, p. 16.

[785] M. Morelle et S. Planel, « Appréhender des "situations autoritaires". Lectures croisées à partir du Cameroun et de l'Éthiopie », *L'espace politique*, n° 35, 2018, p. 7.

étatique. L'apparente autonomie dont les super-détenus semblent bénéficier est trompeuse et constitue, en elle-même, une modalité de pouvoir. Les personnes détenues participant à l'ordre, qu'il s'agisse de super-détenus ou de simples informateurs, doivent ainsi être avant tout considérées dans le contexte de leur instrumentalisation par la GNN. Acteurs de première ligne, ils sont piégés entre de multiples contraintes : leur reconnaissance par les acteurs externes et leur contestation par les détenus, et leur subordination à l'administration et la nécessité d'affermir leur propre pouvoir au sein des prisons.

Ceci permet de conclure que les formes d'exercice du pouvoir ne révèlent pas de frontières brouillées entre autorité étatique et autorité non étatique : elles révèlent une extension et une diffusion du contrôle de l'État bien au-delà des acteurs étatiques. Dans les prisons du Niger, il s'agit d'une technique de gouvernement valorisant, avant tout, la division, la surveillance, le contrôle et la coercition. Ces dimensions constituent à la fois un mode de fonctionnement de la prison et un objectif, au détriment de toute autre considération.

Cette rationalité du contrôle, qui traverse l'ensemble de la matière carcérale, s'inscrit dans un certain contexte institutionnel, celui d'une *militarité* de l'État, qui se révèle dans la répartition de l'autorité sur les prisons au sein de l'administration centrale. Les conclusions de l'analyse au niveau local se reflètent ainsi à un niveau plus large, l'imbrication de ces deux échelles façonnant les politiques et les pratiques carcérales du Niger contemporain.

PARTIE 3. LA DISTRIBUTION DES POUVOIRS EN MATIÈRE CARCÉRALE DANS L'ADMINISTRATION CENTRALE, MANIFESTATION DE LA PÉNÉTRATION MILITAIRE DE L'ÉTAT

Changer d'échelle, du niveau local des prisons à celui de l'autorité institutionnelle, permet de mieux comprendre les déterminants sur lesquels reposent les rapports de pouvoir et l'exercice de l'autorité carcérale. Le contrôle exercé par la GNN ne se limite en effet pas à l'opération des prisons : il s'étend à l'ensemble de la matière carcérale.

Formellement, au sein de l'administration centrale, les prisons relèvent d'une double tutelle : d'une part, le ministère de l'Intérieur, à travers la GNN, héritier d'une longue tradition de gestion carcérale ; d'autre part, le ministère de la Justice, à travers la Direction Générale de l'Administration, de la Sécurité Pénitentiaire et de la Réinsertion (DGASP/R), censée détenir l'autorité sur les établissements[786]. Les dernières réformes prévoyaient de centraliser l'ensemble des responsabilités sous l'égide exclusive du ministère de la Justice, avec pour corollaire la rupture totale des liens entre l'univers pénitentiaire et la GNN.

Pourtant, plus de trente ans après le transfert théorique de cette autorité, et malgré le soutien des bailleurs internationaux (ou serait-ce l'une des causes de l'échec ?), le ministère de la Justice conserve un rôle marginal dans la répartition effective des pouvoirs. La GNN domine l'intégralité du domaine carcéral, et jouit, en retour, d'une liberté considérable dans l'organisation et la gestion des prisons. Cette configuration reflète un État profondément empreint de *militarité*, notion entendue comme l'*imprégnation militaire* de l'appareil étatique,

[786] La fragmentation, la multiplicité, voire la concurrence entre entités administratives au sein de l'appareil d'État ne sont pas propres au Niger. G. Timsit, « Critique de la gestion pure : la gestion du changement dans le secteur public des pays d'Europe occidentale », *Revue internationale de politique comparée*, vol. 11, n° 2, 2004, p. 306. J. Chevallier, « La reconfiguration de l'administration centrale », *Revue française d'administration publique*, vol. 116, n° 4, 2005, p. 715. M. Crozier et E. Friedberg, *L'acteur et le système. Les contraintes de l'action collective,* Seuil, 1977, p. 194. F. Dupuy et J.-C. Thoenig, *L'administration en miettes*, Fayard, 1985, p. 57. En Afrique : D. Darbon, « Fonctionnaires et professionnels de l'action publique dans les Afriques », *Autrepart*, n° 20, 2001, p. 29.

perceptible dans les acteurs, dans leurs « *marqueurs [...] attachés à la fonction militaire* »[787] et dans leurs modes d'action. Les éléments de la GNN imposent en prison un mode de fonctionnement centré sur la surveillance, le contrôle et la coercition, sans réel contre-pouvoir.

Retracer l'évolution du secteur pénitentiaire permet de comprendre comment il est devenu un domaine partagé entre ministères (Chapitre 1). Au fil des recompositions ministérielles, ce partage s'est transformé en véritable « *arène* » : un espace de confrontation où des acteurs aux intérêts divergents s'affrontent pour l'autorité et l'accès aux ressources[788]. Il ne s'agit plus seulement pour chaque institution de trouver sa place dans un ordre stabilisé, mais bien de mener une lutte pour imposer sa vision du rôle et de la gestion de la prison et, *in fine*, pour contrôler le pouvoir carcéral. Dans cet affrontement, la GNN a su freiner le processus de transformation de la prison et conserver la mainmise sur le secteur, confirmant ainsi la *militarité* de l'État (Chapitre 2).

L'analyse qui suit se veut avant tout descriptive et analytique ; elle ne vise pas à prendre parti en faveur d'une gestion militaire ou civile des prisons. Toutefois, il doit être reconnu que la *militarité*, telle qu'elle se manifeste, neutralise toute forme de contrôle de la GNN. Les conséquences pour les personnes détenues sont considérables, qu'il s'agisse, comme évoqué précédemment, de violences, de la médiocrité de l'alimentation, ou encore des restrictions d'accès aux soutiens externes[789].

---

787 M.-A. Paveau, 2000, art. cité, p. 46. Sur les « *méthodes militaires traditionnelles* » : A. Dissel, « The passing-out parade : demilitarization of the correctional services », *Acta criminological*, vol. 10, n° 1, 1997, p. 17. Toutefois, les militaires ne doivent pas être appréhendés comme un corps homogène et cohérent : R. Luckham, « The military, militarisation and démocratisation in Africa : A survey of literature and issue », in E. Hutchful (dir.) *The military and militarism in Africa* [en ligne], CODESRIA, 1998, p. 44/658. De manière analogue, il conviendra de nuancer les positionnements de chaque ministère.

788 F. G. Bailey, *Les règles du jeu politique. Étude anthropologique*, Presses Universitaires de France, 1971 p. 103 (traduction française de J. Copans). J.-P. Olivier de Sardan, « L'enquête socio-anthropologique de terrain : synthèse méthodologique et recommandations à usage des étudiants », *Études et travaux du LASDEL*, n° 13, 2003, p. 24.

789 Certains éléments de cette section font l'objet d'une publication – à paraître – en langue anglaise : C. Berrih, « The Militarity of the Nigerien State and the Struggle for Prison Reform », *Social Justice*, 2025.

Chapitre 1. Le secteur pénitentiaire, domaine partagé entre le ministère de l'Intérieur et le ministère de la Justice

L'étude des principales réformes carcérales montre que la concurrence entre le ministère de l'Intérieur et le ministère de la Justice illustre une opposition profonde entre deux conceptions de la prison : l'une, sécuritaire, fondée sur la surveillance et le contrôle ; l'autre, plus libérale, portée par les réformes judiciaires et les principes de réinsertion. Domaine traditionnellement régalien, le milieu carcéral cristallise des enjeux politiques majeurs, au sein duquel interviennent une pluralité d'acteurs, nationaux et internationaux, enchevêtrés dans des logiques imbriquées et aux racines parfois anciennes.

La présente analyse s'inscrit dans une littérature émergente, qui invite à examiner les racines profondes des connexions entre les acteurs militaires et les prisons, à se pencher sur les multiples formes que prend la « *pénétration* » de l'institution carcérale par le corps militaire et à analyser les implications de cette association[790]. Dans ce champ de recherche encore peu développé sur le continent africain, le cas nigérien, marqué par l'ancrage historique des relations entre les militaires et les prisons, en offre une illustration particulièrement éclairante.

L'évolution de la répartition des portefeuilles au sein de l'administration centrale, loin d'avoir affaibli les acteurs militaires, éclaire au contraire les contours de la militarité de l'État. La présence continue des militaires constitue une caractéristique déterminante du secteur carcéral au Niger (Section 1), bien que la mission d'administration et de gestion des prisons ait été confiée au ministère de la Justice depuis plus de trois décennies (Section 2).

---

[790] D. Moran, J. Turner et H. Arnold, 2019, art. cité, pp. 221-222. Sur la nécessité d'analyser les prisons et leurs acteurs dans leur contexte historique : J. Weegels, A. M. Jefferson et T. M. Martin, « Confinement Beyond Site : Connecting Urban and Prison Ethnographies », *Cambridge Journal of Anthropology,* vol. 38, n° 1, 2020, p. 2. S. L. Faye, L. N. Njeukam et S. Gear, 2023, *op. cit.,* p. 6.

Section 1. Une autorité sur les prisons initialement exclusivement assurée par les militaires

Replacer l'autorité institutionnelle des prisons dans un contexte historique met en évidence les liens profondément enracinés entre militaires et prisons au Niger et l'existence de continuités dans la gestion de l'enfermement (§1). De nos jours, bien que ce corps ne soit pas spécialisé pour accomplir cette tâche, la GNN assure la surveillance et l'administration des prisons : « *le constat est simple : la Garde fait tout* »[791] (§2).

§1. Des liens profondément enracinés entre acteurs *militaires* et prisons au Niger

Historiquement, les *militaires* ont été des acteurs clefs de la gestion des prisons. Avant de présenter les interactions anciennes entre les militaires et les prisons au Niger (A), il est nécessaire d'explorer au préalable la signification de la dénomination « *militaire* » dans le contexte nigérien (B).

A. La notion d'acteurs « militaires » dans le contexte nigérien

Au Niger, la notion d'acteurs militaires — telle qu'elle est employée par les acteurs pénitentiaires et au-delà — se distingue des orientations de la « *Réforme du Secteur de la Sécurité* » (RSS), promues par les organismes internationaux, qui valorisent la spécialisation des institutions intervenant dans le secteur de la sécurité[792]. Pour ces organisations, tout brouillage des rôles entre « secteurs » — notamment la défense, la police, la justice, ou la prison[793] —, est considéré comme « *désordonné et fondamentalement défectueux* »[794].

---

[791] Entretien avec un élément de la GNN, 26 octobre 2021.

[792] Ce cadre de réforme porté par les pays du Nord a pour objectif d'assister les pays dits partenaires du/des Sud/s à se doter de capacités sécuritaires et judiciaires dans le respect « *des normes démocratiques et des sains principes de bonne gestion des affaires publiques* » : OCDE, *Réforme des systèmes de sécurité et gouvernance. Principes et bonnes pratiques*, 2005.

[793] OCDE DAC, *Handbook on Security Sector Reform. Supporting Security and Justice*, 2007, p. 176, p. 200 et p. 218.

[794] Notre traduction, in J. Beek et M. Göpfert, « State Violence Specialists in West Africa », *Sociologus*, vol. 63, n° 1-2, 2013, p. 104.

Or, une telle séparation n'a pas nécessairement de sens sur le continent africain[795]. Les distinctions entre la multitude d'acteurs étatiques qui se partagent des fonctions de maintien de l'ordre et de sécurité[796] — qu'ils relèvent du ministère de l'Intérieur (GNN et police nationale) ou du ministère de la Défense (gendarmerie nationale et Forces Armées du Niger) — sont floues et régulièrement transgressées[797]. Nombre de ces « *spécialistes de la violence d'État* »[798] sont issus d'un seul et même corps institué au début du XXe siècle[799] : les gardes-cercle, corps colonial du maintien de l'ordre.

Dans les premières années de sa constitution, ce corps était majoritairement composé d'anciens tirailleurs[800], auxiliaires africains de l'administration coloniale mobilisés au service de la conquête des territoires. Si la colonisation ne doit pas être considérée comme le seul facteur explicatif de l'évolution des corps du maintien de l'ordre au Niger[801], il ne fait toutefois aucun doute que ces forces de *colonial policing* (police coloniale) ne procédaient pas d'une dichotomie entre acteurs civils et acteurs militaires[802]. Sous les ordres de l'administration coloniale, les gardes-cercle assuraient des fonctions multiples, incluant

[795] J. Beek et M. Göpfert, 2013, art. cité, pp. 104-105. Voir également E. Blanchard et J. Glasman, « Le maintien de l'ordre dans l'empire français : une historiographie émergente », in J.-P. Bat et N. Courtin (dir.), *Maintenir l'ordre colonial*, Presses Universitaires de Rennes, 2012, pp. 11-41.
[796] Ainsi que des acteurs non étatiques. Voir *supra*, Partie 1.
[797] J. Beek et M. Göpfert, 2013, art. cité, p. 104.
[798] *Ibid.*, pp. 104-105.
[799] *Ibid.*, p. 107. M. Göpfert, 2020, *op. cit.*, p. 27 et p. 63. Dans le même sens : J. Glasman, *Les corps habillés au Togo. Genèse coloniale des métiers de police*, Karthala, 2014, p. 33.
[800] P.-P. Dramé, *L'impérialisme colonial français en Afrique : enjeux et impacts de la défense de l'AOF, 1918–1940*, Paris, L'Harmattan, 2007, p. 52. M. Göpfert, 2020, *op. cit.,* p. 21 et p. 27.
[801] Certaines polices coloniales résultaient d'une greffe d'institutions importées sur des structures vernaculaires préexistantes : E. Blanchard, Q. Deluermoz et J. Glasman, « La professionnalisation policière en situation coloniale : détour conceptuel et explorations historiographiques », *Crime, Histoire & Sociétés*, vol. 15, n° 2, 2011, p. 39. Le corps des gardes-cercles au Niger a remplacé des « *milices locales* » constituées en 1904, mais leur composition et leur mode d'institutionnalisation sont inconnues. M. Tidjani Alou, « La dynamique de l'État post-colonial au Niger », in K. Idrissa (dir.), *Le Niger : État et Démocratie*, L'Harmattan, 2001, p. 101
[802] M. Göpfert, 2020, *op. cit.,* p. 20.

la garde des prisons, la sécurité de l'autorité coloniale, le recensement, l'impôt, le courrier et l'escorte des convois[803].

À l'indépendance du Niger, les gardes-cercle ont donné naissance à la Garde Républicaine placée sous la tutelle du ministre de l'Intérieur[804]. Celle-ci est devenue le premier bassin de recrutement des autres *corps habillés* : Armée Nationale, Gendarmerie Nationale et Police Nationale[805]. Elle a ensuite donné naissance aux Forces Nationales d'Intervention et de Sécurité (FNIS) en 1997, puis à la GNN en 2010, comme cela sera analysé plus loin.

Cette filiation historique avec les forces coloniales est encore revendiquée par les éléments de la GNN[806], comme le rappelait un régisseur : « *La Garde Nationale, c'est le premier corps avant l'armée. C'est les éléments de la Garde. Avant même 1960, on était les Gardes* »[807].

De nos jours, la GNN, qui assure la surveillance des prisons, relève du ministère de l'Intérieur, et non de celui de la Défense. Mais ce rattachement n'a en rien entamé sa militarité structurelle. Le corps est en effet associé à une approche résolument sécuritaire de la prison, par opposition à une conception plus libérale de l'enfermement. Plusieurs acteurs institutionnels soulignaient explicitement : « *les Gardes restent des militaires, c'est du sécuritaire* »[808] ; « *la GNN, ce sont des militaires, c'est la rigidité* »[809].

La militarité du corps de la GNN est une dimension constitutive de son identité. Intégrée aux Forces de Défense et de Sécurité du Niger[810], elle est structurée par des logiques hiérarchiques fortes[811], et par des

---

803 M. Tidjani Alou, 2001, cité, p. 101. M. Göpfert, 2020*, op. cit.*, p. 27.

804 Décret 61-63/MI/NFO du 9 décembre 1961 cité dans M. Göpfert, 2020, *op. cit.*, p. 146.

805 J. Beek et M. Göpfert, 2013, art. cité, pp. 104-105. A. Mahamane, 2008, cité, pp. 46-66.

806 L'argument d'ancienneté est mis en avant par la GNN pour conserver son autorité sur les prisons. Voir aussi le site internet de la GNN, disponible à l'adresse https://page.hn/ml0exl (accès le 8 août 2025).

807 Entretien avec un élément de la GNN, 29 octobre 2021.

808 Entretien avec deux personnels du ministère de la Justice, 14 juin 2022.

809 Entretien avec un personnel du ministère de la Justice, 27 octobre 2021.

810 Arrêté 257/MI/SP/D/AR/GNN du 3 avril 2015 portant règlement de discipline générale du cadre autonome de la GNN (ci-après Arrêté 257) (applicable lors de la collecte de données). Depuis, un nouveau texte l'a réaffirmé : Article 2, Loi 2022-063 du 19 décembre 2022 portant statut du personnel du cadre autonome de la GNN (ci-après Loi 2022-063).

811 Articles 4 et 9 à 11, Loi 2022-063.

missions officielles valorisant un idéal-type militaire (l'autorité, l'obéissance et l'esprit de discipline)[812].

Plus encore, et surtout, les éléments de la GNN revendiquent eux-mêmes cette identité militaire : ils soulignent leur formation principalement militaire[813] et se définissent comme tels. Comme le déclarait un élément de la GNN, interrogé sur un possible changement de statut induit par la réforme alors en cours[814] : « *Moi je préfère rester militaire* »[815].

Cette perception est partagée par les personnes détenues : « *c'est le* Sarki *et les militaires qui m'ont choisi* »[816], « *maintenant tu dois être avec un militaire [pour aller à l'infirmerie]* »[817] ; par les autres acteurs institutionnels : « *Les Gardes restent des militaires* »[818], « *un jour, le haut commandant est venu [à la prison] et a réuni tous les militaires* »[819] ; et par les ONG : « *le régisseur ne comprend pas, c'est un militaire* »[820], « *[*Sarki*], c'est le rapporteur des militaires* »[821].

Compte tenu de l'histoire et du sentiment d'appartenance des éléments de la GNN, l'approche normative de la RSS n'est pas adoptée ici. Nous emploierons la terminologie utilisée par les acteurs nigériens : les éléments de la GNN sont des militaires.

B. La surveillance des prisons par la GNN, une histoire débutant avant l'indépendance

Depuis le début du XXe siècle et tout au long de la colonisation, les prisons ont été surveillées par les gardes-cercle[822] sous la supervision de l'administrateur colonial. Après l'indépendance, et après quelques

---

[812] Article 4, *Ibid.* Articles 4 à 6, Arrêté 257.
[813] Voir *infra*. L'attachement à la militarité des corps habillés n'est pas une exception dans le contexte nigérien : A. Mahamane, 2008, cité, p. 61.
[814] Voir *infra*, Partie 3, Chapitre 1.
[815] Entretien avec un élément de la GNN, 14 novembre 2021.
[816] Entretien avec un enfant détenu, 4 novembre 2021.
[817] Entretien avec un détenu, 9 novembre 2021.
[818] Entretien avec un personnel du ministère de la Justice, 14 juin 2022.
[819] Entretien avec un personnel d'une institution indépendante, 19 juin 2022.
[820] Entretien avec un personnel d'une organisation intervenant en prison, 28 mai 2020.
[821] Entretien avec un personnel d'une organisation intervenant en prison, 15 juin 2022.
[822] Les prisons sont restées sous la tutelle du ministère des Colonies, y compris lorsque le rattachement des prisons aux acteurs de la Justice a fait l'objet d'un débat en France métropolitaine. C. Carlier, « La balance et la clef. Histoire du rattachement de l'administration pénitentiaire au ministère de la Justice », *Criminocorpus*, 2011, §230.

ajustements dans la chaîne de commandement (a), ces acteurs sont restés responsables des prisons en dépit de changements de dénomination (b).

a. Des tâtonnements après l'indépendance sur la chaîne de commandement

Les gardes-cercle ont été chargés de la surveillance des prisons jusqu'à leur changement de dénomination à l'indépendance[823] : ils sont devenus des éléments de la Garde républicaine, reprenant la gestion des prisons, sous la tutelle du ministère de l'Intérieur[824]. Le premier décret déterminant l'organisation et le régime intérieur des prisons, daté du 15 juin 1963[825], désignait ce ministère comme l'unique autorité responsable de l'administration pénitentiaire. Les prisons étaient dirigées par un régisseur aux attributions très étendues, incluant la garde et la surveillance des personnes détenues, le maintien de l'ordre et de la discipline, l'entretien et l'alimentation, la propreté intérieure, la comptabilité, ou la tenue des registres. Le régisseur devait assurer, selon les termes mêmes du décret, « *en un mot tout ce qui concerne l'administration de l'établissement dont il a la charge* »[826].

En outre, la réglementation précisait que chaque régisseur avait sous ses ordres un gardien-chef et des gardiens, qui lui étaient subordonnés et lui devaient obéissance[827]. Ces gardiens pouvaient être soit des personnels de la Garde républicaine, soit des personnels issus d'un cadre spécialisé[828]. Le régisseur, quant à lui, était désigné par arrêté du ministère de l'Intérieur parmi les agents de la circonscription administrative, ou prélevé dans un cadre spécialisé[829].

En l'absence d'un tel cadre, l'ensemble des gardiens relevaient exclusivement de la Garde Républicaine[830]. Cependant, le recrutement

---

[823] Auparavant, la réglementation applicable était l'Arrêté 1635 APA du 29 août 1952 réglementant les prisons au Niger, qui réaffirmait que le régisseur et les gardes étaient sous les ordres du chef de circonscription administrative.
[824] M. Tidjani Alou, 2001, cité, p. 101
[825] Décret 63-103/MI du 15 juin 1963, modifié par le Décret du 25 novembre 1965. Ce décret d'une centaine d'articles détaillait aussi, notamment, le régime de la détention, les normes en matière de discipline, d'hygiène, ou de couchage.
[826] Article 11, Décret 63-103/MI du 15 juin 1963.
[827] *Ibid.*
[828] Article 7, *ibid.*
[829] Articles 7 et 10, *ibid.*
[830] Entretien avec un ancien magistrat, 10 février 2023.

des régisseurs n'étant pas limité à un seul corps, des frictions de commandement sont apparues. Entre le milieu des années 1970 et le début des années 1980, des régisseurs issus de la Gendarmerie nationale ont été nommés à la tête des prisons. Ainsi, les établissements étaient dirigés par un régisseur de la Gendarmerie Nationale, alors que les gardes, qui leur étaient subordonnés, relevaient toujours de la Garde Républicaine. Cette absence de chaîne de commandement unifiée a généré des tensions entre corps, et même des révoltes des gardes contre leur hiérarchie. Selon les personnes interrogées, les régisseurs de la Gendarmerie Nationale auraient eu tendance à sanctionner sévèrement les éléments de la Garde Républicaine affectés en prison, parfois en les incarcérant pour des fautes mineures[831]. Le haut commandant de la GNN en poste en 2022, revenant sur cette période, soulignait la nécessité de regrouper l'ensemble des personnels affectés à la prison au sein d'une chaîne de commandement cohérente :

« *Avant, les gendarmes faisaient la gestion, et quel que soit le garde qui déconne, on le met en prison. [...] Le regroupement avec la Garde, c'est pour éviter les tiraillements inutiles. L'enjeu est d'éviter l'affrontement entre deux corps. Un corps a le chapeau d'un autre corps. Il punit, il sanctionne, il ne voit que son intérêt. Le régisseur n'hésite pas à mettre en prison. On peut arriver à des révoltes de subordonnés, alors que ce sont des amis, des frères. [...] C'était un problème d'incohérence, pour que le commandement soit unifié* »[832].

Dans les années 1980, cette dualité de corps a été levée : la gestion des prisons a été placée sous l'autorité exclusive de la Garde Républicaine[833]. Cette unification de la chaîne de commandement perdure jusqu'aujourd'hui : le régisseur d'une prison est également le commandant de l'escadron chargé de sa surveillance[834]. En 1988, pour renforcer l'administration des prisons, une Direction de

---

[831] Sur les piètres relations entre gendarmes et éléments du FNIS : M. Göpfert, 2020, *op. cit.*, p. 38.
[832] Entretien avec le haut commandant de la GNN, 1er août 2022.
[833] La prison de Zinder a par exemple été dirigée par un régisseur de la Gendarmerie Nationale de 1975 à 1981, avant d'être dirigée par un régisseur de la Garde républicaine. Rapport interne sur la prison de Zinder, 2020.
[834] Entretien avec un élément de la GNN, 16 novembre 2021.

l'Administration Pénitentiaire a été créée au sein de ministère de l'Intérieur[835].

b. Au gré de changements de dénomination, une responsabilité constante

Depuis les années 1980, les prisons nigériennes sont dirigées et gérées par un même corps, bien que celui-ci ait changé de dénomination au fil du temps. En 1997, la Garde Républicaine a été restructurée après l'intégration d'anciens combattants rebelles au sein des Forces de Défense et de Sécurité[836], et renommée Forces Nationales d'Intervention et de Sécurité (FNIS). Celles-ci ont conservé, dans leur mandat, l'administration des prisons, ainsi que de multiples autres tâches[837].

En 2010, après avoir défendu sans succès le président Mamadou Tanja qui tentait de prolonger son mandat au-delà des limites constitutionnelles, les FNIS ont été restructurées à leur tour et rebaptisées GNN. Le texte fondateur de la GNN et les textes ultérieurs lui attribuent expressément l'« *administration, la gestion et la surveillance des établissements pénitentiaires* »[838]. Ces textes révèlent une approche résolument sécuritaire de l'incarcération : ils mettent l'accent sur la surveillance des détenus et la prévention des évasions[839]. Aucune mission de réinsertion ou de réhabilitation n'incombe à la GNN. Cette approche de l'enfermement s'inscrit dans la nature même de l'institution, dont le rôle premier est la surveillance du territoire national[840].

---

835 D. Soulas de Russel et A. Yaou, « Une illustration de la situation pénitentiaire dans les pays les plus pauvres : le Niger et le camp pénal de Daïkaïna », *Penant*, n° 822, 1996, p. 282.

836 Accord de paix du 24 avril 1995 entre le gouvernement et la rébellion touareg.

837 A. Abdoulkader, « Le "bien" sécurité dans trois communes (Guidan Roumdji, Balleyara et Say). Des logiques de l'État aux logiques locales, ou la diversité d'acteurs », *Études et travaux du LASDEL*, n° 105, 2013, pp. 40-41.

838 Article 5, Loi 2022-063, modifiée par l'Ordonnance 2024-09 du 3 avril 2024. Cette responsabilité lui avait été retirée par la Loi 2022-063 puis a été rétablie par la junte en avril 2024. Précédemment : Ordonnance 2010-61 du 7 octobre 2010 portant statut du personnel du cadre autonome de la GNN (ci-après Ordonnance 2010-61), Décret du 2 octobre 2015, Arrêté 258/MI/SP/D/AR/GNN du 3 avril 2015 portant règlement intérieur du personnel du cadre autonome de la GNN (ci-après Arrêté 258).

839 Articles 96 et 97, Arrêté 258.

840 Article 5, Loi 2022-063.

§2. L'administration des prisons par la GNN, corps non spécialisé

La GNN est une composante de la force publique de sécurité intérieure[841]. Bien que la mission d'administration et de surveillance des prisons soit inscrite dans son histoire, elle n'a jamais constitué sa tâche principale. Cette mission reste, encore aujourd'hui, l'une de ses multiples responsabilités. Comme le soulignait un représentant d'ONG, la GNN est un corps « *fourre-tout* »[842], aux fonctions particulièrement étendues. En dehors de ses missions dans les prisons, elle est également chargée, seule ou avec d'autres Forces de Défense et de Sécurité, de la surveillance du territoire national, de la sécurité publique, du maintien et du rétablissement de l'ordre, de la protection des édifices publics, des personnes et de leurs biens, de la protection civile, de l'exécution de la police administrative en zone rurale et pastorale, ou encore de la recherche et constatation des infractions — cette liste n'étant pas exhaustive[843].

Or, la GNN, déployée sur l'ensemble du territoire, est caractérisée par une forte mobilité géographique et fonctionnelle. À l'exception de quatre prisons dites « *sensibles* », dotées d'unités fixes[844], les unités déployées en prison ne le sont pas de manière permanente. Sur décision du haut commandant, les éléments peuvent être redéployés à tout moment, y compris pour des missions de surveillance du territoire dans une autre région[845].

La politique de déploiement et d'avancement des unités est peu lisible. La participation à des stages à l'étranger ou à des formations spécialisées au niveau national n'est, par exemple, pas un critère déterminant pour une affectation à la surveillance de prisons. Un cadre du ministère de la Justice expliquait ainsi : « *Je savais que les gardes se formaient jusqu'en Algérie, et ensuite pour des raisons qu'on ignore, on les place à des postes autres que la gestion pénitentiaire. [...] Il y a*

---

[841] Article 2, *Ibid.* Article 2, Ordonnance 2010-61.

[842] Entretien avec des personnels d'une organisation intervenant en prison, 17 novembre 2021.

[843] Article 5, Loi 2022-63.

[844] La décision de disposer d'une unité fixe dans une prison est fonction de son caractère *sensible*. En 2022, trois des prisons concernées par les unités fixes accueillaient des personnes détenues pour terrorisme (Niamey, Kollo, Koutoukalé), la dernière d'importantes personnalités politiques (Filingue). Entretien avec un élément de la GNN, 2 août 2022.

[845] Entretien avec des personnels d'une organisation intervenant en prison, 17 novembre 2021. Entretien avec un élément de la GNN, 1er août 2022.

des gens qui sont formés jusqu'aux États-Unis et ensuite on les affecte, ils deviennent commandants de peloton, dans le désert. »[846] Plusieurs régisseurs rencontrés indiquaient n'avoir jamais suivi de stage à l'étranger, y compris des régisseurs en fin de carrière[847]. Certains évoquent une politique d'affectation fondée sur les possibilités d'accumulation de ressources en prison[848]. Quelle qu'en soit la cause, nombre d'escadrons sont affectés à la gestion des prisons sans aucune autre formation que leur formation militaire, comme le soulignait un acteur institutionnel : « *C'est un garde qu'on prend comme ça, qui n'a aucune notion de gestion des maisons d'arrêt, qu'on le bombarde régisseur. Il vient de façon brute. Il veut appliquer les décisions militaires malgré qu'il y a des règles* »[849] ; ou encore « *La Garde, ils n'ont suivi aucune formation pour les maisons d'arrêt. La mission principale est la sécurité intérieure. C'est accessoirement qu'on a confié les maisons d'arrêt, sans être formés, c'est sur le tas* »[850].

À partir des années 1990 ont commencé à émerger des critiques sur cette approche jugée sécuritaire des prisons, l'instabilité des éléments de la GNN et leur manque de qualification. La militarité du corps de la GNN va en effet apparaître problématique dans un contexte d'ouverture des prisons à la démocratie et aux droits humains, qui a renouvelé les attentes en matière carcérale.

Section 2. Une autorité sur les prisons officiellement attribuée au ministère de la Justice

De 1990 à mars 2024, un processus de réforme a tenté d'affaiblir les liens profondément enracinés entre militaires et prisons, en transférant l'autorité sur les prisons au ministère de la Justice. Cette évolution ne se résume pas à une simple réorganisation des portefeuilles. Le milieu pénitentiaire se distingue en effet des autres champs de réforme : la réforme de la prison soulève « *des enjeux ayant trait à la démocratisation et à l'adhésion aux principes de l'État de droit, mais aussi à l'affirmation de l'autorité et d'un pouvoir sécuritaire* »[851]. Au

---

[846] Entretien avec un cadre du ministère de la Justice, 25 novembre 2021.
[847] Entretien avec un élément de la GNN, 14 avril 2022.
[848] Voir *infra* les questions de redevabilité liées au budget : Partie 3, Chapitre 2.
[849] Entretien avec un personnel d'une institution indépendante, 4 février 2021.
[850] Entretien avec un personnel du ministère de la Justice, 17 juin 2022.
[851] Y. Bouagga, « Passeurs de murs. Pour une socioanthropologie des réformateurs des prisons africaines », *Politique africaine*, vol. 155, nº 3, 2019, p. 112.

Niger, elle est le produit d'une lutte idéologique autour des finalités de l'enfermement, et révèle en cela une facette centrale de la nature de l'État.

L'étude des tentatives de « *démilitarisation* » pénitentiaire fait apparaître une tension entre deux approches : l'une, avant tout sécuritaire de l'enfermement, centrée sur le contrôle et la discipline ; l'autre, plus libérale, axée sur la réinsertion[852], qui a émergé dans une dynamique d'ouverture démocratique de l'État[853].

Trois grandes phases de réforme se distinguent : une première tentative de rupture avec un régime politique jugé autoritaire, qui introduit la double tutelle (§1) ; une deuxième réforme, en 1999, qui est restée lettre morte (§2) ; enfin, une dernière réforme initiée, amorcée dans les années 2010, visant à rompre totalement les liens entre la GNN et les prisons, jusqu'à son abandon en mars 2024 (§3).

§1. L'attribution de l'autorité institutionnelle sur les prisons au ministère de la Justice

Le transfert de l'autorité sur les prisons vers le ministère de la Justice a été initié dans un contexte de volonté de changement de régime politique. Après trois décennies de régime autoritaire — un régime de parti unique (1960-1974), puis d'un gouvernement militaire (1974-1987) — la mort de Seyni Kountché en 1987 a marqué le début d'une phase de « *décrispation* », selon les termes de son successeur Ali Saïbou[854]. Bien que le pouvoir soit resté entre les mains des militaires, cette période intermédiaire de « *détente généralisée du climat politique et social* »[855] s'est caractérisée, dans le milieu carcéral, par une extension des prérogatives du ministère de la Justice. En 1991, un décret lui attribue formellement la responsabilité de l'administration des prisons[856].

---

[852] Voir *infra*, Partie 3, Chapitre 1.

[853] Sur l'impact des changements démocratiques sur les réformes pénitentiaires : P. Artières et P. Lascoumes, « Prison et changement démocratique », *Critique internationale*, vol. 16, n° 3, 2002, p. 119.

[854] R. Idrissa, *Historical Dictionary of Niger* [en ligne], 5e édition, Rowman & Littlefield, 2020, 64/739.

[855] E. Apard, « Les modalités de la transition démocratique au Niger : l'expérience de la conférence nationale », in B. Salvaing (dir.), *Pouvoirs anciens, pouvoirs modernes de l'Afrique d'aujourd'hui*, Presses Universitaires de Rennes, 2015, p. 154.

[856] Article 1, Décret 90-20/PRN/MJ du 7 février 1991, déterminant les attributions du ministre de la Justice, garde des Sceaux.

La phase de décrispation a été suivie d'une montée des contestations, sur fond de crise économique et sociale[857], qui contraint le président à accepter la tenue d'une Conférence nationale, qui a lieu de juillet à novembre 1991. Celle-ci ouvre la voie à la « *démocratisation* » du Niger, à l'image d'autres pays du continent africain. L'objectif affirmé est « *d'instaurer les conditions véritables d'une vie démocratique et républicaine et ce dans tous les domaines* »[858]. Dans ce contexte s'est imposée l'idée que les prisons doivent cesser d'être uniquement des lieux de répression, pour devenir des institutions capables de « *resocialiser* »[859] et préparer la réinsertion des personnes incarcérées. Il s'agit ainsi de renouveler la conception de l'enfermement — en soulignant les liens entre la détention et la réinsertion[860] — sans toutefois le remettre en cause[861].

En 1992, un arrêté crée une Direction de l'administration pénitentiaire, de l'application des peines et de la libération conditionnelle, placée sous la tutelle du ministère de la Justice, avec une section dédiée à l'administration pénitentiaire[862]. Le texte est ambitieux : il attribue à la nouvelle section de nombreuses missions — la gestion des prisons, leur inspection, l'élaboration, l'application et le contrôle de la réglementation pénitentiaire, ainsi que l'élaboration et la mise en œuvre de statuts pour régir et gérer le personnel pénitentiaire. Cependant, cet élan réformateur, considéré comme un progrès pour la

---

[857] M. Gazibo, *Les paradoxes de la démocratisation en Afrique*, Presses de l'Université de Montréal, 2005, pp. 71-92

[858] Haut Conseil de la République, *Conférence nationale. Rapport général des travaux*, vol. 1, 1991, p. 66.

[859] Échange avec un ancien magistrat, 10 février 2023.

[860] Cette interprétation s'inscrit en parfait accord avec l'idée d'une prison resocialisante et réhabilitative – un « *mythe* » que nombre d'auteurs ont critiqué, car il contribue *in fine* à légitimer la prison en donnant un *sens* à la peine : C. Faugeron et J.-M. Le Boulaire, « Prisons, peines de prison et ordre public », *Revue française de sociologie*, vol. 33, nº 1, 1992, p. 27. Voir également J.-C. Froment, « La réforme pénitentiaire en France. Débats intemporels, évolutions conjoncturelles », *Droit et Société*, vol. 78, nº 2, 2011, p. 376.

[861] Si la Conférence demande de réduire les peines prononcées, elle maintient les condamnations des personnes déjà jugées et légitime l'utilisation de la prison : Acte nº XXXIX/CN du 31 octobre 1991 portant remise gracieuse de peines. Par ailleurs les conférenciers appellent à retrouver les personnes qui se sont évadées et créent de l'insécurité dans la capitale : https://page.hn/j93uf9 (accès le 8 mai 2025).

[862] Arrêté 012/MJ/GS du 12 février 1992 fixant l'organisation interne et les attributions de la direction de l'administration pénitentiaire, de l'application des peines et de la libération conditionnelle.

prise en charge des personnes détenues[863], se heurte rapidement aux limites des moyens humains et matériels. La section est constituée d'une seule personne[864], qui doit à la fois régulièrement visiter la trentaine de prisons réparties sur le territoire et élaborer un cadre statutaire pour le personnel de l'administration pénitentiaire. La dévaluation du franc CFA en 1994 accentue les difficultés budgétaires, mettant un terme à cette dynamique. Le ministère de l'Intérieur disposant des ressources pour poursuivre ses activités en prison, le retrait des militaires devenait moins pressant, comme en témoignait cet ancien magistrat : « *Au moins, le ministère de l'Intérieur avait les moyens propres pour injecter dans les prisons afin de pallier à (sic) l'insuffisance des crédits alloués. Par contre, le ministère de la Justice qui n'y était pas préparé, n'en avait pas* »[865]. À partir du milieu des années 1990, la prison ne constituait plus un objectif prioritaire des politiques publiques[866].

Cette réforme de 1991-1992, bien qu'elle ait eu peu d'effet sur les lieux de détention et les détenus, a tout de même introduit un changement structurel : elle a transformé le secteur pénitentiaire en un espace de « *pluralisme juridique interne* »[867] marqué par un chevauchement de normes contradictoires. En pratique, la Garde républicaine continue d'assurer seule l'administration des prisons, malgré une nouvelle législation confiant leur gestion au ministère de la Justice. Ce dualisme ne donne pas immédiatement lieu à un conflit institutionnel ouvert : les tâches et les responsabilités de chaque institution sont réparties entre le ministère de la Justice, qui disposait du budget pour les soins aux détenus (alimentation, santé, intrants agricoles)[868], et la GNN, qui assurait la surveillance et la gestion quotidiennes des prisons. Ce partage, toujours en vigueur aujourd'hui, consacre l'introduction du ministère de la Justice dans la gestion des prisons, et instauration de la double tutelle.

---

[863] D. Soulas de Russel et A. Yaou, 1996, art. cité, pp. 282-283.

[864] Article 2, Arrêté 012/MJ/GS du 12 février 1992. Entretien avec un ancien magistrat, 10 février 2023.

[865] Échange avec un ancien magistrat, 11 février 2023.

[866] D. Soulas de Russel et A. Yaou, 1996, art. cité, p. 282 et pp. 285-286.

[867] B. de Sousa Santos, 2020, cite, p. 114.

[868] Entretien avec un élément de la GNN, 20 juin 2022.

§2. Une deuxième réforme qui restera lettre morte

En 1999, une nouvelle tentative de réforme est lancée. Partant du principe que la création d'un corps spécialisé constituait l'une des conditions de réussite des initiatives de libéralisation de la prison et de renforcement de sa fonction éducative[869], il est alors jugé nécessaire de centraliser l'ensemble des activités pénitentiaires au sein du ministère de la Justice et, ainsi, *démilitariser* effectivement les prisons, tant sur le plan institutionnel qu'organisationnel[870]. Un décret est adopté pour remplacer le personnel des FNIS[871] par des agents relevant exclusivement de la section de l'administration pénitentiaire[872].

Cependant, ces textes ont été adoptés dans un contexte politique profondément instable. Les deux décrets interviennent quelques mois après le coup d'État de Daouda Malam Wanké, qui renverse Ibrahim Baré Maïnassara en avril 1999, et quelques mois avant l'élection présidentielle de décembre 1999 qui porte Mamadou Tandja au pouvoir.

Faute de volonté politique, la réforme ne sera pas mise en œuvre. Elle reste lettre morte, n'est « *rien d'autre que des taches d'encre sur du papier* »[873], comme en témoignait l'ancien ministre de la Justice Marou Amadou : « *La réforme de 1999 était tombée avec le coup d'État. La loi n'était plus accrochée à un régime particulier. Les lois adoptées n'étaient pas appliquées. Il n'y avait pas une volonté manifeste de les reconnaître* »[874].

Malgré plusieurs tentatives pour relancer la mise en œuvre du règlement[875], les textes réglementaires restent inappliqués. Ce n'est

---

[869] D. Soulas de Russel et A. Yaou, 1996, art. cité, p. 289.

[870] Si la terme de démilitarisation n'est pas utilisé au Niger, son emploi pour décrire le retrait des militaires du gouvernement des prisons est jugé pertinent.

[871] Corps ayant remplacé la Garde républicaine en 1997, voir *supra*, Partie 3, Chapitre 1.

[872] Décret 99-368. Un autre décret disposait que les personnels des prisons étaient désormais nommés par le ministre de la Justice, et non plus par le ministre de l'Intérieur : Articles 27 à 31, Décret 99-369.

[873] J. Griffiths, « Une législation efficace : une approche comparative », in D. Darbon et J. du Bois de Gaudusson (dir.), *La création du droit en Afrique*, Karthala, 1997, p. 55.

[874] Entretien avec Marou Adamou, ancien ministre de la Justice (2011-2021), 25 novembre 2021.

[875] Ministère de la Justice, *Rapport des États Généraux de la Justice,* 2012, p. 19, p. 24-25 et pp. 65-66. Ministère de la Justice, *Politique Nationale Justice et Droits*

qu'avec l'arrivée de nouveaux acteurs engagés dans la réforme, conjuguée à l'implication croissante de partenaires internationaux, que les lignes de pouvoir entre ministère de la Justice et ministère de l'Intérieur commenceront à évoluer. Les dynamiques nationales de restructuration du champ pénitentiaire vont alors rencontrer un modèle valorisé au niveau international, celui d'une administration civile des prisons détachée de l'autorité militaire.

§3. La montée en puissance du secteur pénitentiaire au sein du ministère de la Justice

Au début des années 2010, l'arrivée de personnalités engagées au sein du ministère de la Justice a coïncidé avec l'implication de nouveaux acteurs internationaux intéressés par la réforme de la chaîne pénale et la démilitarisation des prisons (A). Cette convergence a favorisé l'élaboration d'une nouvelle réforme structurant le domaine pénitentiaire autour du seul ministère de la Justice et visant à rompre tout lien avec les militaires (B).

A. La rencontre entre une démilitarisation valorisée à l'échelle internationale et des revendications nationales

La dernière réforme s'inscrit dans un contexte d'investissement croissant des acteurs internationaux dans le secteur judiciaire et pénitentiaire[876] — les « *passeurs de murs* » selon la qualification de

---

Humains, 2015, p. 39. Ministère de la Justice, *Plan d'action de mise en œuvre de la Politique Nationale Justice et Droits Humains 2016-2025*, 2015.

[876] Est ici décrite la manière dont les acteurs internationaux participent à la réforme sans interroger la pertinence de leur implication. Cette question n'en est pas moins légitime et sera abordée dans la conclusion générale. Relevons par ailleurs que les coopérants français sont restés très présents après l'indépendance du Niger y compris dans le domaine de la sécurité (D. Soulas de Russel et A. Yaou, 1996, art. cité, pp. 281-289. P. David, *Niger en transition 1960-1964. Souvenirs et rencontres,* L'Harmattan, 2007, 303 p. La période post-indépendance marque paradoxalement le moment de la plus forte implication française au Niger : C. Lefebvre, *Frontières de sable, frontières de papier*, Paris, Éditions de la Sorbonne, 2019, pp. 467-469). Toutefois, l'implication de nombreux auteurs acteurs dans le domaine de la justice dans les années 2000 est une nouveauté : M. Tidjani Alou, 2005, cité, pp. 28-29. Ce phénomène se retrouve dans d'autres contextes : A. M. Jefferson, « Reforming Nigerian Prisons : Rehabilitating a "Deviant" State », *The British Journal of Criminology*, vol. 45, nº 4, 2005, p. 487. M. Morelle, P. Awondo, H. Birwe et G.M.

Yasmine Bouagga[877] —, avec pour principal axe la démilitarisation du secteur pénitentiaire.

Le premier Congrès des Nations unies pour la prévention du crime et le traitement des délinquants en 1955 considérait déjà le caractère « obsolète » de la présence militaire en prison[878]. Mais c'est surtout au lendemain de la guerre froide que la démilitarisation des prisons a été promue comme vecteur de transition démocratique des États, la démocratie étant alors considérée comme un objectif universel à atteindre[879]. Initialement destinée à restructurer les anciens régimes communistes européens[880], cette dynamique est reprise dans les années 2000 avec l'avènement de l'État de droit et sous l'égide de l'approche de la « Réforme du secteur de la sécurité » (RSS)[881], une approche visant à reconfigurer les équilibres internes des systèmes de sécurité des « *pays partenaires* »[882]. Le Comité d'Aide au Développement (CAD) de l'Organisation de coopération et de développement économiques (OCDE) identifie ainsi comme priorité la mise en place « *d'un système carcéral démilitarisé, professionnel, sous contrôle civil et axé sur la réinsertion des détenus* »[883]. Dans ce modèle, la séparation des fonctions entre militaires et prisons et le transfert de l'autorité pénitentiaire aux civils deviennent des marqueurs centraux de

---

Eyenga, « Politique de réforme et matérialité de la prison au Cameroun », *Politique africaine*, vol. 150, nº 2, 2018, pp. 81-87.

877 Y. Bouagga, 2019, art. cité, pp. 105-130. Relevons qu'au Niger,

878 Notre traduction, in M. Lopez-Rey, « The First United Nations Congress on the Prevention of Crime and Treatment of Offenders », *Journal of Correctional Work*, vol. III, 1956, p. 8.

879 Sur la critique du biais démocratique : M. Engueleguele, « Théories et approches du développement en Afrique : Entre renouveau et crise ? » in M. Gazibo et C. Thiriot (dir.), *Le politique en Afrique,* Karthala, 2009, p. 231. T. Carothers, « The end of the transition paradigm », *Journal of Democracy*, vol. 13, nº 1, 2002.

880 Assemblée parlementaire du Conseil de l'Europe, *Résolution 1096*, 1996, §5. Ce passage a par exemple été l'une des conditions imposées à la Russie pour devenir membre du Conseil de l'Europe. Y. Ivanovich Kalinin, « The Russian Penal System : Past, Present and Future », *Centre International d'Études Pénitentiaires*, 2002, p. 10. Voir toutefois L. Favarel-Garrigues, « Priorités et limites de la politique pénitentiaire en Russie », *Critique internationale*, vol. 16, nº 3, 2002, p. 123.

881 B. Adam, « Pas de développement sans sécurité, ni de sécurité sans développement », *Groupe de recherche et d'information sur la paix et la sécurité*, 2008, p. 3.

882 Sur l'eurocentrisme d'une telle approche : R. Luckham, 1998, cité, 35-36/658.

883 OCDE, *Manuel sur la réforme des systèmes de sécurité*, 2007, p. 214.

la démocratisation[884]. Le passage à une administration civile dans le milieu pénitentiaire se pare alors de multiples vertus : il permettrait de considérer les femmes et les hommes détenus « *comme des citoyens et non pas comme des ennemis* »[885], induirait une meilleure prise en compte des droits des personnes incarcérées et préparerait mieux ces dernières à leur réintégration sociale[886]. Le lien entre démilitarisation d'une part, et droits et réinsertion des détenus d'autre part, a eu des effets (ne serait-ce qu'au niveau normatif) dans plusieurs pays, notamment dans les espaces extra-occidentaux[887].

Au Niger, c'est l'objectif d' « *amélioration de l'État de droit* » qui motive la formulation des axes de travail du *Programme d'Appui aux Réformes Judiciaires au Niger* (PARJ), adopté en 2003 et soutenu par le Fonds Européen de Développement. Ce programme appelle au remplacement de tous les éléments de la Garde par du personnel civil spécialisé[888]. Comme souvent, le soutien aux réformes pénitentiaires est intervenu dans un second temps, après des projets centrés sur la réforme du système de la justice[889] : le projet *Appui aux Réformes Judiciaires*

---

[884] P. Artières et P. Lascoumes, 2002, art. cité, p. 120. Centre International d'Études Pénitentiaires, *Note d'orientation n° 7. Mettre les prisons sous un contrôle civil : la démilitarisation*, King's College London, 2006, p. 2. La démocratisation est entendue ici comme un processus de libéralisation des régimes jugés autoritaires, prenant en référence les caractéristiques de la démocratie libérale (au-delà du critère d'élections pluralistes). R. A. Dahl, *Toward Democracy : A Journey. Reflections, 1940-1997*, Institute of Governmental Studies Press, University of California, 1997, p. 48.

[885] Centre International d'Études Pénitentiaires, 2006, *op. cit.*, pp. 1-2.

[886] *Ibid.* A. Dissel, 1997, art. cité, p. 22. Association pour la Prévention de la Torture (APT) et Penal Reform International (PRI), *La culture institutionnelle en détention : cadre pour un monitoring préventif*, 2013, p. 5. Le discours sur la démilitarisation s'insère parfaitement dans le discours réformateur et le « *mythe* » de la prison. Voir *supra*, Partie 3, Chapitre 1.

[887] A. Dissel et E. Ellis, « Ambitions réformatrices et inertie du social dans les prisons sud-africaines », *Critique internationale*, vol. 16, n° 3, 2002, p. 141. Ministère de la Justice, *Stratégie Nationale de démilitarisation des établissements pénitentiaires de la RCA*, 2019, p. 3.

[888] Axe 6, Thales, *Mission d'analyse et de formulation du cadre général du processus de réforme et du Programme d'Appui aux Réformes Judiciaires au Niger – PARJ*, 2002, p. 6. La formulation du PARJ a été coordonnée par le bureau d'étude français Thales, suivant une approche considérée comme participative (incluant les acteurs locaux et internationaux).

[889] H. Colineau, « La réforme soutenue par la coopération de l'Union européenne : peut-on parler de diffusion d'un modèle pénitentiaire ? », in J.-C. Froment et M. Mathieu (dir.), *Droit et politique. La circulation internationale des modèles en question,* Presses de Sciences Po, 2014, p. 345.

(ARJUDI) (2003-2009)[890], puis le *Programme d'Appui à la Justice et à l'État de droit* (PAJED I) (2006-2010), centré sur le secteur judiciaire. Le PAJED II (2012-2017) intègre pour la première fois une composante pénitentiaire et accompagne l'adoption des textes en 2017 et 2019 créant un corps civil rattaché au ministère de la Justice, qui seront analysés *infra*[891].

Bien que le soutien international ait joué un rôle majeur, il serait réducteur d'analyser cette réforme uniquement à travers le prisme des « *réformateurs de l'extérieur* »[892]. Si la standardisation de modèles importés et leur inadaptation aux contextes sont en effet souvent invoquées pour expliquer l'échec des réformes[893], la démilitarisation pénitentiaire au Niger procède de dynamiques plus complexes.

Tout d'abord, l'aspiration à la limitation du pouvoir des militaires est antérieure à l'arrivée massive des réformateurs internationaux et s'inscrit ainsi dans des processus politiques endogènes[894]. La volonté

---

[890] Sous financement de la coopération française, ce projet avait pour objectif de faire connaître les textes juridiques et de former les personnels de justice : Ministère de la Justice, 2015, *op. cit.,* p. 13. Ministère des Affaires Étrangères et Européennes, *Évaluation de la coopération dans le domaine de la formation initiale et continue des magistrats et personnels judiciaires*, vol. 3, 2010, pp. 10-14.

[891] Voir *infra*, Partie 3, Chapitre 1.

[892] J.-P. Olivier de Sardan, 2021, *op. cit.,* p. 378.

[893] D. Darbon, « "Un royaume divisé contre lui-même…" La régulation défaillante de la production du droit dans les États d'Afrique noire », in D. Darbon et J. Du Bois de Gaudusson (dir.), *La création du droit en Afrique,* Karthala, 1997, p. 109. J.-P. Olivier de Sardan, 2021, *op. cit.,* p. 378. Voir un exemple dans le domaine pénitentiaire : M.-J. Bernard, « Du standard à la standardisation, le transposition des modèles (pénaux) en question(s) : la lutte contre la détention préventive injustifiée en Côte d'Ivoire », in M.-J. Bernard et B. Fischer (dir.), *L'État ivoirien à l'épreuve de la détention préventive. Regards croisés sur l'internationalisation des réformes pénales*, L'Harmattan, 2022, pp. 155-176. Ces dynamiques sont visibles dans le domaine carcéral au Niger, où les réformes normatives entrent en décalage avec les réalités sociales. Ainsi, de nouvelles normes de couchage – 3,2 m^2 par détenu et 0,5 m entre les nattes – sont inapplicables, compte tenu de la surpopulation, de la vétusté des infrastructures et des moyens budgétaires disponibles.

[894] De plus, les revendications démocratiques des années 1990 ne peuvent être réduites à une influence extérieure. Au Niger, les contestations populaires précèdent la chute du mur de Berlin et la Conférence de La Baule, souvent considérées comme des tournants dans l'essor des aspirations démocratiques. Dans le même sens : J.-F. Bayart, « La démocratie à l'épreuve de la tradition en Afrique subsaharienne », *Pouvoirs*, nº 129, 2009, p. 32. N. van de Walle, « Démocratisation en Afrique : un bilan critique », in M. Gazibo et C. Thiriot (dir.), *Le politique en Afrique*, 2009, p. 145.

de démilitariser les prisons est loin d'être le propre des espaces dits démocratiques[895].

Ensuite, le rôle déterminant de certains *réformateurs de l'intérieur* doit être souligné[896]. Les acteurs internationaux ont rencontré la volonté politique de Marou Adamou, nouveau ministre de la Justice et ancien militant des droits humains, qui avait été incarcéré à cinq reprises. Fort de cette expérience « *de l'intérieur* »[897], il souhaitait refonder le système carcéral et renforcer son contrôle, jugeant que la présence de la GNN et son approche sécuritaire représentaient un obstacle structurel à une gestion respectueuse, fondée sur les droits humains. Il le soulignait ainsi : *« ...ce sont des questions humaines qui demandent des sciences humaines, un management humain qui ne peut pas être militariste ou sécuritaire. Il faut dans la prison que les détenus soient considérés comme des humains, il faut réformer, donner la chance de s'amender, qu'on les forme à des métiers pour se réinsérer, pour qu'ils deviennent meilleurs »*[898].

Pour atteindre cet objectif, il considérait qu'il fallait remplacer la GNN par un nouveau corps civil. Nous ne cherchons pas ici à déterminer dans quelle mesure la volonté réformatrice du ministre, multi-positionné entre les échelles nationales et internationales dans le cadre de ses précédentes actions militantes[899], est imputable au modèle valorisé de démilitarisation. Toutefois, on peut relever que le constat et l'analyse du nouveau ministre de la Justice s'alignaient avec le « *modèle voyageur* » (*travelling model*)[900] de démilitarisation des

[895] J.-F. Bayart, « La revanche des sociétés africaines », *Politique africaine*, nº 11, septembre 1983, pp. 95-127. D.-C. Martin, « À la quête des OPNI. Comment traiter de l'invention du politique », *Revue française de science politique*, vol. 39, nº 6, décembre 1989, pp. 793-815.

[896] A. Vauchez, « Le prisme circulatoire. Retour sur un leitmotiv académique », *Critique internationale*, vol. 59, nº 2, 2013, p. 13

[897] Entretien avec Marou Adamou, ancien ministre de la Justice (2011-2021), 25 novembre 2021.

[898] *Ibid.*

[899] L. Boltanski, « L'espace positionnel : multiplicité des positions institutionnelles et habitus de classe », *Revue française de sociologie*, 1973, pp. 3-26.

[900] A. Behrends, S.-J. Park et R. Rottenburg (dir.), *Travelling Models in African Conflict Management Translating Technologies of Social Ordering*, Brill, 2014, 248 p. L'expression *travelling models* est issue de R. Rottenburg, *Far-Fetched Facts. A Parable of Development Aid*, Cambridge MIT Press, 2002.

prisons, qui semble avoir été considéré comme une évidence et alors que d'autres alternatives auraient peut-être pu être envisagées[901].

Enfin, le contexte politique est alors perçu favorable avec un nouveau Président de la République et un ministre de l'Intérieur apparemment ouverts à la restructuration des dynamiques de pouvoir. Marou Adamou résumait ainsi : « *La Garde ne voulait rien entendre. Il fallait l'arrivée d'un nouveau ministre de l'Intérieur pour que les gens renoncent à bloquer la réforme, avec le soutien du président de la République qui a bien compris la pertinence de mes arguments* »[902]. Porté par cette dynamique, et pour la première fois depuis le transfert théorique de l'autorité au ministère de la Justice dans les années 1990, un corps civil d'administration pénitentiaire a commencé à être recruté.

Le transfert de l'autorité vers une administration civile n'est pas un modèle *imposé* par des acteurs de l'aide, qui révèlerait un État faible adoptant des réformes de manière linéaire et mécanique sans s'y intéresser[903]. La circulation dans l'espace international induit des mécanismes beaucoup plus complexes, « *de réappropriation, de bricolage, de traduction, d'hybridation, voire d'innovation* »[904]. Ce processus est mis en lumière par un acteur international impliqué dans le comité de rédaction de la réglementation pénitentiaire, qui relevait les tensions, les discussions, les reconfigurations qui ont façonné la réforme : « *[Mon positionnement], c'est un jeu d'équilibriste [...]. À un moment, il faut savoir se mettre en retrait. Ils ne se laissent pas faire. Ils savent ce qu'ils veulent et ce qu'ils ne veulent pas* »[905].

Si l'implication des bailleurs de fonds n'est qu'un des facteurs ayant conduit à la réforme, elle n'en a pas moins eu un impact considérable.

---

901 En particulier, au regard des moyens limités du ministère de la Justice, il aurait été possible de commencer par en renforcer les capacités tout en maintenant provisoirement la surveillance de la GNN. Cette remarque ne vise aucunement à défendre le *statu quo* ou à privilégier une gestion militaire des prisons.

902 Entretien avec Marou Adamou, ancien ministre de la Justice (2011-2021), 25 novembre 2021.

903 P.-Y. Saunier, « Circulations, connexions et espaces transnationaux », *Genèses*, nº 57, 2004, p. 116-117. T. Delpeuch, « L'analyse des transferts internationaux de politiques publiques : un état de l'art », *Questions de recherche CERI*, nº 27, Décembre 2008, pp. 54-60.

904 D. Darbon et O. Provini, 2018, art. cité, p. 19. J. du Bois de Gaudusson, « Le mimétisme postcolonial, et après ? », *Pouvoirs*, vol. 129, nº 2, 2009, pp. 51-52. Voir également M. Kaluszynski, « La prison, un objet monde », in M.-J. Bernard et B. Fischer (dir.), *L'État ivoirien à l'épreuve de la détention préventive. Regards croisés sur l'internationalisation des réformes pénales*, L'Harmattan, 2022, p. 24.

905 Entretien avec un ancien expert international, 6 avril 2021.

La volonté politique de démilitarisation émanait du ministre de la Justice, mais le processus d'élaboration des textes et leur mise en œuvre ont été pilotés par les acteurs internationaux intervenant auprès de ce ministère. Partant d'une vision préconçue de la cohérence de l'administration centrale et de la haute valeur à porter aux normes législatives, ceux-ci n'ont que peu impliqué la GNN dans le processus de mise en œuvre de la réforme. La faible implication de la GNN dans les discussions a entraîné des résistances, des obstructions, puis un rejet de la réforme[906]. L'évolution des rapports de pouvoir s'est traduite par une inertie du processus, avant que la réforme ne soit tout simplement abandonnée en 2024 : la question de la volonté politique dépasse en effet le cadre du ministère de la Justice, pour toucher au cœur de l'État. Avant d'aller plus loin dans l'analyse, le contenu de la réforme sera brièvement analysé.

B. Une réforme structurant le secteur pénitentiaire autour de l'autorité exclusive du ministère de la Justice

La réforme pénitentiaire comprenait deux volets principaux : d'une part, un renforcement des services administratifs pénitentiaires (a), de l'autre, une réforme législative et réglementaire (b).

a. Un renforcement des services administratifs

De la création de la première Direction de l'administration pénitentiaire, de l'application des peines et de la libération conditionnelle à 2011, les services administratifs pénitentiaires ont connu des évolutions importantes. La Direction qui était autrefois partagée entre une section dédiée à l'administration pénitentiaire et une autre à l'application des peines et de la libération conditionnelle, a été scindée en deux entités distinctes.

Cependant, les ressources humaines de la Direction sont longtemps restées limitées. Au début des années 2000, la Direction ne comptait qu'une directrice et un personnel de soutien[907]. Cette configuration a perduré jusqu'en 2011 (année de la nomination du nouveau ministre de la Justice), moment où elle a été érigée en *Direction Générale de l'Administration, de la Sécurité Pénitentiaire et de la Réinsertion*,

---

[906] Voir *infra*, Partie 3, Chapitre 2.
[907] Thales, 2002, *op. cit.*, p. 95.

structurée autour de plusieurs directions techniques[908]. Le personnel s'est ensuite étoffé, avec une équipe composée de quatre personnes à partir de 2013 : une directrice générale (remplacée par un directeur général en 2017), chapeautant trois directions, dont les dénominations ont évolué au fil du temps[909]. Ce renforcement des services administratifs a été opéré en parallèle de la réforme du cadre juridique.

b. *Une réforme législative et réglementaire*

Le processus de réforme du droit écrit amorcé en 2011 a été engagé dans un contexte favorable : comme analysé *supra*, la réforme était portée par le ministre de la Justice, soutenue par le ministre de l'Intérieur qui assurait la tutelle de la GNN, et appuyée par les acteurs internationaux. Alors que le domaine pénitentiaire était jusque-là régi exclusivement par voie réglementaire, le processus aboutit pour la première fois à l'adoption de deux lois, démontrant une volonté de renforcer l'assise politique de la réforme et d'affirmer sa force juridique à l'attention de tous les ministères concernés.

La réaffirmation de l'autorité du ministère de la Justice sur les prisons s'est accompagnée de la création d'un corps spécialisé, civil, chargé de la gestion et de l'administration des prisons. Deux lois complémentaires, ainsi que leurs décrets d'application, étaient vouées à former le nouveau corpus juridique pénitentiaire du Niger.

D'une part, la Loi 2017-08 fixe de nouvelles normes sur l'organisation de la vie en détention et le fonctionnement des établissements pénitentiaires. Pour la première fois, l'*administration pénitentiaire* est définie — le ministère de l'Intérieur n'y figure pas[910]. La loi dispose que le nouveau cadre du personnel de l'administration pénitentiaire est placé sous l'autorité du ministre de la Justice[911] et affirme que « *les établissements pénitentiaires sont des services publics*

---

[908] Ministère de la Justice, *Communication sur le système carcéral du Niger*, Alger, 2017, p. 2.

[909] Décret 2013-497/PRN/MK du 4 décembre 2013 portant organisation du ministère de la Justice. Décret 2018-908/PRN/MJ du 28 décembre 2018, portant organisation du ministère de la Justice. Décret 2021-480/PRN/MJ du 17 juin 2021 portant organisation du ministère de la Justice. Décret 2022-181/PRN/MJ du 24 février 2022 portant organisation du ministère de la Justice. Niger, *Document de base faisant partie intégrante des rapports présentés par les États parties*, HRI/CORE/NER/2017, 2017. En 2022, une cheffe de division a intégré l'équipe de la Direction générale.

[910] Article 1, Loi 2017-08.

[911] Article 14, *ibid.* Cet article a été abrogé par la junte en mars 2024, voir *infra*.

placés sous l'autorité du ministre de la Justice »[912]. Son décret d'application de 2019 en détaille les modalités : l'ensemble du personnel pénitentiaire, du chef d'établissement au personnel social, est nommé par le ministre de la Justice[913].

D'autre part, la Loi 2017-09 du 31 mars 2017 portant statut autonome du personnel du cadre de l'administration pénitentiaire, accompagnée de son décret d'application adopté en octobre 2019[914], fixe les règles statutaires applicables à ce nouveau personnel. Le personnel est composé de trois corps : les inspecteurs, les contrôleurs et les surveillants. Sans ambiguïté, la loi place ces personnels sous la tutelle du ministère de la Justice : « *le ministre de la Justice assure la tutelle du personnel de l'administration pénitentiaire. À ce titre, il dispose du pouvoir de gestion, de nomination et d'administration* ».

La nouvelle réglementation ne sera pas sans effet. Pour la première fois depuis l'attribution théorique de l'autorité au ministère de la Justice dans les années 1990, un corps civil de l'administration pénitentiaire est effectivement créé. Cela a contribué à exacerber les tensions entre les institutions. Le *champ* pénitentiaire s'est alors transformé en *arène*, dans laquelle chaque acteur a tenté de renforcer ou conserver son pouvoir — jusqu'à l'abrogation de cette législation par la junte militaire.

Conclusion du Chapitre 1

L'analyse historique récente du secteur pénitentiaire montre que la double tutelle s'est maintenue malgré trois décennies de réformes. Depuis les années 1990, les autorités ont adopté plusieurs textes et engagé des réorganisations administratives visant à transférer l'autorité carcérale au ministère de la Justice et à atténuer le lien entre prisons et militaires.

Ce projet n'a toutefois jamais été pleinement réalisé. Au fil du temps, et à mesure que la réforme se concrétisait, des tensions structurelles durables se sont cristallisées entre les institutions, se muant en rivalités affirmées, chaque ministère cherchant à défendre son champ de compétence.

---

[912] Article 2, *ibid.*

[913] Articles 9 à 13 et article 130, Décret 2019-609.

[914] Décret d'application n° 2019-610 du 25 octobre 2019 portant modalités d'application de la Loi 2017-09 du 31 mars 2017 portant statut autonome du personnel du cadre de l'administration pénitentiaire.

Chapitre 2. L'arène pénitentiaire, manifestation d'une lutte institutionnelle autour de l'autorité sur les prisons

Le domaine pénitentiaire au Niger constitue un observatoire privilégié des rapports de force et des affrontements entre institutions. Longtemps cantonnée à des rivalités à bas bruit, la lutte institutionnelle entre les ministères s'est cristallisée dans un conflit ouvert et intense[915], à la faveur de la réforme et de l'implication croissante des partenaires internationaux. Entre 2017 et 2023, cette dynamique a donné lieu à de multiples jeux d'influence, marqués par l'émergence de nouveaux discours et de nouvelles pratiques de la GNN, traduisant une réticence à la reconfiguration des relations de pouvoir. L'analyse des logiques des acteurs permet de mettre au jour cette confrontation entre ministères et la manière dont ils se répartissent (Section 1). Mais plus encore, l'analyse des pratiques et des ressources révèle le maintien d'une emprise persistante de la GNN sur le fonctionnement des prisons, consolidant un rapport de force à son avantage (Section 2).

Section 1. Les relations concurrentes entre les ministères de l'administration centrale

Alors que les points de contact naturellement générés par la dualité institutionnelle sont, de longue date, source de tensions entre les acteurs de l'administration (§1), la GNN a développé un nouveau discours virulent, disqualifiant les compétences du ministère de la Justice en matière carcérale (§2).

§1. Des points de contact entre ministères, source de tensions : les conséquences de la double tutelle

Pendant près de trois décennies, les interactions entre la GNN et le ministère de la Justice ont exigé des accommodements institutionnels continus. Cette situation n'a toutefois jamais été exempte de tensions. Ce phénomène peut s'analyser à travers deux illustrations : l'absence de redevabilité des crédits alloués à l'alimentation des personnes détenues (A) et la faible influence du ministère de la Justice sur le fonctionnement des prisons (B).

---

[915] P. Goodman, J. Page et M. Phelps, « The long struggle : An agonistic perspective on penal development », *Theoretical criminology*, vol. 19, n° 3, 2015, pp. 316-318.

A. L'absence de redevabilité des crédits gérés par la GNN : l'exemple de l'alimentation

L'attribution de l'administration des prisons au ministère de la Justice s'est accompagnée de la gestion des budgets destinés aux personnes détenues, en particulier celui de l'alimentation (a). Toutefois, dans les faits, ces crédits sont utilisés par la GNN avec un contrôle extrêmement limité, soulevant des enjeux importants de redevabilité (b).

a. L'alimentation des personnes détenues, un poste budgétaire central

Les sommes consacrées à l'alimentation des détenues représentent une part importante du budget du ministère de la Justice. En 1999, l'alimentation et l'habillement des détenus absorbaient 36 % de son enveloppe budgétaire[916] ; en 2024, l'alimentation seule en représentait 65 %[917]. Théoriquement indexés sur la population carcérale, ces crédits avaient presque doublé entre 2018 et 2023, passant de 1 055 000 000 FCFA (1,62 M€) à 2 435 600 000 FCFA (3,72 M€)[918]. Pourtant, malgré l'augmentation très sensible du nombre de personnes détenues[919], l'enveloppe effectivement libérée a été réduite en 2024 : seuls 1 860 000 000 FCFA (2,84 M€) avaient été débloqués en fin d'année[920]. Ces sommes n'en demeurent pas moins considérables.

Dans les faits, les crédits sont engagés par les régisseurs, puis remboursés chaque trimestre par le ministère de la Justice, sur la base du nombre de personnes incarcérées et des budgets effectivement libérés[921]. Faute de mécanisme d'achat centralisé au niveau national pour l'alimentation, chaque régisseur gère localement l'ensemble de la chaîne d'approvisionnement.

---

916 Thales, 2002, *op. cit.,* p. 20.

917 A. Salifou, 14 février 2025, *op. cit.*

918 Loi 2022-44 du 06 décembre 2022 portant loi de finances pour l'année budgétaire 2023, p. 2694 (§606). Il doit être relevé que les budgets nationaux 2023 ont été considérablement réduits (de l'ordre de 40 %) depuis le coup d'État militaire.

919 Voir *supra*, Introduction.

920 A. Salifou, 14 février 2025, *op. cit.*

921 Entretien avec un personnel du ministère de la Justice, 28 octobre 2021. Entretien avec un personnel du ministère de la Justice, 17 juin 2022.

Relevons qu'en pratique, cette ligne budgétaire, officiellement dédiée à l'alimentation, est fréquemment utilisée à d'autres fins pour couvrir des besoins qui ne sont pas, ou insuffisamment, couverts. Le ministère de la Justice autorise son utilisation pour les frais d'essence nécessaires aux transfèrements de détenus[922] ou, puisque la majorité du matériel roulant des prisons appartient à la GNN[923], pour financer l'entretien de son parc automobile[924]. Elle sert également à couvrir les frais de déplacement des personnes incarcérées vers les tribunaux ou les centres de santé[925]. Comme le soulignait un acteur du ministère de la Justice, « *la ligne alimentation sert à tout* »[926]. Alors que les montants quotidiens libérés pour l'alimentation sont déjà très peu élevés — de l'ordre de 250 FCFA par personne par jour[927] —, leur mobilisation étendue contribue à expliquer pourquoi les budgets ne parviennent pas à couvrir les besoins[928].

b. Une faible redevabilité des crédits

La gestion de ces crédits échappe à tout contrôle effectif. Aucun agent du ministère de la Justice n'est présent dans les prisons pour surveiller les dépenses, et les mécanismes de contrôle interne sont inefficaces[929]. Mais plus encore, il n'y a aucun lien hiérarchique entre les régisseurs — qui dépendent du haut commandement de la GNN au ministère de l'Intérieur — et les acteurs du ministère de la Justice.

---

922 Entretien avec un personnel du ministère de la Justice, 29 octobre 2021. Courrier en note possession du Directeur général par intérim de la Direction Générale des Services Pénitentiaires, au ministre de la Justice, *Note à l'attention du ministre de la Justice Garde des Sceaux*, 14 octobre 2021.

923 Entretien avec un personnel du ministère de la Justice, 28 octobre 2021. Entretien avec un élément de la GNN, 14 novembre 2021.

924 Entretien avec un personnel du ministère de la Justice, 28 octobre 2021.

925 Entretien avec un élément de la GNN, 26 octobre 2021.

926 Entretien avec un personnel du ministère de la Justice, 29 octobre 2021.

927 Théoriquement, la ration est de 300 FCFA (0,46 euro) (entretien avec un personnel du ministère de la Justice, 28 octobre 2021), mais le montant réel reçu par les régisseurs s'établirait à 250 FCFA (0,38 euro) une fois les crédits liquidés : Institut danois des droits de l'Homme, 2022, *op. cit.*, p. 48. En 2021, la programmation prévoyait 500 FCFA pour trois repas par jour (Ministère de la Justice, *Document de Programmation Pluriannuelle de Dépenses 2023-2025*, 2022, p. 5).

928 S'ils n'ont pas de paniers-repas de leurs familles, les personnes détenues ne reçoivent qu'un ou deux repas par jour. Voir *supra* 2. Voir Niger, 2019, *op. cit.*, §427.

929 Faute de ressources disponibles et d'engagement des acteurs.

Le haut commandant décide, seul, des mouvements de personnel : « *C'est le Haut Commandement qui nomme le régisseur, le surveillant-chef et le greffier. En théorie, cela se fait sur proposition du ministère de la Justice, mais c'est uniquement en théorie* »[930]. Le ministère de la Justice ne nomme pas les régisseurs, ne les note pas, ne peut les sanctionner — même en cas de manquement avéré[931]. Un acteur du ministère de la Justice le confirmait : « *Le Haut Commandement, c'est lui qui décide où affecter les régisseurs. On n'est même pas au courant quand il y a des changements. Même quand il y a des faits graves, on ne peut que demander* »[932].

L'absence de contrôle dépasse le cadre des mouvements des personnels. Dans le domaine de l'alimentation, les acteurs du ministère de la Justice déplorent l'absence de mécanisme de justification des dépenses et expliquent qu'ils ne disposent d'aucun levier en cas de difficulté : « *Et la redevabilité ? Est-ce qu'il y a un mécanisme pour évaluer à l'égard du ministère de la Justice ? Non, on n'est pas en position de le faire s'il y a un problème* »[933]. Alors que plusieurs personnes interrogées se questionnaient sur le « *haut niveau de vie* » des régisseurs[934], un haut cadre du ministère de la Justice formulait des allégations de détournement de fonds à peine dissimulées :

« *Une part importante du budget du ministère de la Justice va dans l'alimentation et la santé des détenus. Il faut un droit de regard sur les dépenses allouées et l'utilisation qui en est faite. Le constat est que l'alimentation n'est pas bonne. Les soins de santé, pareil, les pharmacies sont vides. On s'interroge sur la redevabilité. Il n'y a pas de redevabilité de la GNN [...] Si on peut mettre en place un système avec une traçabilité des dépenses, on ne serait pas confronté aux insuffisances. Il n'y a aucune justification des dépenses. La réforme aurait du sens si on change les règles du jeu. Le nouveau corps doit nous obéir avec un nouveau système de redevabilité, etc. Ça pourrait faire avancer les choses. Je ne suis pas convaincu que les ressources soient insuffisantes. Sont-elles seulement bien*

[930] Entretien avec un élément de la GNN, 16 novembre 2021.

[931] Entretien avec un personnel du ministère de la Justice, 27 octobre 2021. Entretien avec un personnel du ministère de la Justice, 16 novembre 2021.

[932] Entretien avec un personnel du ministère de la Justice, 29 octobre 2021.

[933] Entretien avec un personnel du ministère de la Justice, 28 octobre 2021.

[934] Entretien avec des personnel d'une organisation intervenant auprès du ministère de l'Intérieur, 17 novembre 2021.

dépensées ? [...] La réforme, ça a été arraché de haute lutte. C'est parce qu[e les éléments de la GNN] ont des ressources à gérer qu'ils ne justifient pas »[935].

La prédation ne s'observe donc pas uniquement à l'intérieur des établissements pénitentiaires : elle s'inscrit dans des rapports de pouvoir plus larges, entre ministères. La double tutelle ne révèle pas tant un déficit de coordination interministérielle qu'une asymétrie structurelle, qui permet à la GNN de pérenniser son autorité par le biais des financements qu'elle reçoit du ministère de la Justice.

B. L'influence limitée du ministère de la Justice : l'exemple de la prison de Koutoukale

Le ministère de la Justice dispose de peu de prise réelle sur la gestion et le fonctionnement quotidiens des prisons. Lorsqu'il autorise des visites d'acteurs externes — des membres d'ONG, des acteurs humanitaires, ou des conseils juridiques —, celles-ci peuvent être bloquées par la GNN pour des raisons de sécurité, sans justification. En contrôlant l'accès aux prisons, la GNN exerce un pouvoir considérable sur le bien-être des personnes détenues, car ces visites permettent d'apporter des biens essentiels au maintien d'un certain niveau de santé physique (tels que l'alimentation, les médicaments ou les produits d'hygiène) et mentale (tels que les visites des proches ou la mise en place d'activités de réinsertion ou de formation).

La prison de Koutoukalé, seule prison de haute sécurité du pays, illustre de manière emblématique ce déséquilibre. Au cours des cinq dernières années, y ont été détenues des personnes pour des tentatives de coups d'État[936], des activités militantes en faveur des droits humains

[935] Entretien avec un personnel du ministère de la Justice, 5 novembre 2021.
[936] Par exemple le colonel-major Hamadou Djibo (voir *infra*).

ou de la démocratie[937], des manifestations contre les restrictions dues à la situation sanitaire[938], ou des faits de terrorisme[939].

À la suite d'une attaque par un groupe armé en mai 2019 — impliquant, selon le communiqué officiel, plusieurs véhicules, dont un véhicule dérobé quelques semaines plus tôt à l'ONG Médecins sans frontières[940] —, l'accès à la prison a été fortement restreint. Les ONG et acteurs humanitaires internationaux, y compris le CICR, se sont vu interdire l'entrée, à l'exception de celles accompagnant la Commission nationale des droits humains[941].

Quelques mois plus tard, cette interdiction a été étendue aux familles dans le contexte de la lutte contre la COVID-19, puis encore aggravée en novembre 2021, avec l'interdiction totale d'introduire des biens extérieurs, tels que des paniers-repas, de l'eau potable ou des médicaments. Cette décision aurait été prise par le haut commandant de la GNN pour des raisons de sécurité.

En 2022, un détenu accusé de tentative de coup d'État a transmis une lettre à diverses institutions et ONG dans laquelle il dénonçait la dégradation des conditions de détention[942]. Selon plusieurs entretiens, le ministère de la Justice avait connaissance de la situation, mais n'avait aucun moyen d'agir. Un représentant d'ONG expliquait au sujet de l'interdiction de visite : « *[Les personnels du ministère de la Justice]*

---

937 « Déclaration de presse des organisations et acteurs de la société civile nigérienne sur la situation socio-politique, sécuritaire et les arrestations arbitraires au Niger », *Actu Niger*, 24 avril 2021. Anass Djibril, coordinateur de l'Association Niger Debout, a été incarcéré pendant plusieurs mois à la prison de Koutoukale en 2021 : Amnesty International, *Niger. Un militant de la société civile détenu depuis bientôt trois mois dans une prison de haute sécurité*, AFR 43/4286/2021, 2021.

938 En 2020, une douzaine de personnes manifestant contre les restrictions de la COVID y ont été emprisonnées. « Coronavirus au Niger : dix manifestants écroués dans une prison de haute sécurité », *TV5 Monde*, 26 avril 2020.

939 En 2023, 42 condamnés et 139 prévenus étaient incarcérés à la prison de Koutoukale pour des faits de terrorisme. Entretien avec un personnel d'une organisation intervenant en prison, 8 février 2023.

940 Un élément de la GNN est décédé au cours de l'attaque. « Niger : le bilan de l'attaque de la prison de Koutoukalé est d'un mort », *Journal du Niger*, 15 mai 2019.

941 La CNDH doit toutefois annoncer sa visite, une escorte étant nécessaire pour entrer dans le périmètre de la prison. Entretien avec un personnel d'une organisation intervenant en prison, 8 février 2023.

942 Copie du courrier en notre possession, rédigé par le colonel-major Hamadou Djibo, 7 mars 2022. Le colonel-major évoquait le décès de quatre personnes par manque de nourriture ou de soins. Ces décès n'ont pas été confirmés. Amnesty International, *Niger. Les autorités doivent garantir les droits des détenus à la prison de haute sécurité de Koutoukallè*, 2022.

*étaient au courant que c'était interdit. On a même proposé des mesures d'allègement. C'est le problème de nourriture qui se posait. [...] Le ministère était au courant de ces interdictions. [...] Tant que nos maisons d'arrêt ont la double casquette, ces problèmes d'abus vont encore exist*er »[943].

Ce n'est qu'après l'intervention du Premier ministre, officiellement « *très sensible aux conditions de détention des prisonniers de Koutoukalé* »[944], et sous les pressions nationales et internationales[945], que l'accès aux paniers-repas a été rétabli. Ce cas montre la marge d'action réduite du ministère, même sur des aspects relevant directement de sa compétence[946].

§2. La disqualification du ministère de la Justice par la GNN : l'affirmation d'insuffisances dans la mise en œuvre de la réforme

L'adoption d'une réglementation n'induit pas nécessairement son effectivité : comme le relevait Etienne Le Roy, « *le droit n'est pas tant ce qu'en disent les textes que ce qu'en font les acteurs* »[947]. Il convient donc de ne pas s'arrêter à l'étude de la nouvelle réglementation adoptée. Pour qu'une norme pénitentiaire devienne contraignante, « *il faut qu'elle soit "pénitentiarisée", qu'il y ait une action volontaire d'assimilation, au sens physiologique du terme, tout du moins l'absence*

[943] Entretien avec un personnel d'une organisation intervenant en prison, 23 février 2023.

[944] « Prisons du Niger : Le Premier ministre Ouhoumoudou se dit "très sensible" aux conditions de détention des détenus de la prison de koutoukalé », *Fédération atlantique des agences de presse africaine,* 12 mars 2022. L'accès aux paniers-repas n'est autorisé qu'une fois par jour en semaine, le mardi, ce qui restreint les possibilités de visite pour les familles.

[945] Par exemple la CNDH et Amnesty International : Amnesty International, 2022, *op. cit.* Entretien avec un personnel d'une organisation intervenant en prison, 23 février 2023.

[946] Relevons que si la prison de Koutoukalé pouvait être appréhendée comme un cas limite au regard de son statut particulier, les nouvelles autorités de la junte ont, en mai 2024, suspendu l'accès des ONG à toutes les prisons du pays : Circulaire du ministère de la Justice du 29 mai 2024.

[947] E. Le Roy, « Bricolages anthropologiques pour promouvoir, en Afrique et ailleurs, un dialogue entre univers juridiques », *McGill Law Journal/Revue de Droit de McGill,* vol. 50, 2005, p. 966. Sur la distinction entre droit des livres et droit en action : R. Pound, « Law in Books and Law in Action », *American Law Review,* n° 44, 1910.

de rejet de cette norme »[948]. Or, si les acteurs du ministère de la Justice étaient convaincus de la nécessité de mettre en œuvre la réforme, les acteurs de la GNN l'étaient beaucoup moins, malgré l'ouverture liée à l'arrivée d'un nouveau ministre de l'Intérieur[949].

Pour la première fois depuis l'attribution de l'autorité pénitentiaire au ministère de la Justice, les conditions nécessaires à une transition effective semblaient réunies, remettant en cause une situation bien établie. La mise en concurrence des ministères engendrée par la nouvelle distribution des pouvoirs s'est traduite par l'émergence d'un nouveau discours de GNN sur les conditions de mise en œuvre de cette transition. Bien que nombre d'éléments de la GNN interrogés expliquaient qu'ils n'étaient pas « *contre* » la réforme[950], qu'ils ne pouvaient « *que s'y plier* »[951], voire qu'ils l'accueillaient « *à bras ouverts* »[952], ils ont déployé parallèlement une série d'arguments contestant la compétence du ministère de la Justice et ses nouveaux personnels, afin de neutraliser toute évolution et de conserver leur autorité sur les prisons. Les personnels civils seraient insuffisamment préparés à la gestion des prisons dans le contexte de la lutte contre le terrorisme (A), et les pratiques du ministère de la Justice auraient illustré son incompétence dans la gestion des prisons (B).

A. Des personnels civils insuffisamment formés dans un contexte de risques sécuritaires

La réforme s'inscrivait dans un contexte sécuritaire volatile : le Niger est confronté depuis le milieu des années 2010 à une recrudescence d'attaques menées sur son territoire par des groupes armés non étatiques[953]. En matière carcérale, cette situation a entraîné une évolution de la perception des risques sécuritaires dans les prisons à deux niveaux. D'une part, le nombre de personnes détenues pour terrorisme a augmenté dans les prisons, ce qui pourrait entraîner, selon

---

[948] M.-J. Bernard, *L'administration pénitentiaire française et l'article 3 de la convention européenne des droits de l'Homme. Étude du processus de « réception administrative » de la norme supranationale*, Thèse de Doctorat, Université Grenoble II – Pierre Mendes France, 2005, p. 318.

[949] Voir *supra*, Partie 3, Chapitre 1.

[950] Entretien avec un élément de la GNN, 26 octobre 2021.

[951] Entretien avec un élément de la GNN, 16 novembre 2021.

[952] Entretien avec un élément de la GNN, 14 novembre 2021.

[953] International Crisis Group, *Sud-ouest du Niger : prévenir un nouveau front insurrectionnel*, n° 301, 2021, 34 p.

les entretiens réalisés, une radicalisation de leurs codétenus et la formation de collectifs violents et organisés (a). D'autre part, l'arrestation de combattants génèrerait un risque accru d'attaques de groupes armés pour libérer des personnes détenues pour terrorisme — cette méthode ayant été éprouvée par les groupes armés dans toute la région (b). Alors que la sécurité des prisons du Sahel est devenue un enjeu international, les éléments de la GNN avancent que seul un corps disposant d'un entraînement militaire de haut niveau peut contenir ces risques sécuritaires, ce qui ne serait pas le cas du nouveau corps pénitentiaire civil (c).

a. Une augmentation des risques au sein des prisons

Le Niger a entamé en 2011 la construction d'un système pénal plus répressif en matière antiterroriste. Il a créé un droit pénal spécial réservé aux infractions de terrorisme et à la criminalité transnationale organisée, avec un nouveau cadre de procédure pénale qui restreint la protection des droits procéduraux et allonge les durées maximales de détention préventive[954]. Avec la recrudescence des attaques et la déclaration de l'état d'urgence, le nombre d'arrestations pour faits de terrorisme a augmenté dans les zones touchées à partir de 2015. Au cours de cette période, qualifiée par un représentant d'ONG de « *confusion totale* »[955], les Forces de Défense et de Sécurité ont procédé à des arrestations de groupes atteignant 200 personnes, arrestations dont la pertinence a été mise en doute par plusieurs hauts responsables du ministère de la Justice et du nouveau Service central de lutte contre le terrorisme et la criminalité transnationale organisée[956]. L'afflux massif

---

[954] Une nouvelle section « *de la criminalité transnationale organisée, du terrorisme et du financement du terrorisme* » a été ajoutée au Code de procédure pénale, dans le livre réservé aux procédures particulières. Ordonnance 2011-12 du 27 janvier 2011. Loi 2016-21 du 16 juin 2016. Loi 2017-07 du 31 mars 2017. De nouvelles règles ont été consacrées en matière d'enquête, d'instruction et de jugement, ainsi que des mesures de protection particulières, ou encore la création d'une juridiction spécialisée. Les nouvelles règles allongent le délai maximal de garde à vue et de détention préventive (Article 605-5 et 605-8, Code de procédure pénale).

[955] Entretien avec un personnel d'une organisation intervenant en prison, 30 mars 2021.

[956] H. Djibo, « L'expérience du Niger en matière de coopération militaire et judiciaire », in J. Nozawa et M. Lefas (dir.), *Quand la poussière retombe : la justice face au terrorisme dans le Sahel,* Global Center on Cooperative Security, 2018, p. 31. A. Kaka, « Protéger les individus de la détention arbitraire dans les opérations

de personnes incarcérées, couplé à l'allongement des durées de détention préventive — sans compter le très faible nombre de juges spécialisés[957] — a exercé des pressions sans précédent sur le système pénitentiaire nigérien[958]. Entre 2014 et 2016, le nombre officiel de personnes détenues pour terrorisme est passé de sept personnes à 1 395, ce qui représentait alors 15 % de l'effectif carcéral du pays[959]. En janvier 2023, 1 082 personnes étaient détenues pour terrorisme dans le pays, soit 8,5 % de l'effectif national[960]. Si la plupart des femmes et hommes détenus pour terrorisme sont incarcérés dans les prisons Koutoukale, de Kollo et de Niamey[961], plusieurs autres établissements pénitentiaires accueillent cette catégorie de personnes, notamment certaines ayant occupé des postes de haut rang au sein des groupes armés non étatiques[962].

Selon une pluralité d'acteurs, l'augmentation du nombre de détenus pour terrorisme accroîtrait les risques sécuritaires, notamment par la planification d'opérations initiées par des détenus ayant accès au téléphone[963] et la radicalisation de nouvelles personnes au contact des dits terroristes[964]. En effet, la plupart des prisons dans lesquelles se trouvent ces détenus sont caractérisées par un entremêlement entre prévenus et condamnés, qui vivent et dorment dans les mêmes espaces quelle que soit la perception de leur niveau de dangerosité[965]. Dans ces conditions, certains considèrent que la prison « *risque de devenir un*

"antiterroristes" : l'expérience d'un État », *41e table ronde sur les problématiques actuelles du droit international humanitaire*, San Remo, 2018, p. 5.

[957] Le tribunal antiterroriste comptait deux juges en poste en 2016 pour plus de 1 250 détenu.e.s pour terrorisme. *Ibid.*

[958] Voir *supra*, introduction.

[959] Dont 1 371 en attente de jugement. En 2016, l'effectif carcéral officiel était de 9 503 personnes. Ministère de la Justice, *Annuaire statistique de la justice 2012-2016*, 6e édition, 2017, p. 116.

[960] Données au 30 janvier 2023. Entretien avec un magistrat, 24 février 2023.

[961] Entretien avec un personnel du ministère de la Justice, 1er février 2021.

[962] Notamment à des fins d'isolement des personnes élevées dans la hiérarchie de Boko Haram. Observation à la prison de Daïkana, juin 2022.

[963] Entretien avec un élément de la GNN, 16 novembre 2021.

[964] CODDHD, *Rapport sur la situation des droits humains en milieu carcéral en lien avec la radicalisation religieuse,* 2020, p. 5.

[965] À quelques exceptions près toutefois, comme le démontre la détention à l'isolement de certains détenus (note 569). De même, bien qu'un quartier soit théoriquement réservé aux personnes détenues pour terrorisme (mêlant prévenus et condamnés) à Kollo, certains ont obtenu un transfert vers le quartier des responsables en échange d'une somme d'argent. Entretien avec un ancien détenu, 29 janvier 2021.

incubateur de radicalisation des détenus »[966]. Le danger de radicalisation est considéré par les acteurs internationaux comme une forte contrainte du système[967].

Pour faire face à ces risques, des acteurs de l'aide ont financé ou mis en place des activités spécifiques. Le *Bureau of International Narcotics and Law Enforcement* (*International Narcotics and Law Enforcement* — INL), agence rattachée au département d'État américain, a par exemple financé les plans architecturaux d'une nouvelle prison destinée à détenir 1 500 personnes dans la capitale[968], qui devait comprendre un quartier de haute sécurité et puisse « *répondre dans toute sa mesure à la nécessité de séparation et classer les détenus en fonction des incriminations* »[969]. D'autres acteurs se sont aussi investis sur ce thème, en intégrant dans leurs programmes l'achat de matériel de sécurité et de surveillance, la construction de miradors, ou la mise en œuvre de formations à la « *gestion de la radicalisation* », à la « *sécurité dynamique* » et au « *renseignement pénitentiaire* »[970]. Une partie des acteurs de l'aide renforcent ainsi une approche sécuritaire des prisons, qui prime sur les programmes visant à inscrire les droits humains et le respect de la dignité dans le milieu carcéral[971].

---

[966] CODDHD, 2020, *op. cit.*, p. 5.

[967] AJUSEN, *Assistance technique a maîtrise d'ouvrage du projet d'appui à la justice et à la sécurité au Niger*, Contrat de services nº 01/2017/DMP/DSP/SG/MJ/GS, 2019, p. 54.

[968] Entretien avec un personnel du ministère de la Justice, 1er février 2021. Cette prison est en chantier depuis plusieurs années : I. Issa, « Nouvelle maison d'arrêt de Niamey : le ministre de la justice en visite sur un chantier à la traîne », *ActuNiger,* 27 février 2025, disponible à l'adresse : https://page.hn/x2erle (accès le 9 août 2023).

[969] Entretien avec un ancien expert international, 6 avril 2021.

[970] Office des Nations unies contre les drogues et le crime, *Manuel sur la sécurité dynamique et le renseignement pénitentiaire*, New York, Nations Unies, 2015, p. 53. Pour une critique de cette approche : C. Berrih, « Formations à la sécurité dynamique au Niger : les institutions internationales, vecteurs de renforcement du contrôle coercitif en prison ? », *Critique internationale*, nº 106, 2025, pp. 43-62. Dans un autre contexte : T. M. Martin, 2021, cité, pp. 115-140.

[971] T. M. Martin et A. M. Jefferson, 2019, art. cité, pp. 148-149. À l'exception du programme financé par l'ambassade des Pays-Bas (2022-2027) et des activités menées par le CICR, il n'existe pas de programme d'ampleur ayant pour objectif le respect des droits humains dans les prisons du Niger.

b. *Une augmentation des attaques contre les prisons*

Les attaques menées par les groupes armés afin de libérer des personnes détenues pour terrorisme sont une réalité au Niger comme dans les pays voisins. En 2013, 22 hommes, dont plusieurs combattants dits terroristes s'étaient évadés de la prison de Niamey lors d'un assaut des groupes armés — y compris un responsable considéré comme particulièrement dangereux qui a été retrouvé quelques mois plus tard[972]. En 2014, 58 personnes, dont de nombreux détenus pour terrorisme, avaient été libérés de la prison de Ouallam par des groupes dits terroristes[973]. La prison de Koutoukalé a, quant à elle, fait l'objet de deux attaques externes en octobre 2016 et en mai 2019. Toutes deux ont été repoussées par les Forces de Défense et de Sécurité[974].

Les attaques de ce type se sont multipliées dans la région, notamment au Mali[975], au Burkina Faso[976], ou au Nigéria[977]. Elles répondent aux appels des groupes armés de libérer les combattants ou de négocier leur libération, celle-ci étant une priorité absolue et une obligation pour le groupe[978]. En juillet 2022, l'attaque de la prison de Kuje, dans la banlieue d'Abuja au Nigéria s'inscrivait dans cette dynamique : l'assaut mené par plus d'une centaine de combattants armés avait permis

---

972 « Niger : des djihadistes en fuite après l'attaque d'une prison », *Le Point*, 17 octobre 2016. Les chefs d'établissement pénitentiaire de Kollo et de Niamey ont été écroués après cette évasion : « Deux directeurs de prison écroués après l'évasion d'un "terroriste" », *ANGOP*, 14 juin 2013.

973 « Niger : neuf membres des forces de sécurité tués dans des attaques », *RFI*, 31 octobre 2014.

974 Aucun détenu ne s'est évadé. Notons que l'évasion survenue à Koutoukalé en juillet 2024 (« Insécurité : évasion de détenus dont des chefs terroristes de la prison de haute sécurité de Koutoukalé », *ActuNiger*, 11 juillet 2024) n'était pas liée à une attaque externe : selon nos informations, un détenu, extérieur à l'équipe du *Sarki*, aurait saisi une arme laissée sans surveillance par une sentinelle, provoquant l'évasion Entretien avec un élément de la GNN, 14 septembre 2024.

975 F. Powelton, « Mali : Plusieurs prisonniers ramenés dans leurs cellules suite à l'attaque de la prison », *Sahel Intelligence*, 8 décembre 2016.

976 « Burkina : un mort et au moins 60 prisonniers libérés dans l'attaque d'une prison », *RFI*, 8 mai 2022.

977 M. Samuel, « High-profile attacks expose the government's inability to contain the expansion and potency of violent extremists and bandits », *Institute for Security Studies*, 2022. B. Majeed, « Kuje Prison Attack : 65 heavily armed personnel present on day of attack – Aregbesola », *Premium Times*, 5 septembre 2022.

978 M. Abdullahi, « High-Profile Terrorism Detainees Flee After ISWAP Attack on Prison in Nigeria's Capital », *HumanAngle media*, 6 juillet 2022. Voir également

l'évasion de 879 personnes, dont 68 combattants[979]. Bien qu'une large partie des détenus ait été recapturée peu après, l'attaque de la prison de Kuje représentait un « *embarras national* », plusieurs personnes libérées étant des combattants de haut rang[980].

c. L'insuffisante formation militaire du nouveau corps pour contenir les risques

Dans un tel contexte sécuritaire, les éléments de la GNN interrogés soulignent le faible niveau de formation militaire du nouveau corps, arguant que la situation est beaucoup trop instable pour que le personnel soit civil, même si celui-ci suit la formation militaire impérative de six mois et obtient le statut de membres des FDS. Seules des personnes suivant une formation militaire complète seraient aptes à surveiller les prisons. Pour le haut commandant de la GNN, les nouveaux personnels « *n'ont pas le niveau pour faire face aux nouvelles menaces* »[981]. Un élément de la GNN déployé à la prison de Tillabéri le confirmait : « *Nous sommes dans un moment d'insécurité, les gens n'ont pas de grande notion militaire. À 60 %, il y a des menaces. Si tu n'as pas de formation militaire, avec des éléments qui ont fait la formation, comment ça va se passer ?* »[982].

Pour répondre à cette situation, le ministère de la Justice avait rédigé un texte, détaillant des correspondances de grades censées être attractives pour les éléments de la GNN, afin de les motiver à demander leur reversement dans le corps civil[983]. Cependant, aucun des éléments interrogés n'a indiqué vouloir être reversé. Ils évoquent notamment une carrière militaire toute tracée (« *Moi, ma carrière est déjà tracée dans la GNN* »[984]), le flou qui réside autour du statut tant que le texte n'est pas adopté (« *Si je vais là, je ne sais pas ce qui m'attend. [...] Les paroles, ça ne va pas* »[985] ; « *On ne sait pas quel grade ils ont, qui va*

---

979 M. Samuel, 2022, art. cité. B. Majeed, 2022, art. cité. « Au Nigéria, 300 détenus s'évadent d'une prison après une attaque présumée de Boko Haram », *Le Monde*, 6 juillet 2022.

980 « Après l'attaque d'une prison, la menace jihadiste s'accroît au Nigéria », *VOA Afrique*, 14 juillet 2022.

981 Entretien avec le haut commandant de la GNN, 1er août 2022.

982 Entretien avec un élément de la GNN, 14 novembre 2021.

983 Entretien avec un personnel du ministère de la Justice, 29 octobre 2021.

984 Entretien avec un élément de la GNN, 28 octobre 2021.

985 Entretien avec un élément de la GNN, 28 octobre 2021.

décider des galons comme ça ? »[986]) ou tout simplement indiquent de ne pas vouloir être « *achetés* » par le ministère de la Justice[987]. Si la sécurité n'est pas une question à éluder dans le contexte actuel, derrière ces arguments se dévoilait en réalité la volonté de la GNN de neutraliser la réforme : la hiérarchie se serait opposée à toute personne désirant être reversée[988]. La maîtrise des carrières des éléments de la GNN repose en effet sur le haut commandant, comme en témoignait cet élément de la GNN : « *Cette question est entre les hiérarchies, qui va être orienté là-bas. Est-ce que les responsables d'aujourd'hui seront mis à disposition du ministère de la Justice avec le nouveau corps ? Ça dépend de la hiérarchie* »[989].

B. Un ministère de la Justice méconnaissant les règles de fonctionnement de la gestion pénitentiaire

Conformément au décret d'application de 2019, la DGASP/R du ministère de la Justice a initié le recrutement et le déploiement du nouveau corps. Ceux-ci ont été opérés en deux temps : les inspecteurs et contrôleurs (respectivement équivalents du chef d'établissement et du surveillant-chef ou greffier) ont été recrutés avant les surveillants (équivalents du personnel de surveillance). Plus précisément, fin 2023, les quelque 130 nouveaux inspecteurs et contrôleurs du corps civil avaient terminé leur formation à l'École de Formation Judiciaire du Niger et réalisé leur stage probatoire en prison, alors que moins d'un cinquième des 1 000 surveillants avaient été identifiés et formés. Les acteurs du ministère de la Justice considéraient que la période de déploiement de l'ensemble du nouveau corps devait être « *la plus courte possible* », mais estimaient qu'il faudrait cinq ans pour achever la formation de l'ensemble du personnel[990].

Les acteurs de la GNN étaient très critiques d'une telle situation, car, tant que les surveillants ne seront pas déployés, les inspecteurs et contrôleurs auraient à commander des éléments de la GNN dont le

---

[986] Entretien avec un élément de la GNN, 26 octobre 2021.
[987] Entretien avec un élément de la GNN, 28 octobre 2021. Entretien avec un élément de la GNN, 3 février 2021. Entretien avec un élément de la GNN, 14 novembre 2021. Entretien avec un élément de la GNN, 26 octobre 2021.
[988] Entretien avec un personnel du ministère de la Justice, 5 novembre 2021.
[989] Entretien avec un élément de la GNN, 12 avril 2022.
[990] Entretien avec un personnel du ministère de la Justice, 16 juin 2022. Entretien avec un personnel du ministère de la Justice, 15 juin 2022.

grade et l'expérience seraient supérieurs aux leurs, ce qui entraînerait inévitablement une insubordination et une insécurité opérationnelle. L'un d'eux expliquait : « *Dans la doctrine militaire, quand vous êtes sur le terrain, c'est le plus gradé qui prend le commandement, car c'est celui qui a la plus grande expérience militaire. C'est le plus grand connaisseur. Mais là, les inspecteurs vont être commandants alors qu'ils ne connaissent pas le b-a-ba* »[991]. Selon les éléments de la GNN interrogés, la formation aurait dû commencer par les personnels de surveillance, car « *on ne commence pas une construction par son toit* »[992] :

« *Ils ont d'abord recruté les contrôleurs et les inspecteurs. Et s'ils viennent, ils commandent qui ? Paradoxe. Et nous n'avons pas été associés. Pourquoi commencer un corps par sa tête ? [...] Qu'est-ce que l'État peut faire ? Il ne peut pas prendre le risque de dégager le régisseur alors que le corps n'est pas encore là. Comment on va gérer cela ? Ça crée une situation d'instabilité. Ça n'est donc pas pour tout de suite. Il faut éviter les situations regrettables. Il aura de la drogue, des évasions. Il y aura des crises* »[993].

Les éléments de la GNN déplorent ne pas avoir été impliqués de manière significative dans le processus de mise en œuvre de la réforme. Un régisseur interrogé relevait qu'il y avait eu « *quelque chose d'égoïste* » dans la mise en œuvre de la réforme ; « *un faux départ, un raté* » ; « *[les acteurs du ministère de la Justice] ont été juste entre eux pour penser au statut* » ; le processus d'application de la réforme aurait été « *mené avec humeur* »[994]. Le haut commandant de la GNN le confirmait en quelques mots : « *Si c'est un succès qu'ils cherchent, ils auraient dû travailler avec nous* »[995]. Ces discours révèlent la résistance de la GNN aux changements induits par l'arrivée des nouveaux personnels, reflétant leur intention de préserver leur autorité et de maintenir l'exclusivité de leur expertise dans la gestion des prisons.

---

[991] Entretien avec un élément de la GNN, 16 novembre 2021.
[992] Entretien avec un élément de la GNN, 12 novembre 2021.
[993] Entretien avec un élément de la GNN, 26 octobre 2021.
[994] Entretien avec un élément de la GNN, 26 octobre 2021.
[995] Entretien avec le haut commandant de la GNN, 1er août 2022.

Section 2. Des pratiques et des ressources institutionnelles reflétant la domination de la GNN

Au-delà des discours, la GNN a multiplié les manœuvres pour entraver la mise en œuvre de la réforme. Par ses ressources et ses capacités stratégiques d'action et d'influence[996], elle est parvenue à placer des relais neutralisants au sein même de la DGASP/R, structure pourtant en charge de la réforme (§1) et à user de ses moyens pour bloquer tout dialogue effectif avec le ministère de la Justice (§2).

§1. Des éléments neutralisants de la GNN au sein de la Direction Générale

À partir de 2017, alors que, pour la première fois, le contrôle des personnels commençait à échapper aux acteurs militaires — du moins symboliquement avec la création du nouveau corps —, les ressources humaines de la DGASP/R ont changé. Auparavant assurée par des personnels civils, la direction a été confiée à des acteurs détachés des Forces de Défense et de Sécurité[997] : le premier était un gendarme (2017-2021), le second était un élément de la GNN, auparavant en poste au Haut Commandement de la GNN au sein du ministère de l'Intérieur (2021-2023).

Ce positionnement de militaires au sein de l'instance responsable de la mise en œuvre de la réforme plaçait ces acteurs dans une situation de conflits de loyauté, entre le ministère dont ils relevaient et celui dans lequel ils intervenaient. Selon les entretiens réalisés, ces nominations étaient surtout animées par la volonté d'introduire des freins dans l'objectif d'« *enrayer la machine discrètement* »[998]. Si certains indiquent que la nomination d'un élément de la GNN à la Direction Générale était le fruit d'un compromis — il s'agissait de ne pas brusquer la GNN et de tenter de « *trouver le juste milieu* »[999] — la nomination de militaires dont le commandement est opposé à la réforme

[996] M. Crozier et E. Friedberg, *L'acteur et le système. Les contraintes de l'action collective,* Seuil, 1977, p. 76 et pp. 187-189.

[997] N'est pas ici pris en compte la personne qui a assuré le poste de directeur général *ad interim* pendant quelques mois en 2021 et 2022, qui était magistrat.

[998] Entretien avec un ancien expert international, 19 mai 2022.

[999] Entretien avec un ancien personnel d'une institution indépendante, 19 juin 2022.

relevait d'un interventionnisme politique visant à empêcher sa mise en œuvre[1000]. Une personne interrogée expliquait ainsi :

« *Les décisions de nommer des personnes du ministère de l'Intérieur sont antinomiques. On nomme des gens qui n'ont pas la même vision du fonctionnement de la justice [...], qui pensent que la prison c'est pas censé réinsérer, [que] c'est un lieu de punition et répression, et on n'a pas à s'occuper du bien-être ou du confort des gens qui sont placés. À partir du moment où les nominations sont contradictoires avec la volonté de réforme... Les bras et le corps font quelque chose et la tête dit autre chose. Il y a un problème de cohérence dans la volonté politique. Au bout d'un moment, les objectifs sont difficilement atteignables, car ceux qui sont chargés d'exécuter la bonne mise en œuvre ne comprennent pas la réforme et sont parfois hostiles. L'impression : il y a une idée de sabotage interne* »[1001].

La nomination d'un ancien membre du haut commandement de la GNN, à l'esprit de corps très marqué, au sein de la DGASP/R traduit davantage une stratégie de blocage qu'un désir de compromis qui pourrait conduire à relativiser l'opposition entre les ministères : elle était avant tout un élément perturbateur de la GNN placé à cette fin pour retarder la mise en œuvre de la réforme. Ceci s'est par exemple matérialisé par l'hostilité manifeste du directeur général à la mise en œuvre de la transition vers les acteurs civils, tant que les prisons ne sont pas reconstruites avec un nouveau plan d'infrastructure, officiellement pour des raisons de sécurité[1002]. Comme le relevait un acteur institutionnel, le nouveau directeur était loin d'être « *un acteur facilitateur* »[1003].

[1000] Sur l'interventionnisme politique au Niger : J.-P. Olivier de Sardan, 2021, *op. cit.*, pp. 169-170. M. Tidjani Alou, « La corruption dans la justice », in G. Blundo et J.-P. Olivier de Sardan (dir.), *La corruption au quotidien en Afrique de l'Ouest. Approche socio-anthropologique comparative : Bénin, Niger et Sénégal*, Karthala, 2001, art. cité, p. 72.

[1001] Entretien avec un ancien expert international, 19 mai 2022.

[1002] Entretien avec un personnel d'une institution internationale, 23 février 2023.

[1003] Entretien avec un personnel d'une institution internationale, 23 février 2023.

§2. Une asymétrie de ressources entre acteurs conduisant au blocage de la coordination interministérielle

Face à la GNN qui dispose de ressources considérables, le ministère de la Justice souffre d'un déficit chronique de ressources. Depuis sa création en 1959, ce ministère est décrit comme une administration fonctionnant avec « *sans moyens* »[1004], et en conséquence, « *dans l'impossibilité de fonctionner normalement* »[1005]. Dans ses travaux sur la gouvernance du secteur judiciaire, Maman Aminou Koundy soulignait ainsi « *l'indigence du juge nigérien* », et relevait entre autres, l'insuffisance du mobilier, l'exiguïté et la vétusté des immeubles, ainsi que l'absence quasi totale de moyens roulants[1006]. Malgré les débats et les rapports réguliers sur l'insuffisance de budget du ministère depuis plus de vingt ans[1007], sa part dans le budget national est restée faible[1008], atteignant son plus bas niveau en 2023, comme l'illustre le graphique suivant[1009].

[1004] Entretien avec un personnel du ministère de la Justice, 16 novembre 2021. Cette situation n'est pas relevée qu'au Niger : J. du Bois de Gaudusson, « Le statut de la justice dans les États d'Afrique Francophone », *Afrique contemporaine,* n° 156, 1990, p. 6.
[1005] M. Tidjani Alou, 2001, art. cité, p. 64.
[1006] M. A. Koundy, *La gouvernance du secteur judiciaire au Niger. Regards critiques* [en ligne], L'Harmattan, 2024, p. 40.
[1007] Thales, 2002, *op. cit.,* p. 30. Ministère de la Justice, 2012, *op. cit.,* p. 15. Ministère de la Justice, *Rapport de suivi de la mise en œuvre des conclusions et recommandations des États généraux de la Justice*, 2019, p. 25.
[1008] À l'exception des années 2008 et 2012, le budget de la Justice n'a pas dépassé 1 % du budget de l'État.
[1009] Malgré une augmentation en valeur absolue. À titre comparatif, les crédits ouverts en 2023 pour le fonctionnement du ministère de la Justice (17,6 milliards de FCFA) étaient plus de six fois inférieurs à ceux ouverts pour le ministère de l'Intérieur (114,8 milliards de FCFA). Loi 2022-44 du 06 décembre 2022 portant loi de finances pour l'année budgétaire 2023, Journal officiel, 27 décembre 2022, pp. 2106-2107.

Graphique 5 : Évolution de la part du budget du ministère de la Justice dans le budget national[1010]

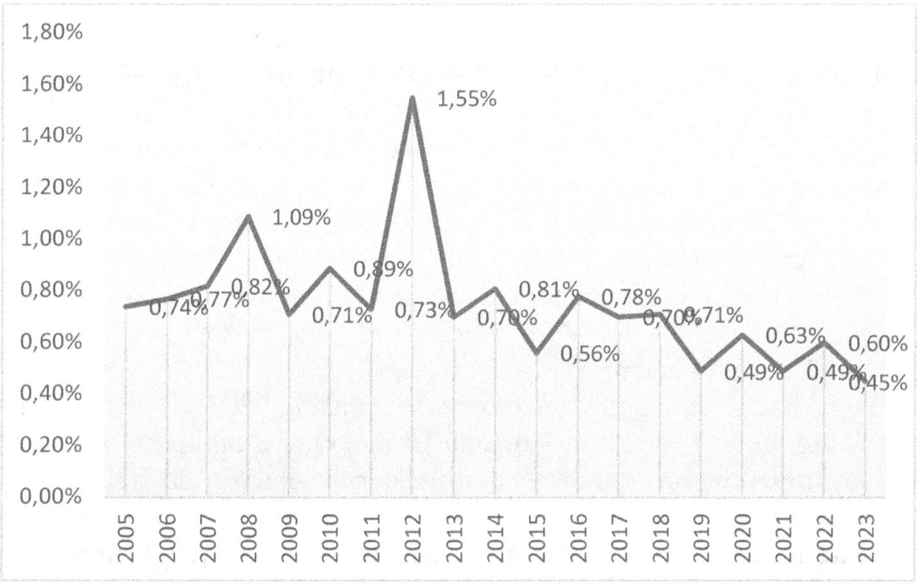

Or, des ressources sont cruciales pour couvrir l'ensemble des nouvelles dépenses liées au fonctionnement pénitentiaire, telles que l'achat de matériels de sécurité et de véhicules, ou les frais liés aux visites de contrôle étatique. Une partie des ressources déjà existantes auraient pu lui être reversées, mais celles-ci appartiennent à la GNN, qui a fait de leur mise à disposition un outil de négociation.

La GNN est en effet plus qu'un acteur important dans la gestion des prisons. Il est incontournable : « *Jusqu'ici, tout appartient au corps [de la GNN]* »[1011]. Comme présenté *supra*, l'administration de la prison s'est construite, historiquement, avec les acteurs militaires. Au fil du temps, ces acteurs ont non seulement accumulé des pratiques professionnelles, mais aussi la propriété de biens nécessaires au fonctionnement des prisons. La GNN est propriétaire des terrains sur lesquels sont construites les prisons, des logements qui abritent les

---

[1010] Données 2005 à 2021 : Ministère de la Justice, *Annuaire statistique de la Justice 2007-2010*, 2011, p. 20. Ministère de la Justice, 2020, *op. cit.*, p. 14. Ministère de la Justice, 2022, *op. cit.*, p. 9. Les données 2022 et 2023 proviennent des lois de finances.

[1011] Entretien avec un élément de la GNN, 14 novembre 2021.

escadrons, des équipements de sécurité (en particulier les menottes, les armes et les matraques) et de la grande majorité des véhicules[1012].

La dépendance du ministère de la Justice à la GNN dans le cadre de la transition n'est en rien anecdotique et ne doit ainsi pas être sous-estimée. Ce sont les ressources de la GNN qui permettent aux prisons de fonctionner, et les acteurs du ministère de la Justice en sont conscients, comme le relevait l'un d'eux : « *Au stade actuel, s'il n'y a pas les moyens du ministère de l'Intérieur, on ne sait pas comment les maisons d'arrêt seront gérées* ». Le transfert de l'autorité pénitentiaire devait donc nécessairement être accompagné d'un transfert d'infrastructures et de matériels, mais celui-ci ne pouvait se faire qu'avec l'accord de la GNN. Ceci révèle encore une fois la forte inégalité entre les acteurs.

Pour tenter de mettre en œuvre la transition[1013], les acteurs du ministère de la Justice ont demandé la signature d'un arrêté conjoint, qui instituerait un comité interministériel chargé de réunir les différentes parties concernées afin de s'accorder sur les rétrocessions de matériel et d'équipement du ministère de l'Intérieur vers le ministère de la Justice[1014]. Cependant, comme le remarquait un acteur du ministère de la Justice : « *Tout dépend du dialogue. Tant [que la GNN] n'accepte pas de passer le témoin, la cogestion n'est pas fonctionnelle. Ce qu'on ne peut pas acheter, c'est les armes de poing, les véhicules, les armes collectives. C'est lourd si vous voulez acheter. [...] Le secrétaire général a écrit hier pour demander l'arbitrage du Premier ministre pour qu'il s'implique. De nous à eux, c'est pas possible* »[1015]. Ce comité n'a jamais été instauré. Seul un « *comité de réflexion sur les textes et les questions de transition de l'administration pénitentiaire* », composé uniquement d'acteurs du ministère de la Justice, a été créé quelques semaines avant le coup d'État de 2023.[1016]

[1012] Entretien avec le haut commandant de la GNN, 1er août 2022. Entretien avec un personnel du ministère de la Justice, 28 octobre 2021. Entretien avec un personnel du ministère de la Justice, 29 octobre 2021. Entretien avec un élément de la GNN, 14 novembre 2021. Entretien avec un personnel du ministère de la Justice, 16 novembre 2021.

[1013] Pour cela, le ministère de Justice était appuyé par INL à travers son partenaire de mise en œuvre le PNUD.

[1014] Entretien avec un personnel du ministère de la Justice, 16 juin 2022. Entretien avec un personnel d'une institution internationale, 17 juin 2022.

[1015] Entretien avec un personnel du ministère de la Justice, 14 juin 2022.

[1016] Arrêté 082/MJ/GS/SG/DGASP/R du 5 juin 2023 portant création, missions et composition du comité de réflexion sur les textes et les questions de transition de

Après l'élection présidentielle de 2021[1017] et la nomination d'un nouveau gouvernement[1018], et jusqu'au coup d'État de 2023, l'absence d'arbitrage a été interprétée comme un relâchement du soutien des plus hautes autorités de l'État au processus de démilitarisation, au profit d'un recentrage sur les priorités sécuritaires[1019]. Ce silence, loin d'être neutre, a renforcé la position de la GNN, qui n'a plus seulement freiné la réforme, mais en a contesté la légitimité même, comme l'illustrait le haut commandant : « *Où voulez-vous mettre cinquante ans d'expérience, surtout avec les menaces ? [...] Tout appartient à la GNN, même le terrain, le personnel, les menottes. Ils ont intérêt à retourner à la table de négociations* »[1020].

Ce statu quo a ainsi permis à la GNN de maintenir son emprise, dans un contexte où le partage de l'autorité sur les prisons ne résultait pas d'une faiblesse de coordination, mais d'un désir de freiner les réformes dépossédant les militaires. L'autorité centrale privilégie certains acteurs au détriment d'autres — reflétant un État centré autour de la sécurité. Le partage apparent de l'autorité sur les prisons est ainsi tout à fait compatible avec la centralisation réelle de l'autorité centrale. Dans un tel environnement institutionnel, l'engagement de passeurs réformateurs ne suffit pas à surmonter les résistances[1021]. La réforme ne pouvait réussir sans un soutien politique clair au plus haut niveau, qui n'a jamais été consolidé.

Pendant plusieurs années, la GNN a donc réussi à résister à la réforme, car les hautes autorités nigériennes l'ont placée dans des conditions lui permettant de préserver son autorité sur le système institutionnel pénitentiaire. Après une période de silence, la prise de position de la junte militaire en mars 2024 n'a laissé aucune place à l'ambiguïté : la législation établissant le statut autonome du personnel civil pénitentiaire et l'article de la loi sur le régime pénitentiaire qui plaçait le personnel sous l'autorité du ministère de la Justice ont été

l'administration pénitentiaire. Le directeur général, élément de la GNN, était voué à participer, mais ne représentait pas officiellement la GNN dans le cadre de la transition.

[1017] Au cours de laquelle l'ancien ministre de l'Intérieur est devenu président de la République.

[1018] Le ministre de la Justice Marou Adamou a quitté ses fonctions en 2021.

[1019] Entretien avec un élément de la GNN, 26 octobre 2021.

[1020] Entretien avec le haut commandant de la GNN, 1er août 2022.

[1021] Dans le même sens : P. Artières et P. Lascoumes, 2002, art. cité, p. 119.

abrogés[1022]. L'administration des prisons demeure ainsi sous le contrôle de la GNN[1023].

Conclusion du Chapitre 2

Le système pénitentiaire nigérien est un parfait point d'observation des dynamiques de pouvoir et des conflits entre les acteurs. Malgré les ouvertures politiques et les nombreuses réformes depuis les années 1990, l'autorité est demeurée concentrée entre les mains de la GNN, tandis que la présence des acteurs du ministère de la Justice est restée extrêmement timide. Le Niger n'est pas le seul pays d'Afrique à connaître cette *dynamique voilée du pouvoir militaire*, où les acteurs militaires prennent le pas sur ceux du ministère de la Justice, pourtant investis, en théorie, de la responsabilité du domaine carcéral. Des dynamiques comparables s'observent au Tchad ou en Mauritanie, d'autres États de l'espace sahélien au sein duquel les militaires dominent depuis longtemps les structures politico-administratives[1024].

Les textes n'ayant que la valeur qu'on leur assigne, les réformes successives visant à atténuer l'intensité du lien entre prisons et militaires au Niger n'ont pas conduit à altérer les réalités institutionnelles. Les *réformateurs de l'extérieur* étaient aveuglés par une vision prédéterminée des relations de pouvoir et par un cadre analytique inadéquat, et les *réformateurs de l'intérieur* étaient impuissants dans l'administration centrale et n'avaient aucune influence sur les interconnexions enracinées et anciennes entre les prisons et le GNN. Les tentatives de démilitarisation ont été prises dans des dynamiques qui ont rendu improbable la rupture du « *complexe prison-militaire* »[1025] dans un avenir proche. L'empreinte profonde de la militarité de l'État, et la centralité de la domination de l'État et des approches axées sur la sécurité, ont été confirmées par les mesures prises par la junte. En plus de l'abandon de la démilitarisation, la junte militaire a ordonné le reversement de l'ensemble des nouveaux personnels civils à la GNN. En 2024, ceux qui avaient été formés pour

---

[1022] Ordonnances 2024-06 et 2024-07 du 11 mars 2024.

[1023] Ordonnance 2024-06 du 11 mars 2024 portant abrogation de la Loi 2017-09 du 31 mars 2017, portant statut autonome du personnel du cadre de l'administration pénitentiaire.

[1024] C. Evrard, « Les forces armées et de sécurité dans les États postcoloniaux du Sahara ouest-africain », *Revue Défense nationale*, n° 792, 2016.

[1025] D. Moran, J. Turner et H. Arnold, 2019, art. cité.

devenir inspecteurs et contrôleurs dans le corps civil étaient en cours de formation militaire à la GNN. Cette absorption du personnel civil par la GNN est une nouvelle manifestation de l'expansion et du renforcement de la militarité du Niger.

La junte n'a pas été jusqu'à abolir la dualité du contrôle institutionnel et dépouiller complètement le ministère de la Justice de sa responsabilité en matière carcérale. Le ministère de la Justice contribue en effet à la domination des militaires par les ressources financières qu'il lui procure indirectement : l'apparente fragmentation de l'autorité sur le système pénitentiaire, plutôt que de révéler une faiblesse de l'État, sert à renforcer le pouvoir des militaires. Dans ce (dés)équilibre institutionnel, la gestion autoritaire des prisons a toutes les chances de perdurer au Niger.

CONCLUSION GÉNÉRALE

Étudier la prison en se décentrant d'une analyse basée sur la légalité des pratiques dévoile un exercice multi-acteurs de l'autorité, qui ne traduit aucunement un retrait ou un dysfonctionnement de l'État. Dans les prisons nigériennes, l'opposition entre acteurs étatiques et non étatiques est peu opératoire. L'étude de l'*art de gouverner les prisons* met en lumière une gouvernementalité qui étend et renforce considérablement le pouvoir de l'État à travers la mise en œuvre d'une logique de contrôle, qui repose notamment sur des décharges accordées à une pluralité d'acteurs, en particulier quelques personnes détenues.

Ce mode de gouvernement et cette approche sécuritaire de la prison sont favorisés par la domination des militaires au sein de l'administration centrale et, corollairement, par la place marginale accordée aux acteurs de la Justice. L'exercice du pouvoir en prison s'inscrit en effet dans un équilibre institutionnel singulier, dans des rapports de pouvoir extrêmement déséquilibrés en faveur de la GNN.

Mobilisé par un tel État, l'enfermement s'est avéré être un terrain privilégié d'étude de la fabrique de l'autorité et de l'obéissance. La valorisation de la participation à l'ordre au-delà des acteurs étatiques, la punition de quiconque n'entre pas dans le dispositif de surveillance, ou encore la division à des fins d'absorption des contestations dévoilent la manière dont l'autorité et le contrôle se maintiennent et modèlent les personnes incarcérées. Dans un tel contexte, les objectifs de réhabilitation et de resocialisation des personnes incarcérées qui s'inscrivaient dans les discours réformateurs, jusqu'à l'arrivée de la junte militaire au pouvoir, révèlent leur réelle nature : des paroles dépourvues de volonté politique de haut niveau, des coquilles vides sans matérialité. Ces conclusions ouvrent à quelques questionnements et pistes de recherche complémentaires.

Tout d'abord, alors que la participation de personnes détenues à l'exercice du pouvoir a été dévoilée dans nombre de prisons africaines, y compris dans des pays où l'autorité carcérale a été transférée à des autorités civiles, une analyse institutionnelle comparée semblerait pertinente pour déterminer si les rapports de pouvoir en matière carcérale révèlent une prédominance des acteurs de la sécurité, et la mesure dans laquelle ces dynamiques influent sur le mode d'exercice de l'autorité dans les prisons contemporaines. Qui détient le contrôle de l'autorité carcérale et quels sont les équilibres institutionnels ? Quels sont les modes de fonctionnement des acteurs pénitentiaires, leurs pratiques institutionnelles, leur formation et leurs ancrages historiques ? Une *militarité* se révèle-t-elle sans les militaires ?

Ensuite, nos conclusions questionnent le rôle des acteurs impliqués dans le soutien au secteur carcéral, lorsqu'ils financent la fourniture d'équipement de surveillance ou de matériel de contrainte, lorsqu'ils forment les acteurs de la prison à certains modèles d'intervention[1026], ou lorsqu'ils instaurent des dispositifs chargés d'améliorer l'hygiène carcérale, sans en analyser les conséquences sur les détenus ordinaires. En soutenant des actions à travers une perspective uniquement axée sur le respect d'un certain modèle préétabli de normes et d'État, qui est très éloigné des réalités de la prison nigérienne, ces acteurs renforcent *in fine* une institution sécuritaire et coercitive.

Pourtant, ces choix d'intervention ne sont aucunement interrogés par les acteurs de terrain, illustrant « *l'impensé du contexte administrativo-institutionnel* » de ces modèles d'intervention[1027]. S'il est impératif d'analyser l'adéquation des contextes d'intervention aux concepts et aux modèles, il est tout aussi nécessaire d'examiner les effets potentiels de leur mise en œuvre dans des pays portant des enjeux très différents des contextes dans lesquels ces modèles ont été construits.

Ces réflexions ne sont pas nouvelles et s'inscrivent dans la continuité des travaux qui questionnent plus largement les logiques réformatrices portées par les bailleurs de fonds internationaux, en particulier dans le domaine de la sécurité. Il y a plus de vingt ans, le diplomate Jean-Marc Châtaigner se demandait si l'aide publique au développement était « *en droit, même dans un but légitime, de financer ou de favoriser des actions qui pourraient se traduire par des mécanismes de répression* »[1028]. Ces réflexions prennent une résonance particulière dans le contexte nigérien alors que l'arrivée de la junte militaire au pouvoir en juillet 2023 a abouti au renforcement de la domination militaire dans le milieu pénitentiaire. Les dons d'équipement et les activités de formation des acteurs internationaux qui ont contribué, de manière certes involontaire, au renforcement d'approches sécuritaires et d'acteurs militaires en prison posent des questions fondamentales sur le sens et l'impact des interventions internationales en matière carcérale. Nous rejoignons les réflexions lucides et désabusées d'un

1026 Par exemple sur la sécurité dynamique : C. Berrih, 2025, art. cité.

1027 M.-J. Bernard, 2022, cité, p. 169.

1028 J.-M. Châtaigner, 2004, art. cité, p. 47. J.-M. Châtaigner, « La réforme du secteur de la sécurité dans les États et sociétés fragiles », *Afrique contemporaine*, vol. 218, nº 2, 2006, pp. 108-109.

personnel de l'ONUDC interrogé : « *Maintenant, ce travail, ça n'aurait aucun sens. Peut-être même avant, il n'avait pas de sens* »[1029].

Enfin, la mise en lumière d'un *continuum* de répression entre l'État et d'autres acteurs est un axe de recherche pertinent sur l'enfermement, bien au-delà de la prison. Penser cette sanction au-delà de l'État permet de s'inscrire dans de nouvelles perspectives de recherche très stimulantes qui examinent les connexions entre les pratiques d'enfermement étatique et les pratiques d'enfermement privé[1030]. Des travaux récents ont ainsi démontré qu'à l'abolition de l'esclavage en Angola, des milliers d'anciens esclaves avaient été envoyés en prison pour « *correction* », transférant la violence de la sphère privée à la sphère étatique[1031]. Dans l'Afrique du Sud contemporaine, Gail Super parvient à des constats similaires lorsqu'elle examine les pratiques d'enlèvements par les groupes de vigilantes, qu'elle analyse comme des punitions extrajudiciaires qui, loin d'être l'opposé des punitions judiciaires, en seraient leur « *face cachée* » (*underside*)[1032]. Cette auteure invite à réexaminer la distinction entre punition judiciaire et extrajudiciaire, et à analyser la punition d'enfermement non comme le résultat d'une condamnation, mais comme un processus continu dans lequel la torture, notamment, joue un rôle central[1033]. Un décentrement de l'État comme seul vecteur d'incarcération peut en effet conduire à analyser certaines pratiques d'enfermement non-étatiques dans leur relation avec l'autorité étatique.

Pourrait-on aller plus loin et repenser la place de l'État, qui reste malgré tout centrale, dans l'analyse des enfermements ? Existe-t-il un lien inextricable entre prison et État ? Dans quelle mesure « *interroger la prison c'est nécessairement interroger l'État* »[1034] ? Que pourrait par exemple nous apprendre l'étude de la réappropriation des prisons par des groupes armés dans des zones non contrôlées par l'État, observée par exemple au Mali[1035] ? Ces acteurs peuvent-ils être au cœur des

---

1029 Notes d'entretien avec un fonctionnaire de l'ONUDC, 5 juillet 2024.

1030 E. Braatz, K. Bruce-Lockart et S. Hynd, 2022, art. cité, pp. 761-762.

1031 T. Lopes, « Slave "Corrections" in Luanda, Angola from 1836 to 1869 », *Punishment & Society*, vol. 24, 2022, pp. 771-789.

1032 G. Super, « Cars, compounds and containers : Judicial and extrajudicial infrastructures of punishment in the "old" and "new" South Africa », *Punishment & Society*, vol. 24, 2022, p. 836.

1033 *Ibid.*

1034 M. Morelle et F. Le Marcis, 2015, art. cité, p. 122. Voir également M. Bosworth, *Explaining US imprisonment*, Thousand Oaks, Sage, 2010, p. 169.

1035 Entretien avec un personnel d'une institution internationale, 22 avril 2022.

pratiques d'enfermement plutôt qu'être au cœur de leur *face cachée* ? Des pratiques et des normes sont-elles imitées, reconfigurées, créées ? Quelles continuités se révèlent entre l'État et des groupes organisés non étatiques ? Si « *[l]es études pénales et pénitentiaires semblent avoir atteint une certaine maturité* » et qu'« *il n'est plus temps de défricher des terrains de recherche en Afrique* »[1036], il semble que de nouvelles pistes de réflexion continuent de s'ouvrir, au Niger comme ailleurs.

[1036] M. Morelle et F. Le Marcis, 2022, cité, §2.

LISTE DES GRAPHIQUES

ANNEXES

Annexe 1 : Données brutes de l'évolution de l'effectif carcéral et de la capacité d'accueil des prisons et du nombre d'habitants du Niger
Ce tableau a été utilisé pour les graphiques 1 à 4.

Année	Effectif carcéral total	Dont personnes en attente de jugement définitif	Nombre officiel de places en prison	Population du Niger
1998	5 263			10 741 413
1999				11 117 411
2000				11 509 630
2001				11 920 647
2002	7 000			12 349 144
2003				12 796 984
2004				13 265 836
2005	7 432			13 756 192
2006				14 268 581
2007	6 562			14 803 610
2008	6 664		8 840	15 361 915
2009	6 869		8 840	15 943 675
2010	7 000		8 840	16 548 835
2011	7 645		9 700	17 176 283
2012	8 771	5 168	9 700	17 836 769
2013	8 063	4 539	9 700	18 519 898
2014	7 828	4 201	9 700	19 215 909
2015	10 383	6 210	9 700	19 939 498
2016	9 503	6 017	9 700	20 685 753
2017	8 483	4 654	10 005	21 435 446
2018	9 744	5 826	10 005	22 188 069
2019	9 187	5 145	10 455	22 947 757
2020	10 747	6 903	10 455	23 717 613
2021	11 713	7 505	10 455	24 502 140
2022	12 815	7 783	10 455	25 311 973
2023				26 159 867
2024	15 831	9 810		27 032 412

Annexe 2 : Effectif carcéral par prison et par catégorie (31 janvier 2023)

REPUBLIQUE DU NIGER
MINISTERE DE LA JUSTICE
DIRECTION GENERALE DE L'ADMINISTRATION, DE LA SECURITE PENITENTIAIRES ET DE LA REINSERTION
DIRECTION DE L' ADMINISTRATION PENITENTIARE

EFFECTIFS DES DETENUS DES 41 ETABLISSEMENTS PENITENTIAIRES A LA DATE DU 31 JANVIER 2023

N°	LOCALITES	CAPACITE D'ACCUEIL	Condamné (e)s					Prévenu (e)s					TOTAL
			Hommes	Femmes	Mineurs Garçons	Mineurs Filles	Sous total condamnés	Hommes	Femmes	Mineurs Garçons	Mineurs Filles	Sous total prévenus	
1	ABALAK	200	40	2	0	0	42	44	2	2	0	48	90
2	AGADEZ	250	151	3	0	0	154	358	25	30	0	413	567
3	AGUIE	250	72	0	0	2	74	96	2	7	0	105	179
4	ARLIT	200	128	3	0	0	131	142	3	19	0	164	295
5	BILMA	50	17	0	0	0	17	94	3	4	0	101	118
6	BOBOYE	250	88	0	0	0	88	31	2	3	0	36	124
7	BOUZA	120	41	0	0	0	41	40	7	4	1	52	93
8	DAIKAINA	300	154	0	0	0	154	5	1	1	0	7	161
9	DAKORO CRJ	100	0	0	0	0	0	0	0	32	1	33	33
10	DAKORO M.A.	120	101	1	0	0	102	85	7	4	0	96	198
11	DIFFA	100	176	1	1	0	183	200	1	21	4	226	409
12	DOSSO	100	114	1	0	0	115	181	11	21	0	213	328
13	DOUTCHI	150	247	3	6	0	256	98	8	11	0	117	373
14	FILINGUE	300	72	0	0	0	72	138	11	18	0	167	239
15	GAYA	400	161	4	0	0	165	141	5	7	0	153	318
16	GOURE	150	86	4	0	0	90	156	7	5	1	169	259
17	G/ROUMDJI	300	35	1	0	0	36	65	14	14	2	95	131
18	ILLELA	80	72	8	0	0	80	69	7	9	0	85	165
19	KEITA	190	46	3	0	0	49	59	4	5	2	70	119
20	KOLLO	1500	138	4	0	0	142	965	13	17	0	995	1137
21	KONNI	600	153	8	0	0	161	269	19	11	1	300	461
22	KOUTOUKALE	250	87	0	0	0	87	379	0	0	0	379	466
23	LOGA	250	162	0	0	0	162	36	1	3	0	40	202
24	MADAOUA	150	114	3	1	0	118	148	5	12	0	165	283
25	MAGARIA	120	144	1	0	0	145	132	11	16	0	159	304
26	MAINE SOROA	50	77	1	0	0	78	77	0	14	0	91	169
27	MARADI	350	97	13	4	0	114	397	13	32	1	443	557

28	MATAMAYE	100	81	0	7	0	88	46	3	5	1	55	143
29	MADAROUNFA	250	75	2	0	0	77	111	4	7	1	123	200
30	MAYAHI	250	54	1	2	0	57	63	5	1	0	69	126
31	N'GUIGMI	300	42	0	0	2	44	52	6	0	0	58	102
32	NIAMEY	445	204	15	3	0	222	1409	56	96	47	1608	1830
33	OUALLAM	80	65	1	0	0	66	85	5	1	0	91	157
34	SAY	250	80	3	1	0	84	86	5	12	0	103	187
35	TANOUT	100	61	2	2	0	65	173	9	18	1	201	265
36	TAHOUA	450	143	2	0	0	145	129	10	8	0	147	292
37	TCHINTA	100	89	3	3	0	95	90	6	3	0	99	194
38	TERA	250	66	0	0	0	66	120	2	12	0	134	200
39	TESSAOUA	250	153	2	2	0	157	113	7	9	0	129	286
40	TILLABERY	150	107	2	1	0	110	67	1	18	1	87	197
41	ZINDER	700	378	11	4	0	393	204	8	16	0	228	621
	TOTAL	10555					4525					8054	12579

% Prévenus	64,03
%Condamnés	35,97
Taux d'occupatior	128%

Niamey, le 31 Janvier 2023

LE DIRECTEUR GENERAL

LT COLONEL MAÏNA MOUSSA ADAMOU

CRJ : centre de réinsertion des jeunes
CRP : centre de réinsertion professionnelle
MA : maison d'arrêt
N. B. Ce tableau présente quelques incohérences. L'addition des effectifs de chaque prison ne correspond pas exactement au nombre indiqué. Le taux d'occupation ne correspond pas non plus au calcul de l'effectif divisé par le nombre de places disponibles (voir Annexe 3).

Annexe 3 : Capacité d'accueil et taux d'occupation par prison (janvier 2023)

Ce tableau, basé sur les données présentées en Annexe 2, a été utilisé pour le tableau 1.

Prison	Capacité d'accueil	Effectif total	Taux d'occupation
Abalak	200	90	45 %
Agadez	250	567	227 %
Aguie	250	179	72 %
Arlit	200	295	148 %
Bilma	50	118	236 %
Boboye	250	124	50 %
Bouza	120	93	78 %
Daikaina CPR	300	161	54 %
Dakoro CRJ	100	33	33 %
Dakoro MA	120	198	165 %
Diffa	100	409	409 %
Dosso	100	328	328 %
Doutchi	150	373	249 %
Filingue	300	239	80 %
Gaya	400	318	80 %
Goure	150	259	173 %
G/ Roumdji	300	131	44 %
Illela	80	165	206 %
Keita	190	119	63 %
Kollo CRP	1500	1137	76 %
Konni	600	461	77 %
Koutoukale	250	466	186 %
Loga	250	202	81 %
Madaoua	150	283	189 %
Magaria	120	304	253 %
Maine Soroa	50	169	338 %
Maradi	350	557	159 %
Matamaye	100	143	143 %
Madarounfa	250	200	80 %

Prison	Capacité d'accueil	Effectif total	Taux d'occupation
Mayahi	250	126	50 %
N Guigmi	300	102	34 %
Niamey	445	1830	411 %
Ouallam	80	157	196 %
Say	250	187	75 %
Tahoua	450	292	65 %
Tanout	100	265	265 %
Tchinta	100	194	194 %
Tera	250	200	80 %
Tessaoua	250	286	114 %
Tillabery	150	197	131 %
Zinder	700	621	89 %
TOTAL	**10 555**	**12 578**	**119 %**

Annexe 4 : Personnes consultées par catégorie

Catégories des personnes consultées	Nombre de personnes consultées
Personnes détenues ou anciennement détenues	199 (dont 28 femmes et 49 enfants)
Éléments de la GNN	43
Cadres du ministère de la Justice, magistrats	11
Représentants d'ONG	17
Représentants d'organisations internationales ou de bailleurs de fonds	17
Représentants d'une autorité indépendante	5

Annexe 5 : Guide d'entretien avec les personnes détenues

Pouvez-vous décrire le déroulement de votre entrée en prison, en partant de l'entrée principale ?
Comment se passe l'attribution des chambres ?
Pouvez-vous expliquer comment les chambres sont organisées, y compris l'attribution des places, la discipline, l'accès aux soins, à la nourriture, le nettoyage, etc. ? Qui est en charge de la coordination de ces différents éléments ?
Comment organisez-vous votre temps en prison ?
Quelles sont vos interactions avec la GNN ?
Quelles sont vos interactions avec le *Sarki* et son équipe ?
Si vous avez une situation particulière à signaler ou une plainte à formuler, quel est le processus à suivre ?
Quelles sont les règles et les normes à respecter au sein de l'établissement pénitentiaire ?
Que se passe-t-il si ces règles ne sont pas respectées ?

TABLE DES MATIÈRES

Structures éditoriales du groupe L'Harmattan

L'Harmattan Italie
Via degli Artisti, 15
10124 Torino
harmattan.italia@gmail.com

L'Harmattan Hongrie
Kossuth l. u. 14-16.
1053 Budapest
harmattan@harmattan.hu

L'Harmattan Sénégal
10 VDN SICAP AMITIE 3
BP 45034 Dakar-Fann
direction@senharmattan.com

L'Harmattan Cameroun
Tsinga/Derrière polyclinique FECAFOOT
BP 11486 Yaoundé
Jacques.koukam@harmattan.fr

L'Harmattan Burkina Faso
Villa 281, secteur 23 623, rue 14.32
Ouagadougou
zagbie@outlook.fr

L'Harmattan Guinée
Almamya, rue KA 028 OKB Agency
BP 3470 Conakry
harmattanguinee@yahoo.fr

L'Harmattan RDC
185, avenue Nyangwe
Commune de Lingwala – Kinshasa
matangilamusadila@yahoo.fr

L'Harmattan Congo
219, avenue Nelson Mandela
BP 2874 Brazzaville
deunovmikhael@gmail.com

L'Harmattan Mali
Immeuble Mgr Jean Marie Cissé
Aci Hamadallaye
BP 145 Bamako
syllaka@yahoo.fr

L'Harmattan Togo
Djidjole – Maison Amela
face EPP BATOME
02 BP 20680 Lomé
didieramela11@gmail.com

L'Harmattan Côte d'Ivoire
Résidence Karl – Cité des Arts
Abidjan-Cocody
03 BP 1588 Abidjan
harmattan.ivoire@gmail.com

L'Harmattan Bénin
Rue 604, (Immeuble à l'entrée
de la rue UCAO- Cite de Saint-Jean)
Cotonou
stepcorpus@gmail.com

Nos librairies en France

Librairie internationale
16, rue des Écoles
75005 Paris
librairie.internationale@harmattan.fr
01 40 46 79 11
www.librairieharmattan.com

Librairie des savoirs
21, rue des Écoles
75005 Paris
librairie.sh@harmattan.fr
01 46 34 13 71
www.librairieharmattansh.com

www.ingramcontent.com/pod-product-compliance
Lightning Source LLC
LaVergne TN
LVHW010954061026
849535LV00006B/1710